THE
KING
OF
KINGS

FINAL DRAFT BY SEONG HO JANG

LOOSLEY INSPIRED ON THE LIFE OF OUR LORD
BY CHARLES DICKENS

V.06

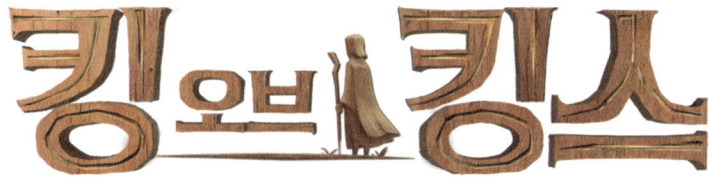

킹 오브 킹스

장성호 각본집

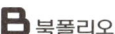 북폴리오

일러두기

- 이 책은 장성호 감독의 각본 집필 형식을 최대한 따라 편집했습니다.
- 다만, 가독성을 고려해 대사 부분은 가운데 정렬에서 양쪽 정렬로 수정했습니다.
- 대사는 글말이 아닌 입말임을 감안해서 한글맞춤법과 다른 부분이라 해도
  그 표현을 살렸습니다.
- 이 책의 후반부에 실린 스토리보드는 2019년 제작 파일로 영화와 차이가 있습니다.

차 례

2015년, 애니메이션 〈킹 오브 킹스(The King of Kings)〉의 기획을 시작할 때만 해도 작가, 감독 섭외 후 제작만 담당하면 될 듯 보였다. 하지만 상황이 급변했고, 직접 시나리오를 쓰고 연출까지 맡는 예상치 못한 책임을 짊어지게 되었다. 10년이라는 긴 시간을 이 작품에 쏟아야 한다는 사실 또한 그때는 알지 못했다. 알았다면 시작조차 못 했을 것이다. 비유하자면 군대에 연거푸 가는 악몽과 같았다. 돌이켜보면 그 10년은 두 번 다시 겪고 싶지 않을 고난의 연속이었다.

숱한 난관 속에서 가장 큰 부담은 예수, 인간의 모습으로 오신 창조주를 다루는 작업이었다. 신학적 오류를 범할까 두려워 조언을 구하던 끝에 삼일교회 송태근 목사님을 추천받아서 감수를 부탁드렸고, 목사님을 통해 총신대학교 김희석 교수님, 임미영 성서고고학 박사님까지 귀한 인연이 닿았다. 밤낮, 주말 가리지 않고 그분들을 괴롭히며 시나리오를 써 내려갔다.

6

이 시나리오는 그분들 없이는 불가능했을 것이다. 거듭 감사드린다.

종교 소재 작품인지라 특정 계층에게만 어필하는 한계와 재미 부족이라는 우려 또한 컸다. 몸에 좋은 음식이라도 맛이 좋아야 하듯, 새로운 이야기 구조는 찰스 디킨스와 막내아들의 관계를 통해 풀어나갔다. 아버지가 아들에게 이야기를 들려주는 형식 안에 그들의 관계 회복 여정을 담아낸 것이다. 결국 창조주와 피조물인 우리 인간의 관계 회복과 같은 맥락이었기에 이야기는 자연스레 녹아들 수 있었다. 이 대본집을 통해 오랜 여정의 결과가 어떻게 시작되었는지 확인해 보시기 바란다. 완성된 영화와 약간의 차이가 있으니, 그 차이를 발견하는 것도 또 다른 즐거움이 되지 않을까 싶다.

찰스 디킨스와 그의 아들 월터가 예수의 자취를 따라 가며, 예수의 삶과 가르침을 직접 목격하고 체험해나 가는 여정. 감동적인 서사와 더불어 예수의 사랑, 용 서, 희생의 메시지를 어린아이의 눈을 통해 풀어낸 이야기.

유명한 이야기꾼 찰스 디킨스는 오랜 세월 독자들에
게 깊은 감동을 전해왔다. 하지만 작가로서의 명성과
바쁜 일정 속에서 가족과 함께하는 시간이 점차 줄어
들었고, 특히 다섯 살 막내아들 월터와의 관계는 점
점 멀어져만 갔다.

어느 날 철없는 막내 월터가 디킨스의 중요한 낭독회
를 방해한 사건이 계기가 되어, 디킨스는 아들과의
관계를 다시 돌아보게 되었다. 그는 부인인 캐서린의
적극적인 권유에 용기를 얻어 월터와의 거리를 좁히
기 위해 직접 예수 그리스도의 이야기를 들려주기로
결심했다.

난롯가에 앉아 디킨스는 천천히 이야기를 시작했다.
마구간에서 벌어진 예수 탄생, 천사의 방문, 동방박
사와 목자들의 경배, 헤롯 왕의 위협과 그로부터의
극적인 탈출까지, 디킨스의 생생한 묘사는 월터를 마

치 이야기 속으로 빨려 들어가듯이 몰입하게 했다.

월터는 디킨스가 해주는 이야기에 빠져들며 예수의
삶을 따라간다. 그가 겪은 수난과 십자가의 고통, 그
리고 부활의 기적까지 모든 순간을 함께 느끼게 된
다. 디킨스는 그런 아들을 바라보며 예수의 이야기가
왜 그런 결말을 가질 수밖에 없었는지를 월터에게 설
명했다.

예수께서 세상에 빛을 전하기 위해 부활하신 순간,
아버지와 아들 사이의 유대는 굳건해진다. 오랫동안
멀게만 느껴졌던 아버지와 아들은 비로소 서로를 이
해하고, 이야기의 힘을 통해 두 사람은 평생 이어질
사랑과 유대의 끈을 발견하게 된다.

찰스 디킨스 가족

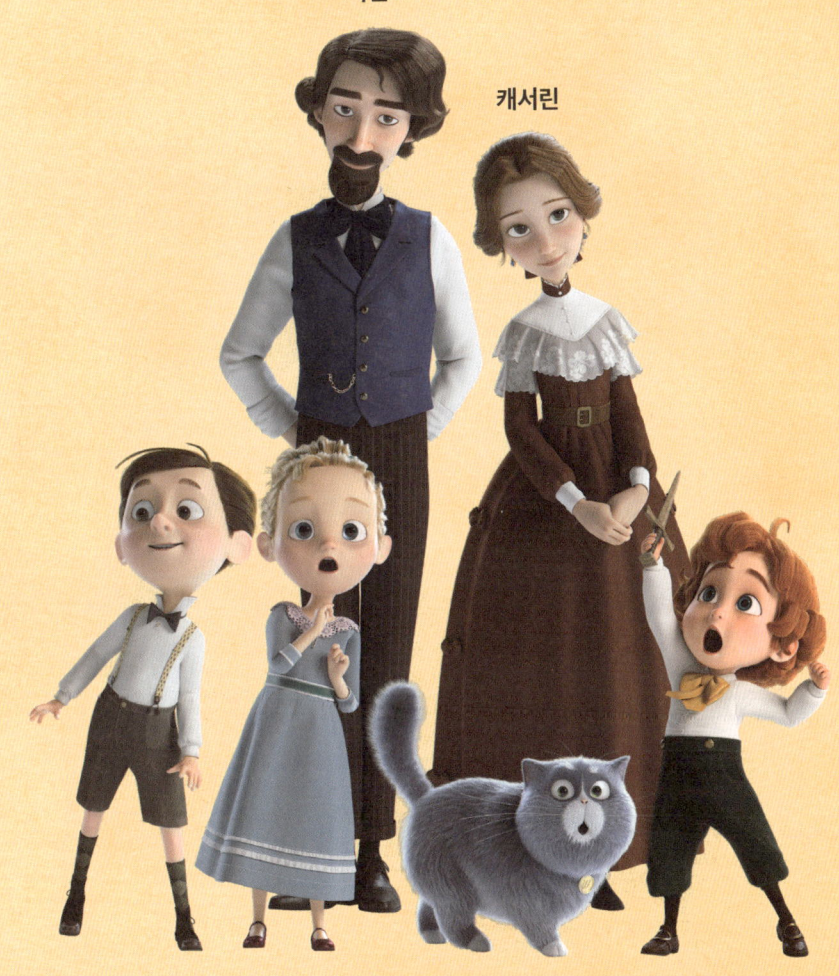

디킨스

캐서린

찰리　　메리　　윌라　　월터

예수님

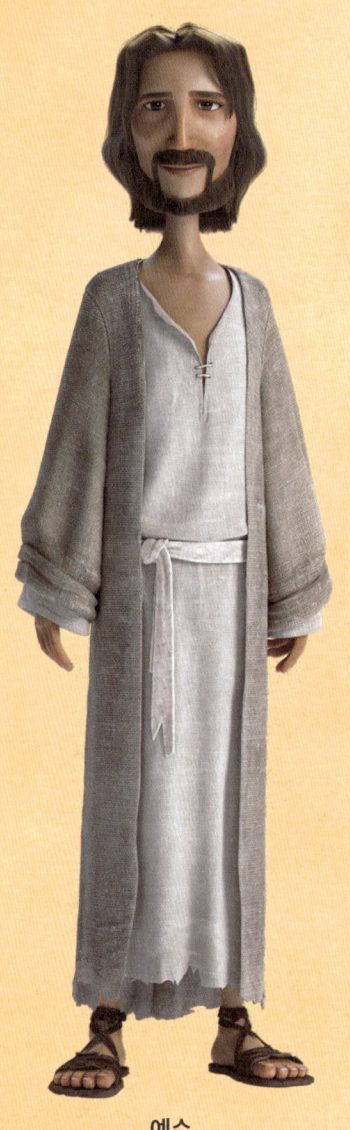

예수

마리아와 요셉

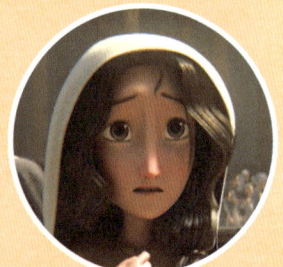

마리아

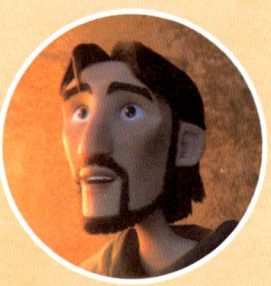

요셉

예수님의 열두 제자

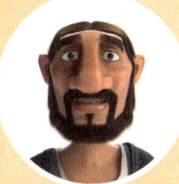
베드로

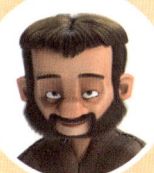
안드레

야고보

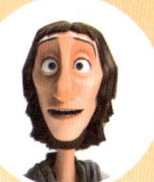
요한

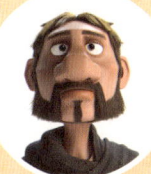
빌립

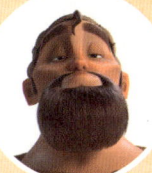
바돌로매

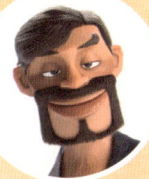
마태

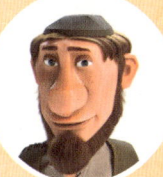
도마

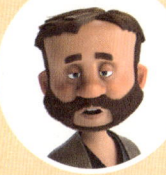
작은 야고보

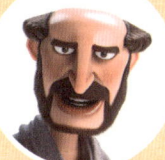
다대오

시몬

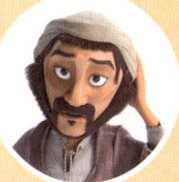
유다

그 외의 인물

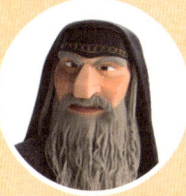
대제사장 가야바

헤롯 왕

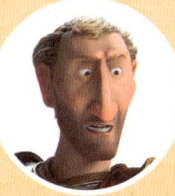
본디오 빌라도

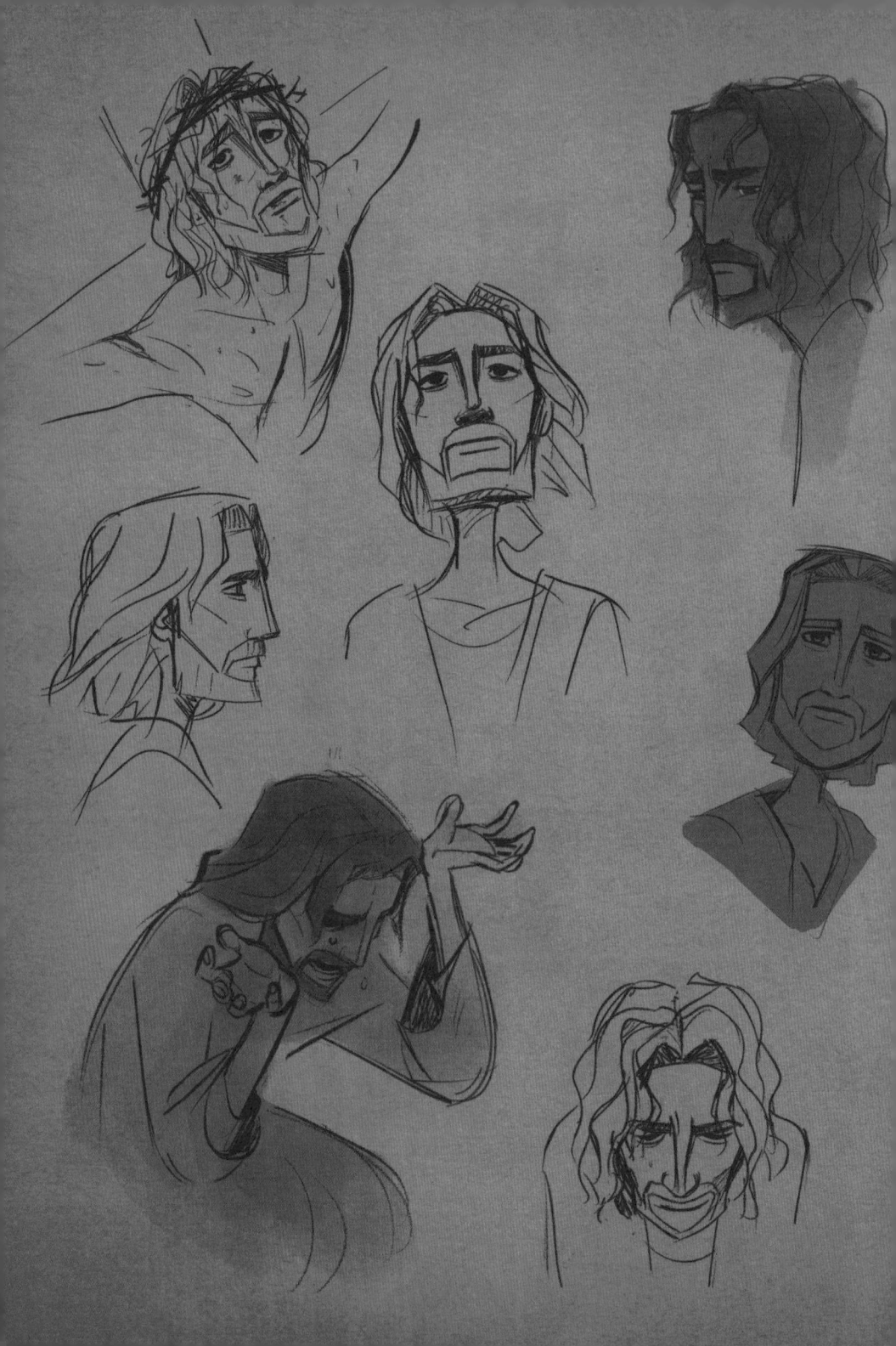

각본

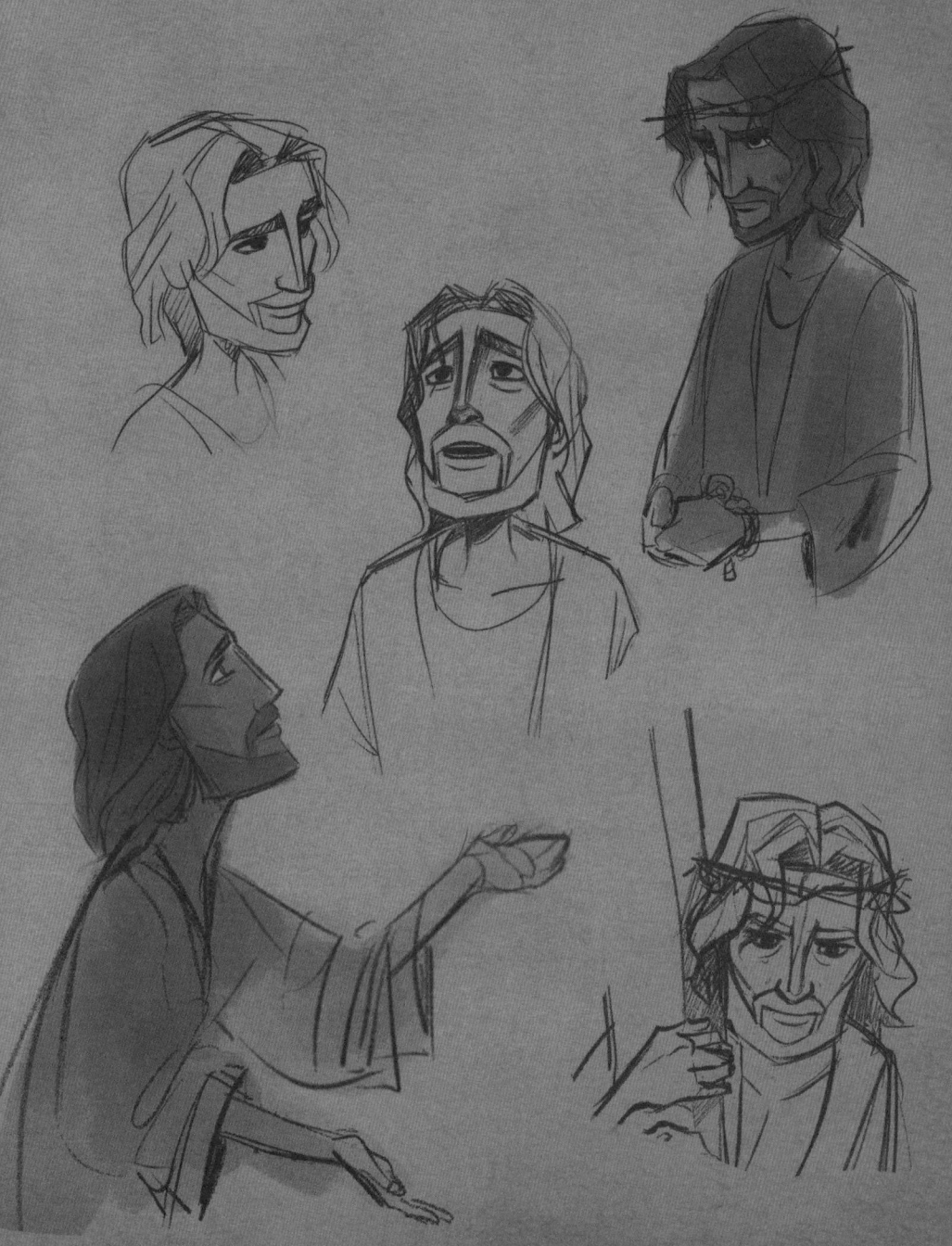

용어 해설

FADE IN	화면이 차츰 밝아지는 효과.
CUT TO	현재 장면에서 다음 장면으로 넘어가는 장면 전환 효과.
DISSOLVE TO	현재 장면이 사라지는 동안 다음 장면이 나타나는 장면 전환 효과.
EXT	실외 장면 표시.
INT	실내 장면 표시.
V.O.	'Voice Over'의 줄임말로, 인물의 속마음이나 해설처럼 장면과 별개로 덧입히는 목소리 또는 화면에 등장하지 않는 인물의 대사.
O.S.	'Off Screen'의 줄임말로, 같은 공간에 있지만 화면에 등장하지 않는 인물의 대사.
CONT'D	'Continued'의 줄임말로, 같은 인물이 연속해서 대사를 이어간다는 의미.

FADE IN:

1 ◆ **EXT. 스크루지 묘지 - 밤 - 눈보라 / 천둥 번개**

어두운 화면에 크리스마스 종소리가 울려 퍼진다. 누군가의 들뜬 목소리가 들려오기 시작한다.

조카(V.O.)   메리 크리스마스, 삼촌! 축복받으시길!
스크루지(V.O.)   빌어먹을 크리스마스 따위…

종소리가 잦아들며 낮게 깔리고, 또 다른 목소리가 들린다.

이웃(V.O.)   스크루지 씨, 가난한 사람들한테 적선 좀 하시죠?
스크루지(V.O.)   감옥이나 구빈원은 다 어디 갔길래?
                넘치는 게 사람인데 죽거나 말거나 내버려 두는 게
                낫겠구먼.

번개가 치며 런던 어딘가의 공동묘지가 드러난다. 매서운 눈바람을 맞으며 힘겹게 걸어오는 **에베네저 스크루지**.

스크루지   친구나 가족도 없이 죽게 생겼으니 이 얼마나 슬픈
                일인가. 아무도 사랑하지 않았더니, 그 어느 누구

에게도 사랑받지 못했구나. 돈으로는 행복은 물론
이고…

천둥 번개와 함께 비석 앞에 무릎을 꿇고 털썩 주저앉는 **에베네저 스크루지**, 곧바로 비석을 올려다본다. 눈으로 덮인 비석.

스크루지   …평온한 죽음도 살 수 없구나!

비석으로 다가간 스크루지의 손이 비석 위의 눈을 걷어낸다.
묘비에 새겨진 이름은,
"에베네저 스크루지"

그 순간 큰 번개가 내리치고, 깜짝 놀란 스크루지가 뒤로 나자빠진다.

스크루지   안 돼… 혼령이시여. 안 돼요!

스크루지는 두려움에 몸서리치며 일어나 외치기 시작한다.

스크루지(CONT'D) 혼령이시여, 들어주십시오. 전 예전의 제가 아닙니다. 더는 전처럼 살지 않을 것입니다! 오, 혼령이시여, 저는 달라질 수 있습니다! 지금보다 더 나은 사람이 되겠습니다!

18

갑자기, 그는 근처에서 고양이가 '야옹' 하는 울음소리가 울려 퍼져 정신이 산만해진다. 스크루지는 눈치를 보며 눈알을 굴리다가, 계속 이어서 말한다.

스크루지(CONT'D)   혼령이시여! 왜 제게 이런 시련을 주시나요. 제게 걸 만한 모든 희망을 저버리셨다면…!

다시 말을 이어가려 할 때, 더 큰 소리로 '야옹' 소리가 한 번 더 울려 퍼진다.
갑자기 바람이 잦아들고 스크루지는 더 이상 참을 수 없을 정도로 화가 나서 얼굴이 일그러진다. 다시 목소리를 가다듬고 집중해서 말을 이어가려는 스크루지.

스크루지(CONT'D)   혼령이시여, 당신이 내린 이 시련을 아직 제가 거둘 수 있다고 말해주십시오!

아랑곳하지 않고 다시 큰 소리로 '야옹' 소리가 들리고 만다.

스크루지(CONT'D)   오, 이런…

MATCH CUT TO:

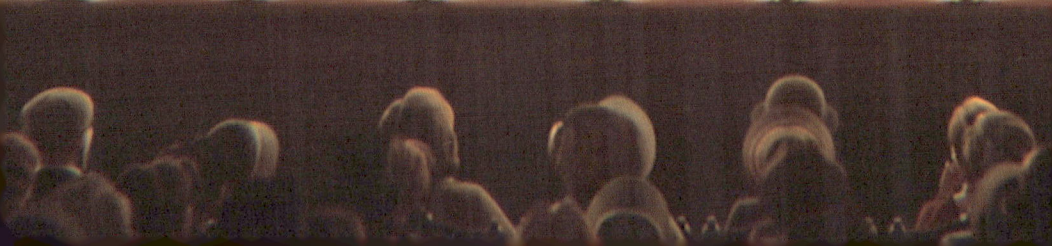

런던의 소극장 무대 위에서 스크루지 역할을 하고 있던 찰스 존 허펌 디킨스가 전 신의 스크루지처럼 오만상을 찌푸리고 있다.

객석의 관객들을 의식하면서 표정을 풀고 헛기침을 두어 차례 하는 디킨스.

다시 자세를 가다듬는데 객석 여기저기서 터지는 웃음소리가 들린다. 관객들의 웃음소리에 무슨 일인가 싶어 관객들의 시선을 따라가보면, 무대 한쪽으로부터 무대 위를 가로질러 걸어오고 있는 고양이 한 마리가 보인다. 당당하게 디킨스 앞을 지나가는 통통한 고양이. 고양이의 목걸이에 달린 펜던트에 선명히 보이는 이니셜 W.

디킨스   윌라?!!! 니가 어떻게 여기에…?

관객들은 계속해서 폭소하고 있다.

디킨스   하하… 고양이도 이야기 듣는 걸 좋아하나 봅니다.

윌라는 아랑곳하지 않고 빠른 걸음으로 무대 뒤쪽 커튼 사이로 유유히 들어간다. 커튼 뒤에서 캐서린과 아이들의 소리가 또렷하게 들린다.

캐서린(V.O.)   애들아! 그건 건드리지 마!
찰리(V.O.)   이거 어서 놔!

캐서린(V.O.)	월터! 그거 내려놓으렴!
디킨스(CONT'D)	신사 숙녀 여러분, 괜찮으시다면 잠시…

상황을 수습 중인 디킨스의 목소리 사이로 캐서린의 고함소리가 끼어든다.

캐서린(V.O.)	그건 입에 넣으면 안 돼!
디킨스(CONT'D)	…실례하겠습니다!

디킨스는 관객들에게 이해를 구하는 손짓을 하고 무대 뒤쪽을 향해 빠르게 뒷걸음치며 무대 오른쪽 커튼 사이로 쏙 들어간다.

3 ✦   INT. 런던 극장 - 백스테이지 - 밤

디킨스는 무대 뒤에서 무슨 일이 벌어지는지 본다. 그의 아내, 캐서린은 아버지의 공연에 인내심을 잃은 세 아이와 고양이의 소란을 진정시키느라 애쓰고 있다.

캐서린	누가 윌라 좀 잡아주렴!
메리	알았어요!
디킨스	대체 누가 윌라를 데려온 거야!

	어떻게 고양이가 무대에 올라온 거지?!
캐서린	글쎄요, 월라는 월터의 원탁의 기사 중 가장 중요한 기사잖아요?
디킨스	월터? 월터는 어디에 있…
찰리(O.S.)	월터, 그 칼 이리 내!
월터(O.S.)	싫어! 난 아서왕이니까!

디킨스의 아들 **월터(5)**와 찰리는 단상 위에서 서로 밧줄 하나를 잡고 버틴 채 목검을 가지기 위해 실랑이를 하고 있다.

| 디킨스 | 월터! 당장 거기서 내려와! 이건 매우…! |
| 월터 | 으앗! |

월터와 찰리가 싸우다가, 월터가 밧줄을 몸쪽으로 힘껏 당기자 찰리가 밧줄을 놓쳐버린다. 찰리가 밧줄을 놓친 반동으로 월터는 단상 아래로 스윙하여 디킨스가 있는 쪽으로 돌진한다. 월터가 신이 나서 비명을 지른다.

| 디킨스 | 오… 이런. |

익! 디킨스는 월터와 그대로 충돌하여 바닥에 나가떨어지고, 무대 커튼과 몸이 괴상하게 엉켜버리고 만다. 무대 앞쪽에서 그 모습을 보고 웃음이 터져나온다. 한편, 월터는 밧줄을 잡고 그대로 무대 앞의 허공

으로 솟아올랐다가 무대 뒤로 물 흐르듯이 돌아와 착지하며 완벽한 스윙을 마친다. 캐서린이 급히 커튼이 엉켜 있는 디킨스에게로 다가 간다.

캐서린   오… 여보!

월터가 허공에 목검을 높이 흔든다.

월터(V.O.)   보아라! 내 무적의 엑스칼리버를!

디킨스는 몸을 털면서 캐서린에게 말을 한다.

디킨스   지금 낭독회 중이잖아! 이러면 곤란해!
월터   이제 이 칼로 용을 무찌를 거야! 받아라, 얍!

월터가 디킨스의 엉덩이를 향해 돌진해, 디킨스의 엉덩이를 목검으로 힘껏 내리친다! 철썩! 소리와 함께.

디킨스   아오! 월터 도대체 뭐 하는 거야!
캐서린   여보, 지금은 불평할 때가 아니에요.

캐서린이 디킨스의 옷을 털어주며 진정시킨다.

디킨스	(어이없다는 듯 다급하게) 불평? 불평이라니!
	하지만 저.. '저 애'가.. '받아라!'라고..
	그리고 '무찌른다'고! 나한테 지금..!
캐서린	여보, 알아요. 아주 못됐죠…
	'무찌른다'니 결코 안 돼죠. 하지만, 여보!
디킨스	응?
캐서린	요즘 쟤가 얼마나 아서왕한테 빠져 있는지 잘 아시
	잖아요.
디킨스	하지만.. 그렇다고 용을 '무찔러도' 된다는 얘긴 아
	니야!
캐서린	알아요, 여보. 월터도 너무 세게 때리려던 건 아니
	었을 거예요.

디킨스가 어느 정도 진정이 되자, 캐서린은 마지막 소품을 마저 집어 든다.
월터와 찰리는 칼 쟁탈전에 빠져 있다. 메리는 그들의 행동을 중단시키려 한다.

찰리	칼 이리 줘!
월터	싫어!
메리	그만해! 아빠 낭독회를 망치고 있잖아!
월터	이 왕의 손에서 어디 한번 뺏어가 보시지!
찰리	아, 그러세요. 폐하?

메리	찰리 그만 싸워 이제, 너네 둘 다!
	그리고 월터, 너도 마법의 칼 어쩌고 하는 헛소리
	좀 그만해!
월터	바보는 너네들이야! 오직 진정한 왕만이 이 칼을
	다룰 수 있다고!

월터는 찰리와 모형 칼을 잡은 채로 실랑이를 벌인다. 찰리가 모형 칼
에서 손을 탁 놓아버리자 중심을 잃은 월터는 뒤에서 소품 상자를 들
고 있던 캐서린에게 부딪힌다. 상자는 큰 소리를 내면서 땅에 떨어지고
그 바람에 상자 안에 있던 소품들이 죄다 바닥에 쏟아진다.
그 소리에 놀라서 윌라는 메리의 품에서 뛰쳐 날아가버린다.

| 캐서린 | 오, 맙소사. |
| 디킨스 | 흐악! |

너무나 큰 소리에, 순간 모두가 얼어버린다. 와인 컵(최후 만찬에서 사
용했던) 소품 하나가 무대 밖으로 굴러 나간다. 텅 빈 무대를 한 바퀴 구
르며 다시 무대 뒤로 들어가는 와인 컵. 관객들은 어이없이 굴러가는
컵을 바라만 보고 있다. 굴러들어온 와인 컵을 디킨스가 발끝으로 밈추
자, 아이들은 잔뜩 긴장해서 굳은 채로 쳐다본다.

| 메리 | 죄송해요, 아빠. |
| 찰리 | 너무 죄송해요, 아빠. |

디킨스   메리, 찰리, 월터. 여기는 놀이터가 아니야!
                 이곳은 아빠가 일하는..! 고… 고양이는 어디 있어?

야옹! 월터가 윌라를 몸으로 가리고 선다.

월터   윌라는 내 충실한 원탁의 기사예요.

자연스럽게 월터의 품에 안기는 윌라. 월터의 품에서 고개만 돌려 능청스럽게 디킨스를 쳐다본다. 윌라는 디킨스가 말하는 사이에 잽싸게 월터의 어깨 위로 올라탄다.

디킨스   그래 봤자 고양이잖아!
                 원탁의 기사든 뭐든 그 무엇도 아니라고!
월터   그치만 윌라는 기사니까 왕이 어딜 가든 따라다녀
                 야 해요!
디킨스   너도 진정한 왕은 아니라니까!

월터의 어깨에서 윌라가 디킨스에게 혀를 내민다. 폭발 직전의 상황이다.

디킨스   더 이상은 못 참아!

디킨스는 윌라에게 달려든다. 윌라는 월터의 어깨에서 스테이지 구석

의 테이블로 점프한다. 가죽가방 옆 종이 뭉치 위로 착지하면서 가지런히 쌓여 있던 카드 한 갑 같던 뭉치가 옆으로 펼쳐 놓은 것처럼 미끄러진다.

디킨스   으악! 내 원고!

월라가 올라탄 물건이 원고라는 디킨스의 반응에 주변 가족들도 함께 놀란다. 월라는 원고 위에서 달리기를 시작하지만 마치 러닝 머신 위를 달리는 것처럼 제자리에 머물러 있다. 월라는 수백 장의 원고가 모두 공중에 흩날릴 때까지 멈추지 않는다.

원고는 하늘에서 눈이 내리듯이 날리고 있다. 당황한 찰리, 메리 그리고 캐서린이 떨어진 원고를 허둥지둥 줍는다.

캐서린   어서 잡으렴! 오!
메리   아빠, 걱정 마세요.
찰리   우리가 치울게요!
월터   (혼자 신이 나서) 와! 눈 온다!

디킨스는 원고를 다 날리고 바닥, 그것도 하필 원고 위에 앉아 있는 월라를 발견하고 화를 억누르며 월라를 향해 한 걸음 한 걸음 발을 옮긴다.

윌라는 자기 발을 핥으며 디킨스를 비웃는다. 사실, 윌라는 일부러 더 움직이지 않으려 한다. 반항적으로 그를 노려본다. 디킨스는 윌라를 치우려다 흠칫하며 손길을 내밀기를 주저한다. 그러다 손을 아래로 뻗어 원고의 한 페이지를 잡아당긴다.

디킨스(CONT'D)   비켜.

윌라는 여전히 움직이지 않고 디킨스는 더 세게 잡아당긴다.

디킨스(CONT'D)   안 비켜…?

윌라가 디킨스를 약 올리듯 발바닥을 핥는다.

디킨스(CONT'D)   비키라고 했…!

완전히 열받은 디킨스가 억지로 종이를 힘차게 잡아당긴다. 마침내, 그 페이지는 반으로 찢어진다.
그 자리에 있는 모든 사람은 디킨스가 찢어진 페이지를 응시할 때 얼굴이 시뻘겋게 달아오르는 것을 본다. 상황을 눈치챈 윌라가 갑자기 무대 쪽으로 도망친다.

찰리/메리/캐서린   윌라! 안 돼! 잡아!

이를 본 월터가 급히 윌라 쪽으로 달려가 잡아 끌어안는다.

월터   잡았다!

월터는 윌라를 잡으며 중심을 잃더니 무대 쪽으로 슬라이딩하며 넘어
진다.

4 ✦   **INT. 런던 극장 - 밤**

관객석에서 무대를 보면 중앙에 있는 커튼이 이상하게 불룩하다. 점점
불룩해지더니 월터가 윌라와 엉켜서 와르르 쏟아져 나온다. 처음으로
월터가 관객을 알아차린다.

디킨스   월터!

엎드린 채로 커튼 밖으로 튀어나와 무대 상황을 파악하는 디킨스. 찢어
진 원고 종이를 급히 주머니에 넣고 무대로 나와 봄으로 월터와 윌라
를 가린다. 커튼 뒤에서는 당황한 캐서린 옆으로 메리와 찰리가 있다.

찰리/메리/캐서린   오, 이런.

디킨스가 관객들의 웃음에 주의가 분산된 사이, 월터가 윌라와 함께 벌떡 일어난다.

월터   짜잔!

디킨스   (이를 악물고) 신사 숙녀 여러분, 저의 사랑스러운
           막내아들을 소개합니…

월터는 디킨스 앞으로 달려 나와 칼을 자랑하며 무대 위에서 힘찬 손짓을 펼친다.

월터   나는 아서왕이다!
           그리고 윌라! 내 충성스러운 원탁의 기사!

관객은 박장대소하며 박수갈채를 보낸다.

디킨스   하하, 감사합니다. 하지만 어떤 좋은 일에도 끝이
           있는 법이죠!

관객들의 아쉬운 함성 소리가 들린다.

디킨스   맞아요, 아쉬운 일이죠! 그러니 폐하,
           이 충성스러운 백성들에게 작별인사 해주시겠습
           니까?

디킨스(CONT'D)   (입 밖으로 소리 내지 않고) 인사해, 월터! 어서 월터!

월터는 여전히 신나서 칼을 휘두르며 관객들에게 자랑한다.

월터   모두들 좋은 밤 보냈으면 좋겠구나! 그러니…
        잘 있거라, 백성들아!

월터가 칼을 휘두르며 관객들에게 쇼맨십을 선보인다.
관객들이 웃음을 터트린다.

월터   거기도.. 저기도.. 요기도..
디킨스   예, 폐하! 좋습니다.
        이제 갈 시간이에요. 물론이죠.
        모두 폐하의 인사를 잊지 않을 겁니다…
월터   카멜롯이여, 영원하라!
디킨스   감사합니다!

월터가 칼을 든 손을 너무 힘차게 뻗쳐 올려 칼이 그만 머리 위로 솟구
친다. 디킨스는 그 순간을 놓치지 않고 잽싸게 칼을 낚아챈 후, 월디의
뒷덜미를 잡아 무대 뒤로 내보낸다.

디킨스   (화가 나서 식식거리며) 인제 그만!
        월터, 이건 아빠가 일하는 동안에는 도저히 용납할

수 없는 행동이야!

월터   하지만 아빠는 매일 일만 하시잖아요.

윌라는 월터 어깨에서 "야옹" 하는 게 마치 "맞아!"라는 느낌이고 이게 디킨스를 'twitch' 하게 한다.

디킨스   (기분 상함)(더듬거리면서) 므… 뭐?
              난 절대 매일 일만 하고 있지 않아!

디킨스가 잠깐 커튼 밖으로 상체만 내밀어 관객들을 마주 본다.

디킨스   하하하, 잠시만 기다려주세요…

월터는 칼을 집으려고 손을 뻗지만 디킨스는 "not so fast" 식의 제스처로 칼을 빼든다.

디킨스   오늘 밤 칼 장난도 이만하면 충분한 것 같아.
월터   에? 왜요?
디킨스   왜냐하면 '행동에는 책임이 따르기' 때문이지.
월터   네? 하지만…
디킨스   집에 돌아가면 얘기하자!
월터   뭐라고요?! 아빠가 집에 올 때까지 칼을 받을 수
              없다고요?

디킨스	내가 집에 돌아가면 이 칼을 다시 보게 될지 말지 얘기하게 될 거다!
월터	그치만 아빠 왜 하필…
디킨스	(단호하게) 안 된다고 했지! 그럼 끝난 거야!

마치 버려진 쓰레기처럼 어둠 속에서 메아리치고, 그리고 그때… 침묵이 흐르고, 차갑고 무거운 기운이 공중에 감돈다.

아빠의 폭발로 인해 상처받고 혼란스러워하는 월터는 눈물을 글썽이며 아빠를 올려다본다… 그리고

월터는 아무 말 없이 그냥 돌아서서 가버린다. 당황하는 디킨스는 어떻게 해야 할지 모른다.

디킨스	어디 가는 거야?

월터는 조금 망설이다가 뒤돌아보지 않고 상처받은 식으로 아주 작고 거의 살짝 차갑게 대답한다.

월터	집에요… 왜냐하면 '행동에는 책임이 따르기' 때문이에요.

그리고 돌아서서 가버린다… 뒤도 돌아보지 않고. 나머지 가족들은 조

용히 따라간다. 디킨스는 성질을 이기지 못한 것을 안다. 자신이 한 일을 깨닫고, 재빨리 사과를 내뱉으며 한다.

디킨스   (조용히 뱉어내듯이) 월터, 그러려던 건 아니었는
               데…
               (무거운 마음에 큰 한숨)

이미 늦었다. 월터는 떠났다. 디킨스는 매우 죄책감을 느낀다.
하지만 그럴 시간이 없다. 쇼는 계속 진행해야 한다. 그래서 디킨스는
(숨을 빨리 들이마시고) 쇼를 다시 시작할 표정을 갖추고 관객을 향해
돌아선다.

캐서린   여보! 칼!

캐서린이 칼을 들고 가지 말라고 주의를 주면, 디킨스가 무대 뒤로 칼
을 든 손을 내밀며 가져가라고 흔든다. 찰리가 캐서린보다 칼을 먼저
낚아채려고 하자, 캐서린이 그보다 잽싸게 칼을 낚아채며 찰리에게 주
의를 준다. 찰리는 메리 손에 이끌려 화면에서 퇴장한다. 디킨스가 연
설을 정상으로 되돌리면서 관객들에게 연설하는 것이 들린다.

디킨스   죄송합니다! 신사 숙녀 여러분!
(CONT'D)(V.O.) 자, 어디까지 했었죠? 맞아요! 스크루지가 혼령에
               게 이야기합니다..

혼령이시여! 전 더 나은 사람이 될 수 있습니다!

일 년 내내 성탄절을 가슴에 새기고 잊지 않을 겁니다.

과거에, 현재에, 미래에 살며.. 그 가르침을 따르겠습니다!

세 혼령들이 제게 가르쳐준 바를 잊지 않겠습니다!

혼령이시여! 부디 이 돌덩이에 적힌 이름을 거두어 주십시오!

백스테이지에서 캐서린은 원고를 주우며 글 몇 줄을 흘깃 보다가 이내 곧 줍는 것을 멈추고 원고를 읽기 시작한다.

CUT TO:

5 ✦   **EXT. 런던 극장 앞 - 밤 / 안개**

"찰스 디킨스의 크리스마스 캐럴 낭독회"라고 플래카드에 쓰여 있다.

관객들은 즐거운 표정으로 극장을 빠져나와 집으로 돌아가기 위해 마차들을 탄다.

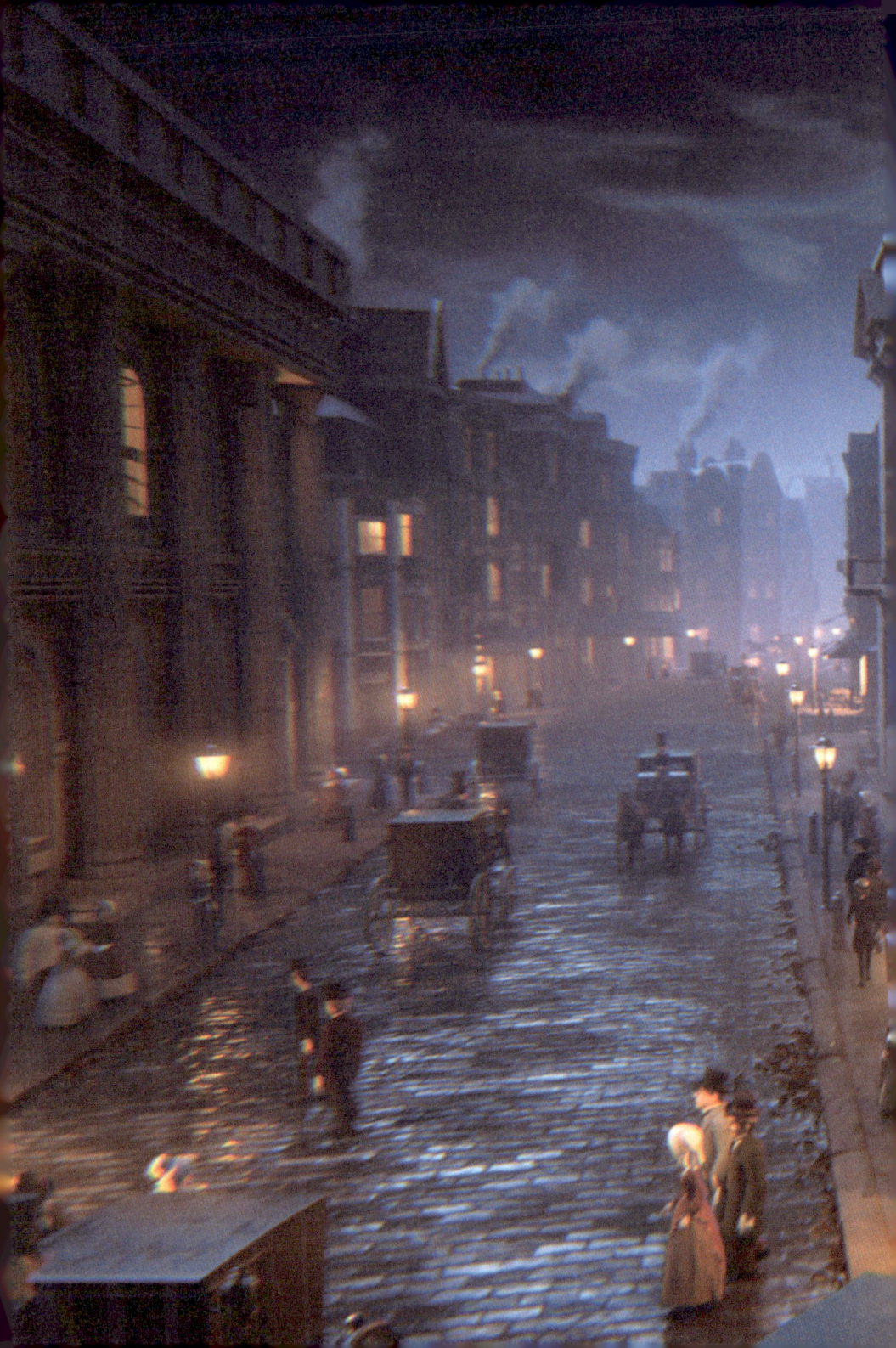

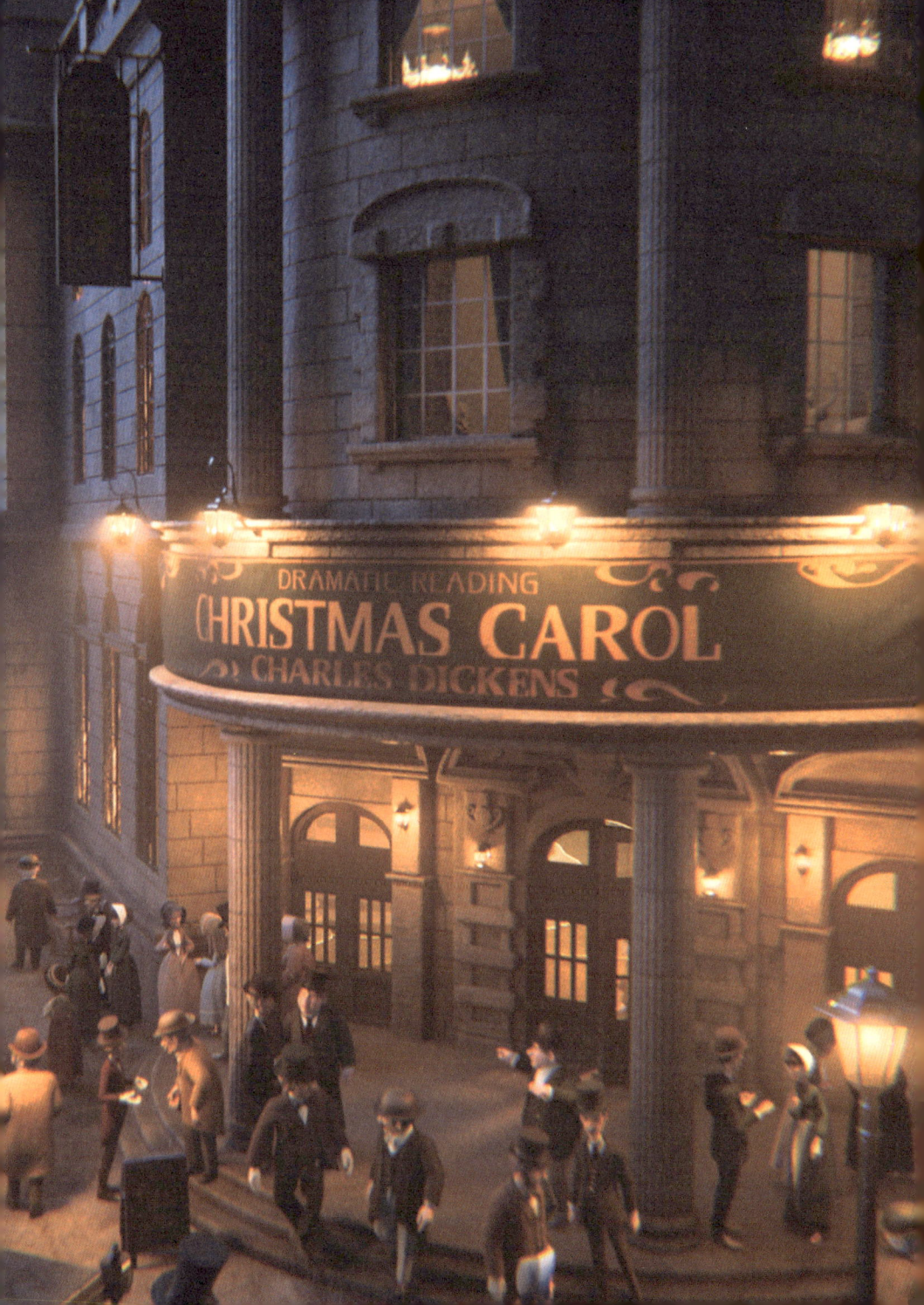

6 ✦   **INT. 런던 극장 - 백스테이지 - 밤**

디킨스는 무대 뒤로 돌아온다. 디킨스는 가죽가방과 함께 구석진 테이블 위에 가지런히 정리되어 있는 원고와 그 위에 놓인 장난감 칼을 발견한다. 찢어진 페이지는 맨 위의 장난감 칼 바로 아래에 있다. 디킨스는 그 모습을 보며 한숨을 내쉰다.

7 ✦   **INT. 극장 로비 > EXT. 런던 극장 앞 - 더 늦은 밤**

외투와 모자를 착용한 디킨스는 한 손에 가죽가방을 들고 런던 다리 위를 걷는다. 깊은 생각에 잠겨 있던 디킨스는 갑자기 쏟아지는 소나기에 급히 걸어간다.

8 ✦   **EXT. 디킨스 집 현관 앞 - 늦은 밤**

디킨스가 빨간색 문이 있는 자신의 집으로 터벅터벅 문을 열고 들어간다.

현관

디킨스가 집으로 들어오고, 현관의 옷걸이에 모자와 외투를 걸고 걸어온다.

디킨스	애들은 자러 갔어?
캐서린	찰리랑 메리는요. 월터는 당신 서재에 있어요.
디킨스	뭐? 내 서재에?!

캐서린이 쉬쉬- 소리를 내며 흥분하려는 디킨스를 급히 가라앉힌다.

디킨스	(조금 가라앉아서 곤란한 한숨을 쉰다.) …왜?
캐서린	월터에게 당신이 오면 굉장한 이야기를 해줄 거라 말했거든요.
디킨스	(다시 흥분하는) 뭐? 캐서린! 무슨 생각을…
캐서린	엄청 기대하고 있어요.
디킨스	도대체 무슨 이야기를 하라는 건지..

캐서린이 흥분하는 디킨스에 아랑곳하지 않고 그의 팔짱을 낀다. 그리고 디킨스를 다시 진정시키며 한 걸음씩 계단을 오르도록 부추긴다.

디킨스	아니 그게 아니고 잠깐… 무슨 이야기?

캐서린	극장에서 흩어졌던 원고를 모으다가 당신이 쓴 글을 좀 봤어요. 아이들을 위해서 쓴 거죠?
디킨스(CONT'D)	음… 맞아.
캐서린	보세요. 월터가 아서왕에 푹 빠져 있잖아요.
디킨스(CONT'D)	그렇긴 한데…
캐서린	진정한 왕이 누군지 이야기해주세요. 좋아할 거예요!
디킨스(CONT'D)	하지만 내가 왜…
캐서린	제가 기억하기론 그 안에 용서와 이해에 대한 내용이 제법 있던걸요?

디킨스는 곤란해하며 고개를 가로젓지만, 어쩔 수 없이 계단을 오른다.
그때 뒤에서 캐서린이 다정하게 팔짱을 끼며 작게 속삭이듯 응원한다.

디킨스(CONT'D)	하지만 내가 어떻게…
캐서린	뭘 해야 될진 당신이 더 잘 알잖아요. 가서, 당신의 마법을 좀 보여주세요.

캐서린이 갑자기 디킨스의 등을 밀어붙이며 힘껏 떠민다.
디킨스가 놀라지만 그녀가 민 힘 때문에 3층 계단 위까지 순식간에 떠밀려 올라가고 만다.

3층 서재 문 앞

디킨스가 멈추고, 우리는 그의 문에 붙어 있는 경고문을 본다. "허락없이 출입금지! 특히 윌라는 절대 금지!"라고 쓰여 있다.

디킨스는 머뭇거리다 서재 문을 열고 들어간다.

디킨스(CONT'D)　　(한숨 쉬고) …내 마법이라…

10 ✦　　　　　　　　　**INT. 디킨스 집 서재 - 밤**

윌터는 바닥에 앉아 있다. 윌라는 서재 문 앞에 있다가 디킨스가 들어오자 잽싸게 윌터에게 다가간다. 윌터와 윌라는 고집스러운 표정을 동일하게 짓고 있다.

디킨스는 소파 옆에 가방을 놔둔다.

디킨스　　　　　아빠랑 이야기 좀 할까? 고양이 없이 말이야.

윌터는 윌라를 더욱 꼭 끌어안는다.

디킨스　　　　　좋아. 하지만 그 고양이가…

캐서린은 헛기침한다. 디킨스는 문간에서 그녀를 본다. 그녀는 그에게 계속 이야기를 이어서 하라고 손짓한다.

캐서린   당신의 마법…!

디킨스는 문득 어떻게 시작하면 좋을지 떠오른 생각이 있는지 고개를
끄덕인다.

디킨스   월터, 네게 줄 것이 있단다.

가방을 열어 무언가를 보여주는 디킨스.

월터   (기뻐하며) 내 엑스칼리버!
디킨스(CONT'D)   아빠가 해줄 얘기가 있어.

월터는 윌라를 안고-

월터   왕 이야기가 아니라면 관심 없어요.
캐서린   그래? 그렇다면 기대해도 좋을 텐데.
                  안 그래요, 여보?

디킨스는 미소를 짓는다. 지금 하려는 이야기가 먹힐지도 모른다.
디킨스는 서재를 왔다 갔다 한다.

디킨스	그래, 마침 왕에 관한 이야기란다.
	그것도 '왕 중의 왕' 말이야.

월터는 생기가 돌아서는-

월터	마법사랑 용들도 나와요?
디킨스	그보다 더 굉장한 것도 나오지.
	천사와 악마, 그리고 기적 말이야!
	누군가는 지금까지 나온 이야기 중
	가장 위대한 이야기라고 말하는걸.
	사실, 너의 아서왕 이야기는
	이 이야기에 바탕을 둔 거란다.

디킨스는 태연하게 어깨를 으쓱하고 문 쪽으로 나가려는 시늉을 하며
월터와 밀당을 한다.

디킨스(CONT'D)	하지만… 너가 듣고 싶지 않으면 괜찮아. (월터의
	눈치를 살핀다.)
월터	음… 그럼… 앞부분만요.

월터는 소파에 올라가 앉는다.
디킨스는 지구본을 소파 뒤에서 가져와 테이블에 놓고 캐서린을 본다.
캐서린도 디킨스의 기대감을 받아주며 미소 지어주고 있다. 일이 잘 풀

릴 것만 같다!

디킨스(CONT'D)   자.. 우리 이야기는!

디킨스가 지구본을 내려다보는 순간, 윌라가 지구본에 뛰어올라 쳇바퀴처럼 지구본을 굴리고 있는 것을 보고 디킨스의 의욕에 찬 표정이 순간, 싹 사라진다.

디킨스   썩 내려와!

디킨스가 윌라를 쫓는 손동작을 하면 윌라는 캐서린 옆으로 도망간다. 캐서린은 무릎 꿇고 윌라를 쓰다듬어준다. 그 모습을 보고 고개를 가로 젓는 월터.
디킨스는 한숨을 내쉬며 계속 진행한다. 그는 월터가 회전하는 지구본을 주목하도록 한다.

디킨스(CONT'D)   자, 계속하자면, 이 이야기의 시작은 2000년 전으로 돌아간단다. 이스라엘의 베들레헴이라는 작은 마을에서…

우리는 지구본에서 실제 지구로 이동한다. 우리는 올리브나무가 줄지어 있는 언덕을 따라 우리가 찾고 있는 것을 발견하면서 속도를 줄인다. **요셉(18)**, 만삭의 **마리아(16)**를 당나귀에 태우고 마을로 내려간다.

디킨스(V.O.)   요셉과 마리아의 아기가 곧 태어날 거야.
월터(V.O.)   잠깐만요.

11 ✦   INT. 디킨스 집 서재 - 밤

우리는 갑자기 방으로 돌아온다.

월터   이거 아기 이야기예요?
디킨스   음, 이 이야기도 아기로부터 시작하지.
    하지만 이 특별한 아기는 바로 '하나님의 아들'이
    란다. (더 몰입하며) 그리고 지금 이 순간 아기의 탄
    생을 보기 위해 먼 곳에서 동방박사 세 사람이 오
    고 있어. 베들레헴으로 그들을 이끌어주는 별을 따
    라오면서 말야! 그들은 새로 태어난 왕을 경배하기
    위해 선물들을 가져오고 있었지. (점점 격정적으로
    말하기 시작힌디.) 게다가, 지금 왕은 그 아기의 존
    재만으로도 위협을 느끼게 될 거란다. 그리고 권력
    을 잃지 않으려고 무슨 일이든 할 테지.

디킨스가 더욱 실감 나게 이야기를 하고,
월터는 점점 빠져든다.

| 디킨스 | 보고도 믿기지 않을 거야. |
| | 미래에 대한 질투와 공포에 휩싸인 채, 그가 무슨 일을 벌이고 마는지…! (잠시 정신이 들어 월터의 눈치를 살핀다.) …이런 '아기 이야기'를 계속 들어보고 싶니? |

완전히 빠져 있다가, 질문에 정신이 번쩍 든 월터는 어깨를 으쓱하며.

| 월터 | 네, 계속해주세요. |
| 디킨스 | 좋아. |

12 ✦   EXT. 베들레헴 가는 길 - 늦은 오후

사람들로 북적거리며 활기 넘치는 베들레헴의 마을 풍경. 요셉이 어느 숙소에 멈춰서 **여관 주인 1**에게 말한다.

| 디킨스(V.O.) | 당시 이스라엘은 로마의 지배 아래 있었는데, 각자 고향으로 돌아가 인구 조사를 받는 것도 해당됐단다. 그래서 요셉과 함께 임신한 마리아는 그들의 고향 베들레헴으로 갔지. |

요셉	(여관 주인 1에게) 안녕하세요, 제 아내와 저를…
여관 주인 1	미안하오, 친구.

그는 요셉 앞에서 문을 닫는다. 요셉과 마리아는 다음 여관으로 계속 내려간다.

DISSOLVE TO:

다른 여관 - 시간 경과 후

요셉	(여관 주인 2에게) 안녕하세요, 제 아내와…

쾅! **여관 주인 2**가 요셉의 얼굴 앞에서 문을 닫는다.
마리아는 요셉을 격려하듯이 바라보고, 그 후 찌르는 듯한 통증이 시작된다. 그들은 계속해서 언덕을 내려간다.

DISSOLVE TO:

또 다른 여관 - 저녁노을

여관 주인 3은 요셉이 말하기도 전에 손사래 치며 문을 닫는다. 실망한 요셉.

불 켜진 옆집을 발견하고 빠르게 다가가지만 불이 꺼지자 요셉은 또다시 좌절한다. 잠든 마리아를 태운 당나귀를 끌고 힘없이 다음 여관을 찾아 이동한다.

13 ✦　　　　　　　**EXT. 여러 거리 - 마을 끝 쪽 - 밤**

결국 그들은 마을 외곽의 길에 동떨어져 있다. 그들 앞의 먼지와 돌 말고는 아무것도 없다.

디킨스(V.O.)　　　도저히 방을 구할 수 없었던 요셉과 마리아는 마을과 한참 떨어진 곳까지 내려갈 수밖에 없었단다. 묵을 곳을 간절히 찾으면서 말이야.

그때, 요셉이 무엇인가를 본다. 작은 불이 멀리 있다. 모든 희망을 걸고 요셉은 불빛을 향해 당나귀를 끈다.
온화하고 겸손한 사람인 **여관 주인 4**는 거의 다 꺼져가는 모닥불 앞에 앉아 있다. 그가 자러 들어가기 전 거의 다 타버린 장작을 한 번 뒤적이자 불티가 파악-하고 피어오른다.
당나귀가 탈진해서 숨을 내쉬는 소리에 여관 주인 4는 몸을 돌려 본다.

요셉　　　　　(여관 주인 4에게) 안녕하세요, 제 아내와 저는…

여관 주인 4	나도 자네를 도와주고 싶지만, 시간이 너무 늦어 유감이네.
요셉	제발요, 선생님. 간청드립니다.
여관 주인 4	미안하네.
요셉	제발요..
여관 주인 4	이 먼 곳까지 왔는데도 방이 없는 걸 어쩌겠나. 유감일세.
요셉	시간을 빼앗아 죄송합니다.

요셉이 마리아에게 몸을 돌리자 마리아는 고통에 소리 지른다. 얼른 마리아에게 뛰어가는 요셉.

요셉	오, 마리아…

곧 아기가 나오려고 한다. 요셉은 먼 거리를 쳐다본다. 이 집이 몇 마일을 앞두고 마지막 집이다. 요셉은 얼굴에 눈물을 흘리는 마리아에게 가서 위로해준다.
여관 주인은 젊은 부부를 바라본다. 그의 가슴이 아프다. 그때-

마리아	아기가 나올 것 같아요.
요셉	괜찮을 테니 걱정 말아요… 어떻게 하지…
여관 주인 4	방이 없긴 하네만…
요셉	압니다. 감사합니다.

여관 주인 4	하지만 말구유가 굴러다니는 빈 마구간은 있소.

여관 주인 4는 요셉과 마리아를 마구간으로 안내한다. 이때 월터가 디킨스에게 질문을 한다.

월터(V.O.)	잠시만요. 말구유가 뭐예요?
디킨스(V.O.)	동물들이 먹이를 먹는 작은 상자 같은 거야.
월터(V.O.)	흠, 알겠어요.

DISSOLVE TO:

14 ✦   INT. 마구간 - 밤

요셉이 램프를 바닥에 내려놓는다.
마리아는 마구간을 둘러보다가 산통이 시작되자 배를 움켜쥔다.
요셉은 마리아를 눕히기 위해 바닥 위 공간을 치운다.

요셉	마리아, 다 괜찮을 거예요.
마리아	요셉, 아이가 나오려고 해요.
요셉	그래요, 여기 누워요.
마리아	때가 됐어요.

요셉	알아요, 이리 와서 누워요.
마리아	(힘겹게 숨을 몰아쉬며) 알겠어요.. 알겠어요..

디킨스(V.O.)	그렇게 아기 예수님이 세상에 오셨단다.

15 ✦   INT. 디킨스 집 서재 - 늦은 시간

멀리서 아기 우는 소리가 들린다.
디킨스는 아기 예수님을 두 팔에 안고 있는 듯 연기를 한다.

디킨스(CONT'D)	가장 낮고, 천한 곳으로 오신 왕.

디킨스가 예수님을 내려놓는 연기를 하자, 그의 손은 요셉의 손으로 바
뀌며 구유 안에 진짜 아기 예수님을 놓는다. 월터는 이를 신기하게 본
다. 윌라도 따라서 본다.

16 ✦   INT. 마구간 - 밤

요셉이 디킨스와 같은 자세로 희미한 빛이 나는 말구유 안 아기 예수

님에게 몸을 낮춘다. 요셉과 마리아가 새로 태어난 왕을 감탄하며 바라본다.

월터가 그 옆에서 구유 안을 들여다본다.

디킨스(V.O.)   그땐 아무도 몰랐단다. 새로운 왕이 이 땅에 내려
             오신 것을. 하지만 곧 모든 게 달라질 거야.

17 ✦   INT. 디킨스 집 서재 - 밤

디킨스는 계속한다.

디킨스   천사가 이 소식을 알리기 위해 하늘에서 내려왔지.

캐서린이 계속 디킨스를 바라만 보고 있다.

디킨스(CONT'D)   (캐서린을 쳐다보며) 흠흠~ 내가 천사라고 말했는
                데.

디킨스가 손끝으로 낮은 미니 계단(서재 발판)을 가리킨다.

캐서린   아, 알겠어요.

캐서린은 낮은 미니 계단(서재 발판)을 올라간다.

캐서린이 경건하게 손을 올린다.

캐서린   (천사처럼) 무서워하지 말아요. 모든 사람들이 누려
            야 할 기쁘고 좋은 소식을 전하러 온 거니까요.

월터가 그의 엄마를 보자, 우리는-

                                                    DISSOLVE TO:

18 ✦   **EXT. 들판 - 새벽**

목동 2명이 각각 바위에 기대서, 들판에 누워서 자고 있다가 천사의 빛
에 눈이 부셔 잠을 깨고 천사를 발견한다.

목동들 위에서 맴도는 천사의 소리를 듣는 것을 멀리서 지켜보는 월터
와 윌라.

천사   (캐서린의 목소리로) 오늘날 다윗의 동네에 여러분
            을 위하여 구주가 나셨으니 곧 그리스도 주입니다.

그녀는 먼 거리에 있는 마구간을 가리킨다.

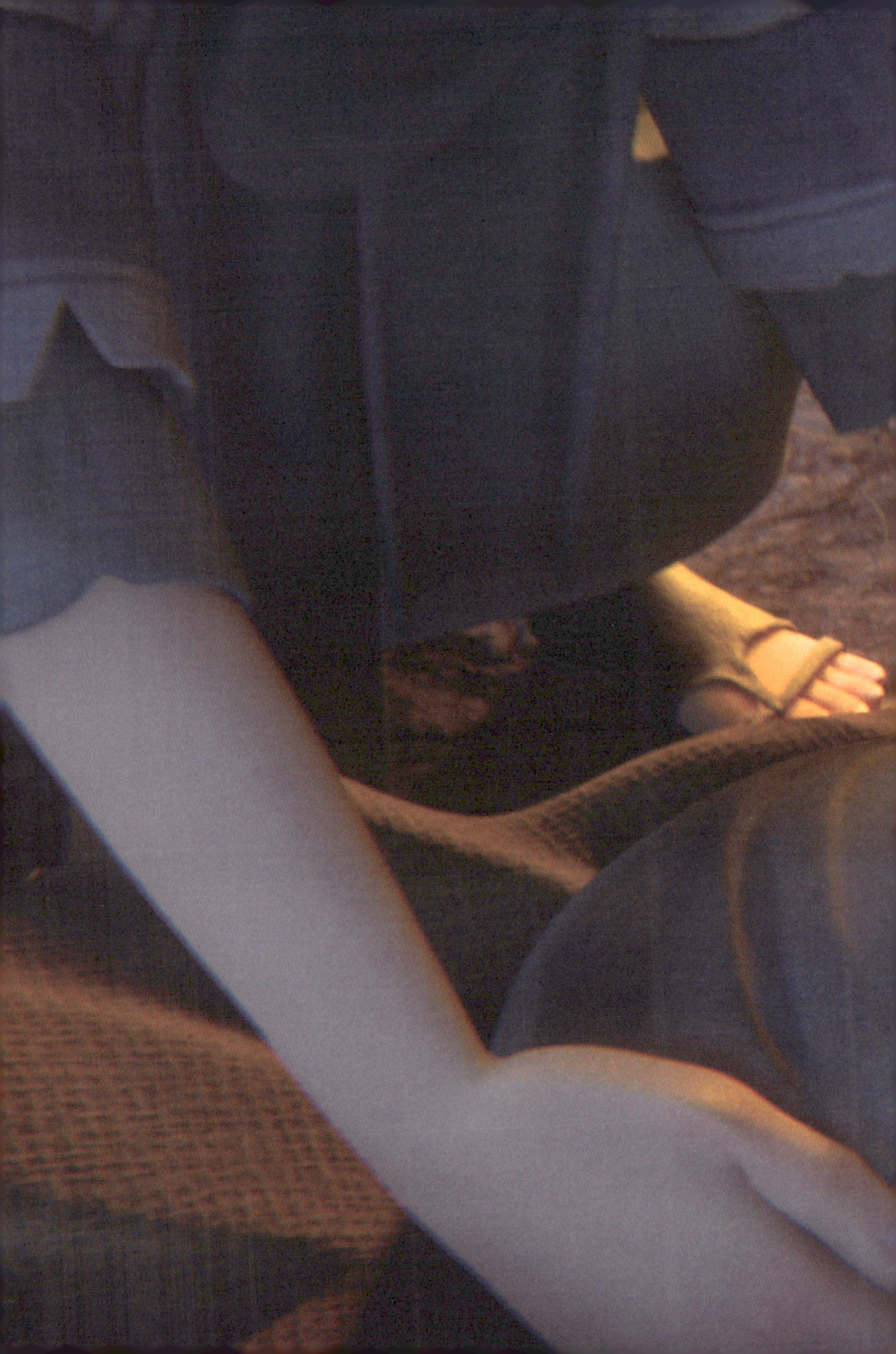

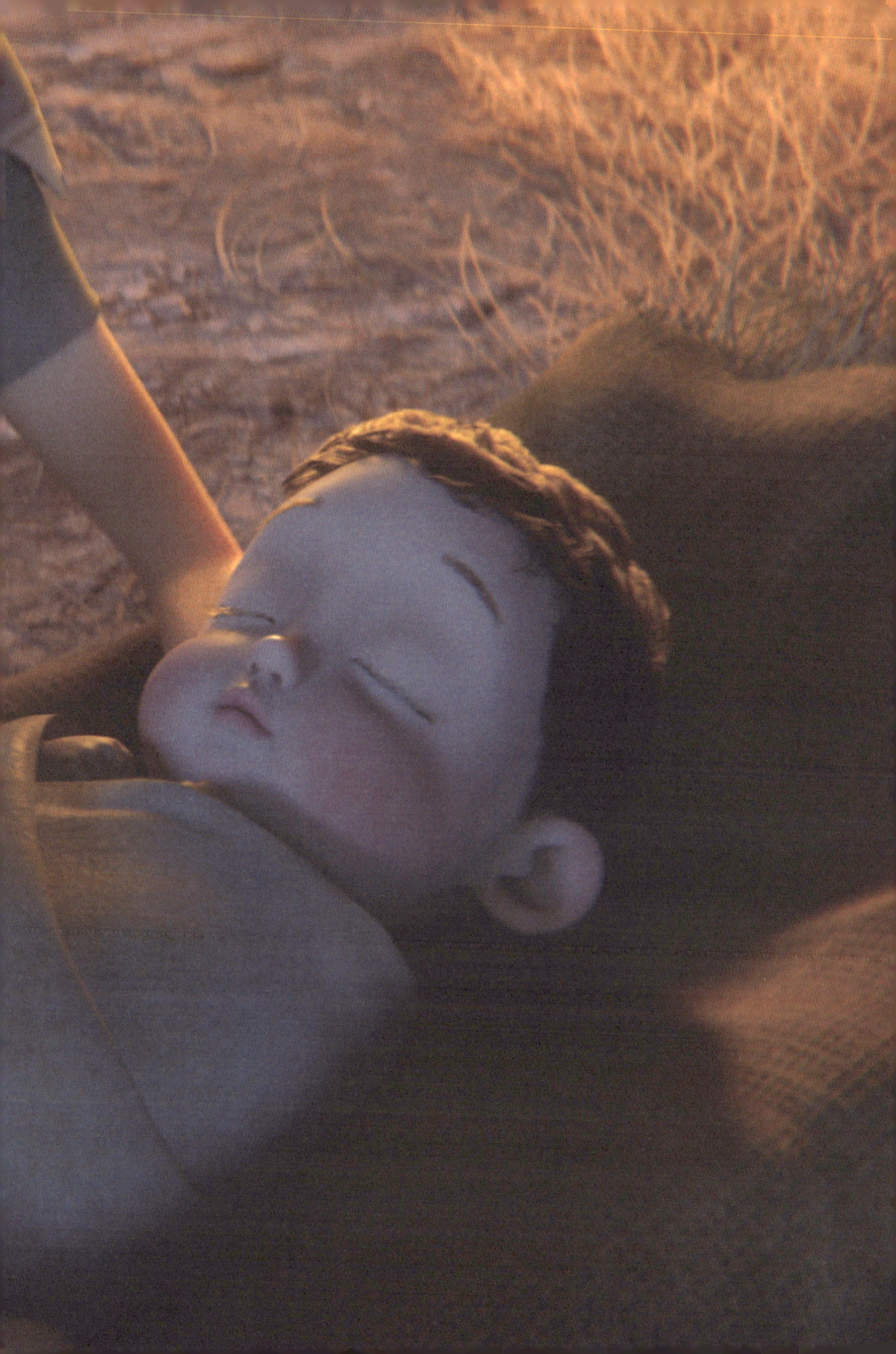

천사(CONT'D)　　베들레헴에 가면, 속싸개에 싸인 채 구유에 누워
　　　　　　　　있는 아기 예수님을 찾을 수 있을 거예요.

그리고 갑자기, 천사들의 합창단이 하늘에서 나타나고, 이어 노래를 부
른다.

천사　　　　　지극히 높은 곳에서는 하나님께 영광이요~
　　　　　　　　땅에서는 하나님이 기뻐하시는 사람들 중에 평화
　　　　　　　　로다~

천사들이 사라진다.
목동들이 서로 얼굴을 바라보고, 어디론가 급히 간다.

디킨스(V.O.)　　목동들이 베들레헴으로 아기 예수님을 보기 위해
　　　　　　　　뛰어갔지.

그리고 우리는 월터가 목동들이 어디론가 뛰어가는 걸 바라보는 것을
본다.

디킨스(V.O.)　　하지만 이스라엘의 수도 예루살렘에는 새로운 왕
　　　　　　　　의 탄생을 기뻐하지 않는 헤롯이라는 왕이 살고 있
　　　　　　　　었어. 그리고 세 동방박사가 헤롯 왕의 궁전에 도
　　　　　　　　착했단다.

카메라가 월터 뒤로 돌아가자, 배경은 어느새 헤롯 왕의 궁전 안으로 바뀌어 있다.

우리는 이제-

19 ✦   INT. 헤롯 왕궁 - 해 질 녘

윌라가 흥분해서 뛰쳐나가려고 하자, 월터는 얼른 윌라를 품에 안아 든다. 월터는 병사들의 시선을 피해 윌라를 안은 채 기둥 뒤로 발소리를 죽이며 걸어간다.

월터가 목소리를 듣고 따라가자, 동방박사들이 왕좌에 기대앉아 있는 헤롯 왕에게 예의를 갖춰 정중하게 인사한다.

헤롯 왕의 얼굴은 어둡고 악의에 차 있으며, 찌푸리고 있다.

동방박사 발타자르 헤롯 왕이시여, 우리는 그의 별이 떠오른 것을 보고, 우리의 왕께 경의를 표하기 위해 멀리서 찾아왔습니다.

동방박사 멜키오르 유대인의 왕으로 태어난 아이는 어디에 있나요?

헤롯 왕이 대답한다.

| 헤롯 왕 | 유대의 왕이라고 했는가? 찾을 필요 없다. |
| | 이미 왕인 나에게 절하고 있으니까. |

서로 표정을 주고받는 동방박사들. 뭔가 잘못됐다.

| 동방박사 멜키오르 | 무언가 오해가 있는 것 같습니다, 헤롯 왕이시여. |

발타자르가 그를 조용히 시킨다. 헤롯 왕은 이것을 본다.

| 헤롯 왕 | 여봐라. |

동방박사들은 침묵을 지킨다. 헤롯 왕이 그의 신하에게 몸짓을 하자 다가와서 그의 옆에 선다.

| 신하 1 | 선지자들의 예언에 따르자면, "모든 유대 지방 가운데 가장 작은 베들레헴에서, 이스라엘 백성을 이끄는 목자가 나올 것이다"라고 합니다. |
| 헤롯 왕 | 그래, 예언이 틀릴 리 없지. |

헤롯 왕은 여전히 침묵을 지키고 있는 동방박사들을 본다. 헤롯 왕은 동방박사 중 누구에게도 확신을 얻지 못했다.

| 헤롯 왕(CONT'D) | 만약 새로운 왕이 베들레헴에서 태어났다면 나도 |

경의를 표하는 게 옳은 것 같소. (그리고) 그런데 말일세, 어디서 그 왕을 찾을 수 있는지 말했던가?

그들은 무엇이라도 말해야 한다.

동방박사 가스페르 그게… 아직 정확히 모릅니다.

헤롯 왕 그럼, 베들레헴의 목자인 아기 왕을 찾게 되면, 나에게 반드시 알려다오.

동방박사 발타자르 네. 그렇게 하겠습니다. 헤롯 왕이시여.

월터는 동방박사들이 헤롯 왕에게 절을 하고 떠나는 모습을 걱정스럽게 본다.
헤롯 왕이 동방박사들이 떠나면 뒤돌아서서 신하에게 명령한다.

헤롯 왕 여봐라. 그를 찾아라. 그리고 확실히 찾기 위해 도시의 모든 아기들을 빠짐없이 확인해라.

명령을 들은 신하가 좌우로 서 있는 병사들에게 손짓하면 병사들은 밖으로 떠난다.
기둥 뒤에 숨어 있는 월터와 윌라는 걱정하는 표정으로 바뀐다.

20 ✦   EXT. 마구간 - 밤

동방박사들은 낙타에서 내린다. 월터와 윌라는 각 동방박사가 그들의 짐에서 특별한 모양의 선물을 빼서 마구간에 들어가는 것을 본다. 가스페르와 발타자르 순으로 들어가고, 이어서 멜키오르가 마구간을 들어가다가 입구에 서 있는 월터와 윌라를 발견한다.

멜키오르가 따라오라 손짓하고 안으로 들어가자 월터와 윌라도 따라 들어간다.

21 ✦   INT. 마구간 - 밤

마리아가 아기 예수님을 팔에 안고 있다. 요셉은 옆에 앉아 있다.

동방박사들은 아기 예수님으로부터 빛나는 빛을 경이로워하며 마구간에 들어간다.

마리아와 요셉은 동방박사들을 보며 놀라워한다.

요셉은 동방박사들이 들어오면 주춤하며 일어서다가 동방박사들이 앉을 때 같이 앉는다. 월터도 그들을 따라 아기 예수님 곁에 앉는다.

멜키오르가 아기 예수님 곁에 다가가 무릎을 굽힌다.

동방박사 멜키오르 그분이십니다.

동방박사 가스페르 선지자가 예언한 바로 그분…

그들은 동시에 아기 예수님 앞에서 무릎을 굽히고 아기 예수님 아래에 선물을 놓은 후 뒤로 살짝 물러난다.

요셉	죄송합니다만… 이 상황이 이해가 되지 않습니다.
동방박사 발타자르	우리는 이 순간을 위해 아주 먼 곳에서 선물을 가져왔습니다. 이것은 금입니다.
동방박사 멜키오르	유향입니다.
동방박사 가스페르	몰약입니다.
월터	우와…

22 ✦   INT. 디킨스 집 서재 - 밤

디킨스는 캐서린 옆으로 걸어오며.

| 디킨스 | 새로 태어난 왕에게 어울리는 선물을 주었단다. |

디킨스가 캐서린 옆에 앉으면, 둘은 요셉과 마리아로 디졸브 되며 변해 있다.

23

INT. 마구간 - 밤

마리아의 품에는 잠든 아기 예수님이 편안하게 안겨 있다.
월터는 요셉과 마리아, 아기 예수님의 모습을 가만히 바라본다.

디킨스(V.O.)   뭐라고?!

                                              CUT TO:

INT. 디킨스 집 서재 - 밤

디킨스는 화난 헤롯 왕의 모습을 연기하며 방 안을 휘젓고 다닌다.

디킨스   (헤롯 왕처럼, 소리를 지르면서) "박사들이 그를 찾
                았는지 말도 없이 집으로 갔다고?" (그러고 나서, 디
                킨스 본인의 어조로) 헤롯 왕은 그 소식을 듣고 분노
                했지. 그의 목소리는 성곽까지 메아리쳤단다. "어
                떻게 이 위대한 헤롯 왕을 배신할 수 있단 말인
                가!"

뒤에서 월터가 잔뜩 흥분해서 소리친다.

월터	알아요! 헤롯 왕이 아기 때문에 위협받는 걸 박사들이 말해버릴지도 모르니까요!
디킨스	집중하고 있었구나.
월터	음, 그게… 왕 부분만요.
디킨스	좋아. 자, 헤롯 왕은 말 그대로 제정신이 아니었단다. 백성들이 새로운 왕의 소식에 잔뜩 흥분해 있었거든!

디킨스가 책상 의자로 다가가 기대어 앉는다.

25 ✦   INT. 헤롯 왕궁 - 낮

격분한 헤롯 왕이 서 있고, 그 주변에는 신하들과 병사들이 헤롯 왕의 큰 소리에 움츠러들었다.

헤롯 왕	내가 유일한 왕이다!
신하 1	당연하지요, 폐하. (그리고 나서) 하지만 어쩌면…

이 말에 모든 것이 멈춘다. 모든 다른 병사들도 그를 본다.

헤롯 왕	어쩌면?
신하 1	단지 뜬소문에 불과합니다, 폐하.
	폐하도 사람들이 이야기를 얼마나 좋아하는지 알
	고 계시지요.
헤롯 왕	나도 자네에게 들려줄 이야기가 있네.
	병사와 그의 부하들이 2살 이하 아기들을 모조리
	없애버리는 이야기지. 베들레헴과 그 이웃 마을까
	지 전부 말이야.
신하 1	정말이십니까, 폐하?
헤롯 왕	지금 당장!

월터는 자신이 가진 목검을 본다. 그는 다르게 보기 시작한다.
월터는 황급히 헤롯 왕의 의자 뒤로 달려나간다.

디킨스(V.O.)	한편, 마구간에서는 아무도 헤롯 왕의 계획을 알아
	차리지 못했단다. 그래서 아기 예수님을 구할 시간
	이 점점 늦어지고 있었단다.

26 ✦　　　　　　　　　　　　　　　**INT. 마구간 - 밤**

월라가 마구간에 뛰어가고 이를 쫓아 들어가는 월터.

아기 예수님이 말구유에 잠들어 있고, 요셉과 마리아는 예수님 옆에 잠들어 있다.
월터가 그들을 흔들어 깨우려고 한다.

월터   서둘러요! 도망가야 해요!
              헤롯 왕의 병사들이 아기를 데려가려고 해요.
              서둘러요! 아기를 데려가려 한다고요!

요셉이 몸을 뒤척이지만 깨지 않는다. 갑자기 천사가 나타나더니 마리아 위를 맴돈다. 천사가 어른거리고 밝은 빛이 방을 가득 채운다.

천사   요셉… 요셉…

요셉이 마침내 잠에서 깨어 환한 빛을 찡그리며 곁눈질로 본다.

천사(CONT'D)   지금 즉시 마리아와 아기 예수를 데리고 이집트로
                  가거라.
                  그곳에서 내가 말할 때까지 머물러라.
                  헤롯 왕이 아기를 뺏으러 오고 있다.

빛과 함께, 천사가 사라진다.
우리는 근처에서 병사들과 우는 아기들 그리고 애원하는 부모의 소리를 듣는다. 요셉이 마리아를 깨운다.

요셉	마리아, 당장 가야 해요.
마리아	요셉…? 무슨 일이에요?
요셉	위험해요. 헤롯 왕이 아이를 데려가려고 한대요.
마리아	뭐라고요? 오, 안 돼…

27 ✦   EXT. 마구간 - 밤

우리는 헤롯의 병사들이 아기 예수님을 찾으며 마을을 뒤지는 것을 보고 아이들과 부모의 비명을 듣는다.

헤롯의 병사 1   샅샅이 뒤져라! 한 집도 놓치지 마라!

긴장이 고조되는 순간, 월터는 그의 아버지가 어디에도 없다는 것을 깨닫는다.

헤롯의 병사 2   저기 무언가 있다.

그가 머리를 돌렸을 때, 병사들이 집요하게 추적하고 있다. 상황이 험난해 보인다.
월터는 요셉과 마리아에게 경고할 어떤 말도 할 수 없다는 것을 안다.

대신, 그는 목검을 휘두르며 군인들과 싸울 준비를 한다.
갑자기 손이 월터의 입 위를 막는다. 누군가가 월터의 발을 움직여 그를 마구간 울타리 뒤에 숨긴다.

월터가 올려보니 디킨스다! 디킨스는 그의 손가락을 입술 위에 올린다.
"쉬".
병사들이 여관 문을 거칠게 두드린다.

헤롯의 병사 1　　　당장 문 열어!

흔들리는 문 앞에서 여관 주인은 뒤로 물러서기 시작한다.

요셉　　　　　　마리아, 당장 가야 해요!
마리아　　　　　지금 가요!

이윽고 문이 쾅 소리를 내며 거칠게 열리고 병사들이 몰려 들어온다.
벌벌 떨고 있는 여관 주인을 병사들이 지나치고 요셉과 마리아를 찾기 위해 마구간을 뒤진다.
하지만 새로 태어난 왕은 어디에도 없다.

디킨스와 월터는 창밖에서 마구간을 뒤지는 병사들을 지켜보며 따라 간다.
월터가 코너를 돌아보자 마리아, 요셉 그리고 아기 예수님이 아직 출발

하지 못한 것이 보인다.

병사들이 나가면 바로 잡힐 것같이 보인다.

월터   가요! 얼른! 이러다 아이를 뺏기겠어요! …어서요!
            가요! …안 돼! 빨리!

병사들이 마구간을 나가자마자, 갑자기 사방에 안개가 드리워 아무것
도 보이지 않게 만든다.

헤롯의 병사 1   뭐야?!
헤롯의 병사 2   이게 뭐지?
헤롯의 병사 3   아무것도 안 보여!

요셉과 마리아, 아기 예수님은 서둘러 당나귀를 타고 짙게 덮인 안개
속으로 떠난다.

                                                    CUT TO:

28 ✦   **INT. 디킨스 집 서재 - 밤**

월터는 비극과도 같은 상황에 조금 놀랐다.

디킨스	괜찮니, 아들?
월터	네?
디킨스	내가 너무했나?
캐서린	(소파에 앉아 있다가 디킨스에게 들리도록) 목소리만 조금 낮춰요.

월터는 자신을 추스른다. 그리고 용감한 얼굴로 아버지를 본다.

월터	아니에요, 계속해도 괜찮아요.
디킨스	정말이니? 잘 시간인데-

슬쩍 왼쪽 조끼 주머니에서 회중시계를 보고 넣는다.
늦게 자도 되는지 모르겠지만, 월터는 일단 고개를 끄덕인다.

월터	괜찮아요. 안 피곤해요. (크게 하품한다.)
디킨스	오, 그럼 이야기를 마저 듣고 싶은 거지? (빠르게 말을 이으며) 비록 용이나 원탁의 기사나 마법의 칼이 없어도 말이지?
월터	뭐, 아빠가 더 신나신 것 같으니 끝까지 들어드릴게요.

디킨스가 곁에 있는 캐서린을 본다. 서로 주고받는 웃음.

월터(CONT'D)	(디킨스에게) 그래서요? 헤롯 왕은 왜 아기를 다 없 애고 싶어 했던 거예요?
디킨스	그건 말이지…

디킨스는 말을 하며 소파에 앉아 있는 월터에게 다가간다. 그때 윌라는 호기심을 가지고 디킨스에게 향하고 디킨스는 흠칫 놀라 윌라를 피해 월터에게 다가간다.

디킨스	왕이었기 때문이지. 사람들은 자기가 만든 법만 따 르는 데 익숙한 법이라…
월터	잠깐만요.

윌라는 소파에 앉아 있는 월터에게 점프해서 안긴다.

월터	왕은 규칙을 마음대로 만들 수 있어요?
디킨스	유감스럽게도 그렇단다.

월터는 방문에 붙어 있는 경고문을 가리킨다.

월터	"허락없이 출입금지! 특히 윌라는 절대 금지!" 같은 규칙이요?

캐서린이 웃음을 참는다.

디킨스   크흠,(멋쩍어한다.) 그래. 우리 다시 이야기로 돌아
갈까?
몇 년이 흐르자, 헤롯 왕은 죽게 되었단다.
그동안 예수님은 이집트에서 자라고 있었지.

쉭 하는 소리! 방이 사막으로 바뀐다.

29 ✦   EXT. 이집트 외곽에서 나사렛으로 - 낮

볼 수 있는 시야 전체가 모래다. 그때 5살 예수님과 그들의 부모인 약
간 나이가 든 요셉과 마리아가 그들의 소유품을 실은 당나귀를 밧줄로
끌며 월터와 디킨스를 지나쳐 걷는다.

디킨스   때가 되자, 마리아와 요셉은 천사가 말한 대로 나
사렛으로 돌아가기로 했단다.
월터   지금 예수님이 몇 살이에요??
디킨스   아마 너랑 비슷한 나이일 거야.
월터   (그 말을 듣자 반갑게 예수님을 향해) 예수님! 저랑
친구 하실래요?

월터와 어린 예수님이 눈을 마주친다.

윌라는 예수님의 발목을 핥는다. 예수님은 미소 짓고, 윌라를 쓰다듬고는 길을 간다.

정신을 못 차리는 윌라는 예수님을 쫓아가려 한다. 월터가 윌라를 따라 쫓는다.

월터   잠깐, 윌라! 기다려!

30 ✦   EXT. 나사렛 거리 - 낮

디킨스, 월터, 윌라는 대패질을 하는 요셉, 나무토막과 연장을 옮기는 12살 예수님을 바라본다.

디킨스   그래서 12살이 되었을 때, 이미 재능 있는 목수가
               된 예수님은 예루살렘에 가서 아버지의 말씀을 공
               부를 할 때가 되었단다. 예수님이 자라면서 하나님
               이 그에게 빛을 비추시는 것이 분명했어.

예수님이 들고 온 나무판자로 요셉이 대패질을 시작하면 예수님은 옆에서 요셉을 돕는다.

12살 예수님이 올리브나무 근처에서 기도한다. 가벼운 바람이 그의 머리카락을 부드럽게 흩날리고 그의 근처에는 나뭇잎이 날린다.

디킨스 (V.O.)(CONT'D)	그때 당시, 모든 이스라엘 사람들은 아주 중요한 행사를 위해 예루살렘으로 모였단다. 그 행사가 유월절이지.
월터	유-유월…?
디킨스(V.O.)	유월절. 오래전, 이스라엘 민족은 400년간 이집트의 노예였단다. 하나님께서 그들을 구출해내기 위해, 이집트에 열 가지 재앙을 내리셨지. 마지막 재앙이 가장 끔찍했단다. 오직 이스라엘만이 어린 양의 피를 문에 발라서 그 재앙에서 벗어날 수 있었지. 기적적으로 갈라진 홍해를 건너 이집트를 탈출한 이스라엘인들은 이 기적을 기념하기 위해, 매년 같은 날에 예루살렘 신전에 모여 하나님께 제물을 바치고 감사를 드린단다.

디킨스가 월터에게 유월절의 의미를 설명하면 배경은 디킨스의 설명을 반영하듯 변한다.

우리는 이집트의 피라미드, 이집트를 강타한 또 다른 재앙을 본다. 이 이미지들은 모세에 의해 홍해가 갈라질 때까지 마치 그림으로 그려진 실루엣처럼 보여진다. 카메라는 바다를 가르며 날아갈 때 사람들이 건너가는 것까지 보여준다.

32 ✦ EXT. 성전 앞 - 예루살렘 - 이스라엘 - 아침

카메라가 계속 홍해를 건너는 이스라엘 사람들을 지나치면서 양 떼로 변하고 배경도 예루살렘 내부의 신전으로 바뀐다.

디킨스(V.O.)　그때 이집트를 덮쳤던 무서운 재앙들이 이스라엘 사람들의 집만 피해 "넘어갔기" 때문에… 이것을 부르기를?

디킨스와 월터 앞으로 양 떼가 지나간다.

월터　유월절?
디킨스　맞아. 그래서 예수님은 예루살렘으로 왔지…
　　　이곳 성전으로 말이야.

그때, 한 소년이 양 떼를 몰며 디킨스와 월터 앞을 지나간다. 월터는 어린 예수님이 그 뒤에 있는 성전에 들어가는 것을 본다.

월터	그런데 부모님은 어디 있어요?
디킨스	보게 될 거야.

요셉과 마리아가 애타게 군중들을 확인하면서 그들의 아들을 찾으며 신전에 들어온다.

요셉	예수? 예수야!

요셉이 뛰어와 이리저리 예수님을 간절히 찾는다.

마리아	예수야? 제발… 예수가 어디에 있죠?

월터	저기에 있어요!

요셉과 마리아는 월터의 외침을 듣지 못한다.

요셉	(마리아에게) 다른 곳은 전부 다 찾아봤어.
마리아	(마지막 한 군데를 떠올리며) 신전이요!
요셉	그럼 그렇지!

월터	아빠! 우리도 따라가 봐요!

디킨스와 월터가 요셉과 마리아를 따라간다.

랍비들과 학생들은 어린 예수님을 중심으로 원을 그리며 서 있고 모두 심도 깊은 토론을 하고 있다.
요셉과 마리아는 어린 예수님을 발견하고 사람들 사이를 비집고 앞으로 나온다.

마리아   예수야! 오 하나님, 감사합니다!

어린 예수님은 랍비에게서 몸을 돌려 마리아와 요셉을 마주 보고 있다.

마리아(CONT'D)   여기서 뭐 하고 있는 거니?
               우리가 많이 걱정했단다.

예수님은 평화롭고 태연하다.

어린 예수   왜요?
마리아   네가 없어진 지 벌써 3일째란다.
               우린 널 찾으러 온 동네를 돌아다녔어!
어린 예수   죄송하지만…

어린 예수님은 마리아에게 성전을 보여주는 제스처를 취한다.

어린 예수	저를 왜 다른 곳에서 찾으셨나요?
	제 아버지의 집에 있는 게 당연한걸요.

마리아가 요셉에게 미소를 짓는다. 그들은 이 순간이 올 것을 알고 있었다.

월터	아빠?
디킨스	왜 그러니?

34 ✦   INT. 디킨스 집 서재 - 밤

디킨스는 아래를 내려다보며 윌라가 그의 무릎 위에서 잠들어 있는 것을 깨닫는다.

디킨스	악, 이런!

놀란 그가 의자에서 벌떡 뛰어 일어나니 윌라가 공중으로 날아간다.
윌라는 공중에서 잠에서 깨고 놀란다.
월터는 잽싸게 다이빙을 하여 윌라를 잡는다.

월터	잡았다!

디킨스(CONT'D)   자, 어디까지 이야기했지?

월터는 윌라를 감싸고 서서 디킨스를 노려본다.

월터   예수님이 칼로 불 뿜는 커다란 용을 죽이는 부분
         이요!

월터의 말을 듣고 캐서린이 입을 가린 채 쿡쿡 웃는다. 그 모습을 보고
디킨스는 작게 한숨을 내쉰다.

디킨스   제법인데? 어쨌든 시도는 좋았어.
          하지만 예수님은 다른 왕들과 달랐단다.
월터   예수님은 아는 마법사들이 있었어요?

디킨스는 어깨를 으쓱하며 이야기를 계속한다.

디킨스   아니, 시간이 흘러 예수님은 30살이 되었지.
월터   예수님은 이제 왕이 되셨나요?
디킨스   그가 왕이 된 걸 세상에 알렸냐는 말이지?
월터   네!
디킨스   진정한 왕이라는 걸?
월터   네!
디킨스   모두를 구원하실 분이라고?

월터	네!
디킨스	아니.

월터는 디킨스에게 다가간다. 디킨스가 아니라고 하는 순간 윌라가 하악질한다. 디킨스는 월터 옆에서 따라오는 윌라를 보고 흠칫 놀라 일어나 피한 후 이어서 이야기한다.

디킨스	아직 아니란다. (그리고) 예수님이 왕으로 오신다는 소식을 알릴 예언자가 먼저 나왔단다. 그리고 그 예언자가 바로 세례 요한이란다. (세례 요한과 같이) 회개하라!

디킨스가 팔을 벌리자 공간이 바뀐다-

35 ✦   EXT. 요단강 - 낮

세례 요한은 구경꾼들과 세례를 받기 위해 기다리는 사람들에게 둘러싸여 있다.
그는 차례차례 세례를 한다.

세례 요한	천국이 가까이 왔느니라!

월터와 디킨스는 강 가장자리 땅에 서 있다.

디킨스(V.O.)　　세례 요한은 예수님의 왕국을 말하고 있단다.

갑자기 예수님이 언덕 꼭대기에 나타나 다가오자 모든 사람들의 머리가 예수님에게 돌아간다. 월터는 그가 지나가자 미소를 짓는다. 배경에 요한이 다음 사람에게 세례 주는 소리가 들린다.

세례 요한(O.S.)　　나는 여러분께 물로 세례를 주지만… 그분은 나보다 능력이 많으시니, 나는 그분의 신발조차 건드리지 못합니다.

세례 요한　　그분은 성령의 불로 그대들에게 세례를 내려주실 것입니다.

걸어오는 예수님을 바라보며 월터는 기쁜 표정으로 웃는다.
요한은 예수님이 그에게 다가오는 것을 몸을 돌려 본다. 그는 그 주위를 둘러싼 사람들에게 소리 지르면서 흥분을 감추지 못한다.

세례 요한(CONT'D)　　보십시오! 하나님의 어린 양… 바로 그분입니다! 세상의 모든 죄를 지고 가는 하나님의 어린 양입니다. 이분이 내가 말한 바로 그분이십니다!

예수님은 요한을 향해 자신에게 세례를 달라고 동작을 한다.

예수	네게 세례를 받고 싶구나.

요한은 거부한다.

세례 요한	안 됩니다.
	제가 오히려 당신께 세례를 받아야 마땅합니다.
예수	이것이 바로 아버지가 원하는 것이다.

요한은 처음에는 주저하지만, 세례를 행한다.
비둘기 형태의 빛이 비춘다. 그것은 예수님을 비추며 하늘로부터 내려오고, 하나님의 음성이 들린다.

하나님(V.O.)	너는 내가 사랑하는 아들이니라.
	내가 너를 기뻐하노라.

성령이 예수님에게로 내려오자 사람들은 경건하게 절을 한다.
비둘기 모양의 빛은 하늘에서 예수님 쪽으로 흐르고 따뜻하고 밝은 빛으로 그를 감싼다.

디킨스	그날 성령이 예수님께 내려왔단다.
	예수님이 일을 시작한 것을 이 세상에 알리는 하나님만의 방법이었어.
월터	(기대감을 가지고) 이제 예수님이 왕이 되셨기 때문

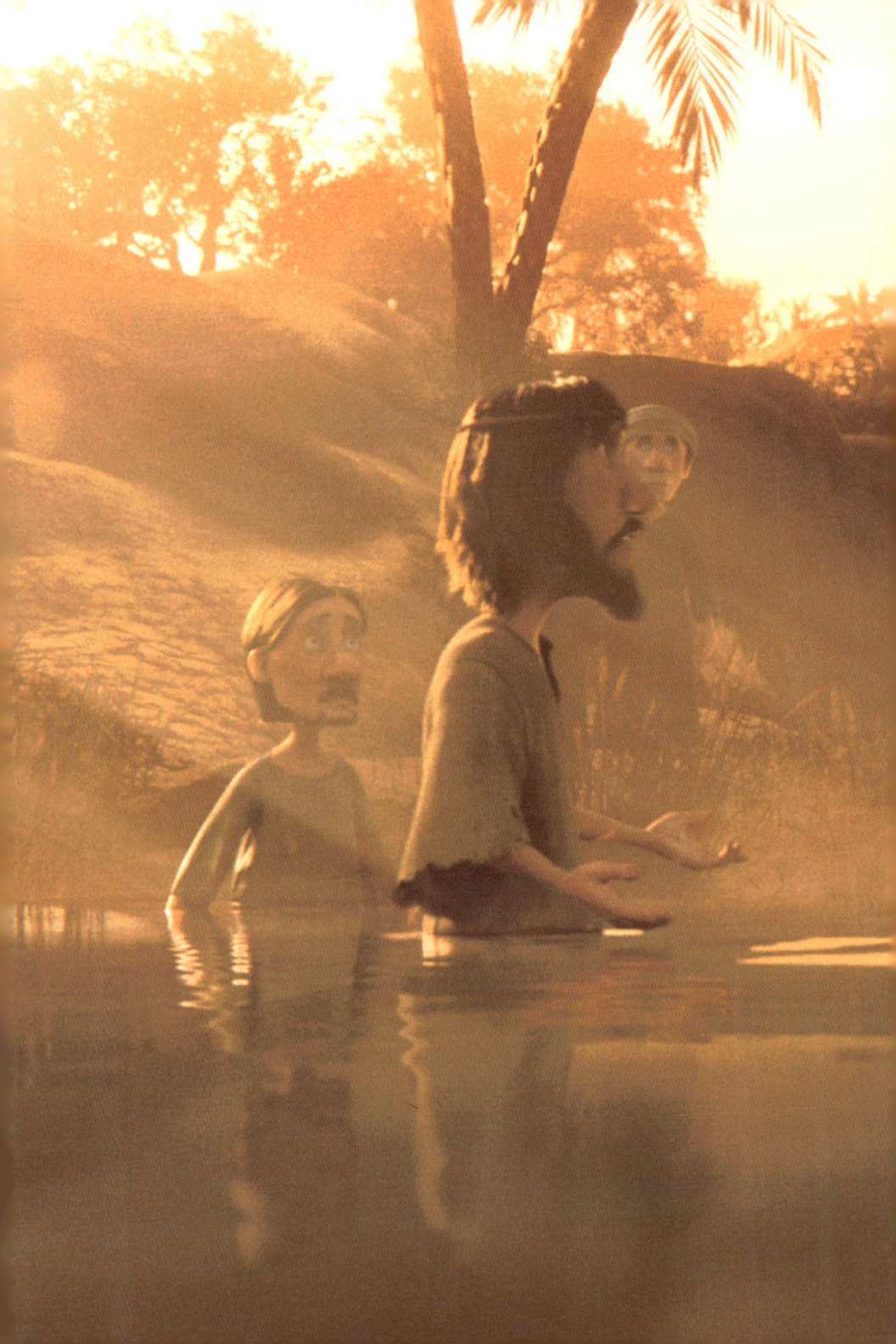

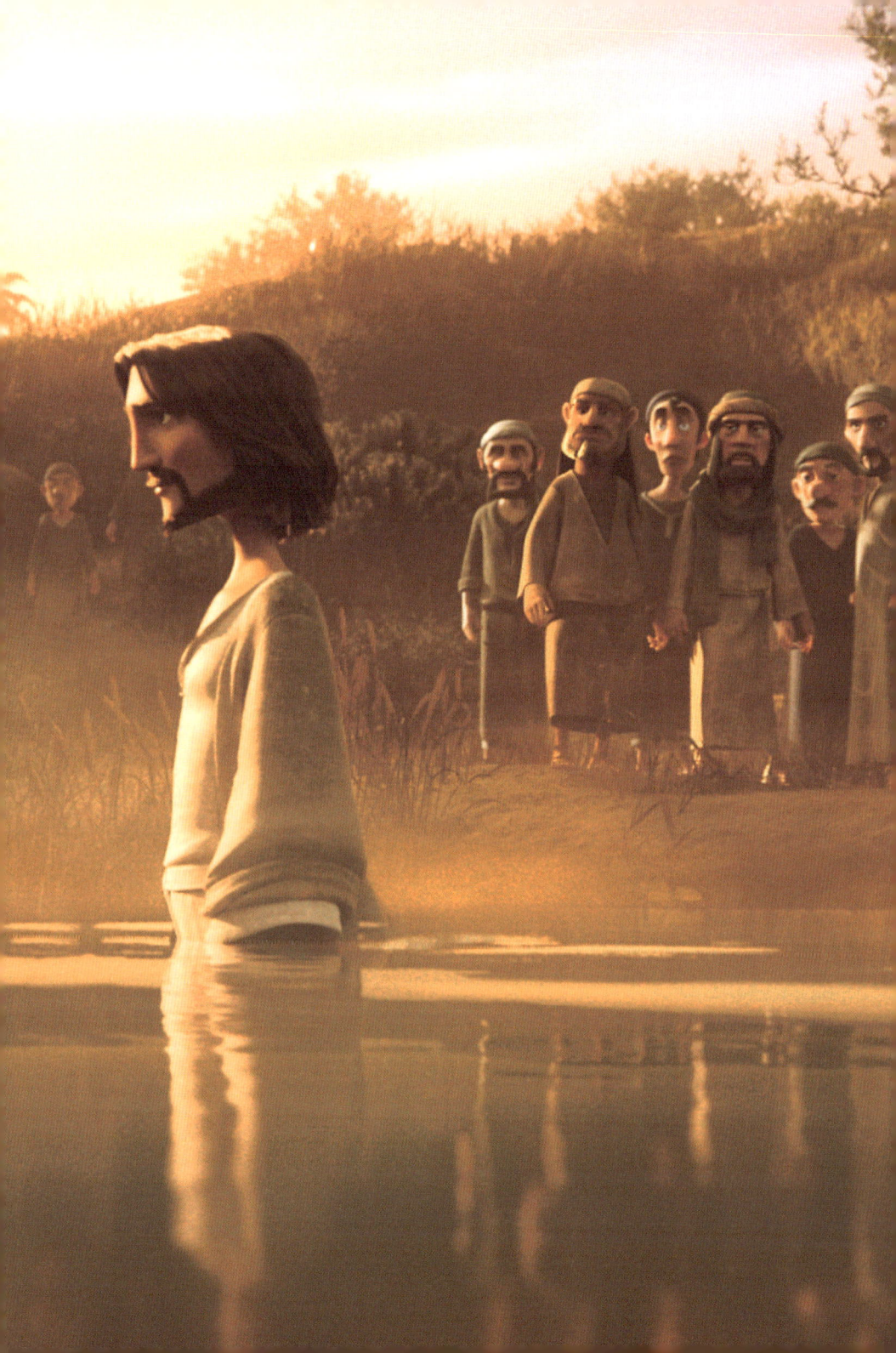

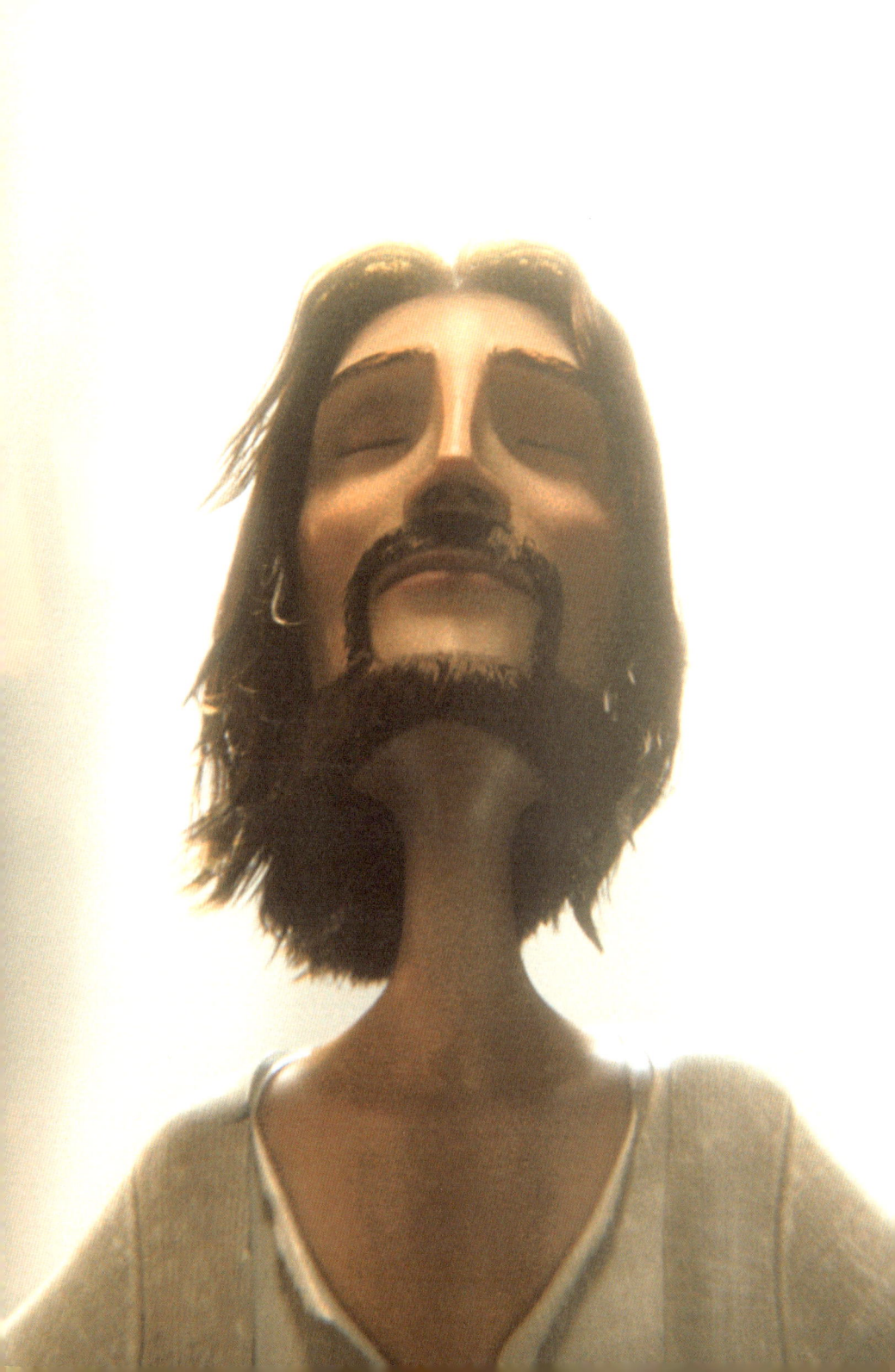

인가요?

디킨스   조만간 되실 거란다.

           (이어서) 이제 예수님은 광야에서 40일을 금식하
           면서 사탄의 시험을 받으셨단다.

월터   와! 드디어 멋진 대결이 펼쳐지는 거예요?

           그럼 예수님이 마법의 칼로 불을 뿜는 용을 무찌
           르고!

디킨스(V.O.) 아니야 아니야, 그건 아니지만 더 멋질 거야!

36 ◆   EXT. 황량한 광야 (40일 시험) - 낮

예수님은 거센 모래폭풍 한가운데 홀로 서 있다.

모래폭풍은 검은 소용돌이로 변한다. 예수님 주위를 거세게 몰아치지
만 예수님은 맞서서 꿋꿋이 버텨낸다.

사탄(O.S.) 네가 진짜 하나님의 아들이라면 이 돌들을 빵으로
           바꿔보아라.

검은 소용돌이에 있는 예수님의 주위로 돌들이 공중에 뜬다.

예수   성경에 쓰여 있기를, "사람은 빵만으로 살 것이 아

니라, 하나님의 입으로부터 나오는 모든 말씀에 의
지해서 살아야 한다"고 적혀 있다.

다시 검은 모래 소용돌이가 예수님의 주위를 휘감아 그를 데리고 간다.

성전 꼭대기

예수님이 나타나 성전 꼭대기에 서 있다. 예수님의 발밑에는 도시의 거
리, 생활하는 사람들이 보인다.

사탄(O.S.)　　　네가 진짜로 하나님의 아들이라면 이 성전 꼭대기
　　　　　　　　에서 뛰어내려라!
　　　　　　　　성경에 쓰여 있기를, "하나님이 너를 위해 명령해
　　　　　　　　서, 네 발이 돌에 부딪치지 않도록 천사들이 떠받
　　　　　　　　칠 것이다"라고 되어 있다.

예수님은 꿋꿋하게 대적한다.

예수　　　　　　성경에 쓰여 있기를, "너의 하나님을 시험하시 밀
　　　　　　　　라"고 하였느니라!

검은 소용돌이가 다시 예수님을 감싸고 예수님을 데리고 간다.

산꼭대기

예수님은 착지하고 검은 소용돌이는 사라진다. 산으로 둘러싸여 있는 광활한 자연의 모습이 펼쳐진다.

사탄(O.S.)   만약에 내게 엎드려 절하면 이 세상의 모든 힘과 능력을 네게 주리라!

예수   사탄아, 물러가라! 오직 하나님께 절하고 하나님만 섬길 것이다!

모래폭풍이 걷히고 밑에 있는 풍경들이 사라진다.
예수님은 꿋꿋이 서 있고 눈은 밝게 빛난다. 모래투성이 옷을 입은 왕.
디킨스와 월터는 예수님이 걸어가는 모습을 지켜본다. 윌라는 미끄러지듯 예수님 뒤를 따라 쫓아간다.

디킨스   예수님은 사탄의 유혹을 받으셨지만 하나님의 말씀만으로 물리치셨어.
심지어 마법의 칼도 없이 말이야. 참고로 아빠는 사탄이 용보다 더 무섭다고 생각해.
(그러고 나서) 이제 예수님은 자신이 갈 길을 도울 친구들을 모을 때가 되었단다.

CUT TO:

37

INT. 디킨스 집 서재 - 밤

월터   아서왕과 그의 원탁의 기사처럼요!

디킨스   (웃으며) 그래. 이제 네 이야기가 내 이야기에 기초
            한 것이라고 말한 것 기억하니?

월터   네.

디킨스가 캐서린에게 손짓하면, 캐서린이 디킨스에게 담요를 건넨다.

디킨스   자. 이것이 내가 의미한 거란다.

갑자기 월터와 윌라에게 담요를 뒤집어씌우는 디킨스. 이에 놀란 월터
와 윌라가 담요를 걷어내기 위해 허우적거린다.

EXT. 갈릴리 호수 - 보트 위 - 낮

그물이 갑판 바닥에 툭 떨어지자 여기저기로 바닷물이 흩어진다. 물고
기 대신 월터와 윌라가 그물 안에서 나온다. 윌라는 잔뜩 놀란 모습으
로 베드로를 날카롭게 쳐다본다.

베드로   이것 봐. 그물이 텅텅 비었잖아!

윌라는 몸을 털며 말린다. 윌라는 결국 퍼프볼처럼 보인다.
베드로와 안드레는 빈 그물을 훑어보며 실망한 듯 한숨을 내쉰다.

안드레   또 빈 그물이네. 놀랍지도 않군. 이봐, 점점 창피해
              지려 하는군.

베드로   점점? 우린 이미 밤새 그물을 던졌는데 아무것도
              못 잡았어.

그들은 빈 그물 위를 보면서-

예수(O.S.)   더 깊은 곳에 가서 그물을 던져보거라.

멀리서 누군가의 목소리가 들리자, 월터와 안드레는 어리둥절해서 고
개를 둘러본다.

안드레   누가 말한 거야?
베드로   난 아니야.
안드레   나도 아닌걸.

그들은 월터를 쳐다본다. 어깨를 으쓱한다.
이리저리 고개를 돌리던 안드레는 뭔가를 발견하고, 베드로를 데려와
서 보여준다.

예수

예수님이 해안선에 서서 물의 한 부분을 가리킨다.

안드레는 예수님에게 다가간다.

안드레   이봐요, 도와주려는 건 알지만 우린 어부예요. 평생 낚시를 해왔지만 그 부근에서 물고기가 잡힌 적이 없습니다. 어쨌든 고맙네요.

월터   예수님?

그는 베드로에게 돌아간다. 베드로는 어깨를 으쓱하고

예수님은 여전히 손을 들어 물의 한 부분을 가리키고 있다.

베드로   이봐, 우리가 물고기 좀 덜 잡는다고 잃을 게 뭐가 있겠어?

안드레   좋아, 난 뭐든 상관없어.

그는 예수님이 가리킨 곳으로 배를 향한다.

안드레(CONT'D)   하지만 말하는데, 우린 물고기 한 마리도 못 볼 거야.

베드로는 배 옆으로 그물을 던진다.

그물은 몸부림치는 물고기들로 짓눌려 배가 옆으로 기울어진다.

39 ✦   **EXT. 갈릴리 호수 - 보트 위 - 낮**

갑판에 물고기가 가득하다.
베드로가 그들을 훑어보면서 웃는다. 안드레는 믿을 수 없다는 듯이 그 어획량을 응시한다.

베드로	이렇게 많은 물고기 본 적 있나?
안드레	물고기가 너무 많아서 그물이 찢어지겠는걸!
베드로	이건 기적이야!
월터	와! 윌라! 이거 봐! 너가 좋아하는 생선이야!

다른 배와 어부들이 많은 어획량을 보기 위해 접근한다.
윌라가 물고기들이 휙휙 날아다니는 갑판 위를 뛰어다니자 월터가 웃는다.

예수님이 해안에 서서 본다.

근처에 정박해 있던 배에 탄 몇몇의 어부들이 멀리 있던 베드로와 안드레의 웃음소리를 듣자 무슨 일이 벌어지고 있는지 알기 위해 배 밖으로 몸을 숙여 목을 뺀다. 그들의 지나치게 채워진 배가 삐걱거리는 소리를 내며 해안으로 다가온다.

어부들은 서서 무슨 일이 일어나고 있는지 보려고 목을 길게 뺀다.

배는 해안에서 멈춘다. 베드로와 안드레는 간신히 발을 움직일 수 있다. 물고기 몇 마리가 해변으로 쏟아져 나온다.

안드레가 배에서 내린 후 배에서 점프하는 월터를 안드레가 받아준다.

어부 1   대체 어떻게 된 거요? 우린 아침부터 내내 있었는데 물고기 한 마리도 구경을 못 했다네.

베드로   (장난스럽게) 이젠 그러지 않은가 보군.

베드로는 어부에게 말한 후 배에서 내려 안드레를 따라간다.

안드레는 예수님에게 달려가다.

안드레   믿기지 않아요! 감사합니다, 감사합니다! 선생님!

뒤따라오는 동안, 윌라는 거대한 물고기를 입에 물고 슬금슬금 지나가려 한다. 윌라는 물고기를 이리저리 마구 때리고 앞뒤로 움직인다. 마침내, 물고기는 윌라의 턱에서 빠져나와 해변을 따라 물속으로 되돌아 갈 때까지 팔딱거린다. 윌라는 슬픈 눈으로 바라본다. 다른 물고기를 찾을 때까지.

예수	그물을 내려놓고 나를 따라오라.
	주의 말씀으로 너희를 사람을 낚는 어부가 되게 하겠다.
베드로	선생님은 저 같은 사람과 어울릴 분이 아닙니다.
	저는 죄인입니다.
예수	두려워 말고 따라오라.

베드로는 고개를 끄덕이며 웃는다. 안드레는 앞으로 일어날 일에 대해 확신하지 못하고 그저 지켜보고 있다.
예수님은 베드로를 도와 일어서게 한다.
베드로는 예수님을 바라보며 웃는다. 안드레는 신기한 듯이 예수님을 바라본다.
갑자기 수평선이-

41 ✦   **INT. 디킨스 집 서재 - 밤**

-커피 테이블 위의 가장자리로 변한다. 월터는 미니어처 예수님이 베

드로와 안드레를 포옹하는 것을 휘둥그레진 눈으로 지켜본다.

디킨스   그리고 베드로와 안드레처럼 다른 사람들도 예수
          님을 따랐어.

베드로와 안드레는 예수님의 손을 붙든다.

디킨스(V.O.)   어부이자 형제인 야고보와 요한.

야고보와 요한이 뒤를 따라 걸어온다. 베드로, 안드레와 친근히 인사를
건네고 예수님의 뒤를 따라 걸어가기 시작한다.

디킨스(V.O.)   마태는 세금 징수원이었고,

마태가 나타난다. 다른 사람들은 그에 대해 확신하지 못한다.

마태   레비라고 불러도 돼.
도마   난 확신이 들지 않아.

디킨스(V.O.)   도마는 의심이 많았어.

도마는 천천히 다가간다.

디킨스(V.O.)　　　알패오의 아들인 작은 야고보와 다대오…

작은 야고보와 다대오가 들어온다. 마태는 그들에게 다가간다.

마태　　　　　이봐, 우리 아버지 이름도 알패오야! 세상 한번 좁군!

마태는 야고보를 껴안고 다른 사람들에게 소개한다.

디킨스(V.O.)　　　그리고 셀롯(열심당원)의 시몬.

시몬이 끼어들어, 예수님의 품으로 뛰어들며 그의 볼에 입을 맞추기 시작한다.

시몬　　　　　하하, 주님~!!

디킨스(V.O.)　　　그리고 빌립과 바돌로매, 마지막으로 가롯 유다.

유다는 조심스럽게 들어간다. 그는 다른 사람들보다 더 점잖게 옷을 입었다.
윌라가 신경질이 나 유다를 건드리려 하자, 유다는 화들짝 놀라서 얼른 제자들 뒤로 따라붙는다.

| 월터 | (책망하듯) 월라! |

월터는 월라를 쳐다보며 타이르듯 이름을 부른다.

| 디킨스(V.O.) | 모두 12명이야. |

월터는 예수님이 제자들과 함께 식탁 가장자리를 향해 걸어가는 것을 계속 지켜보고 있다.

42 ✦   EXT. 유대 사막 - 낮

예수님은 제자들을 이끌고 사막을 지나고 있다.

| 디킨스(V.O.) | 그들은 이스라엘 백성에게 하나님의 말씀을 전파하러 갔단다. |

그들 뒤로 디킨스, 월터 그리고 월라가 따라간다.

| 월터 | 이제 예수님이 진짜 왕이신 걸 모두 알게 되겠죠? |
| 디킨스 | 때맞춰 말했구나, 월터. |

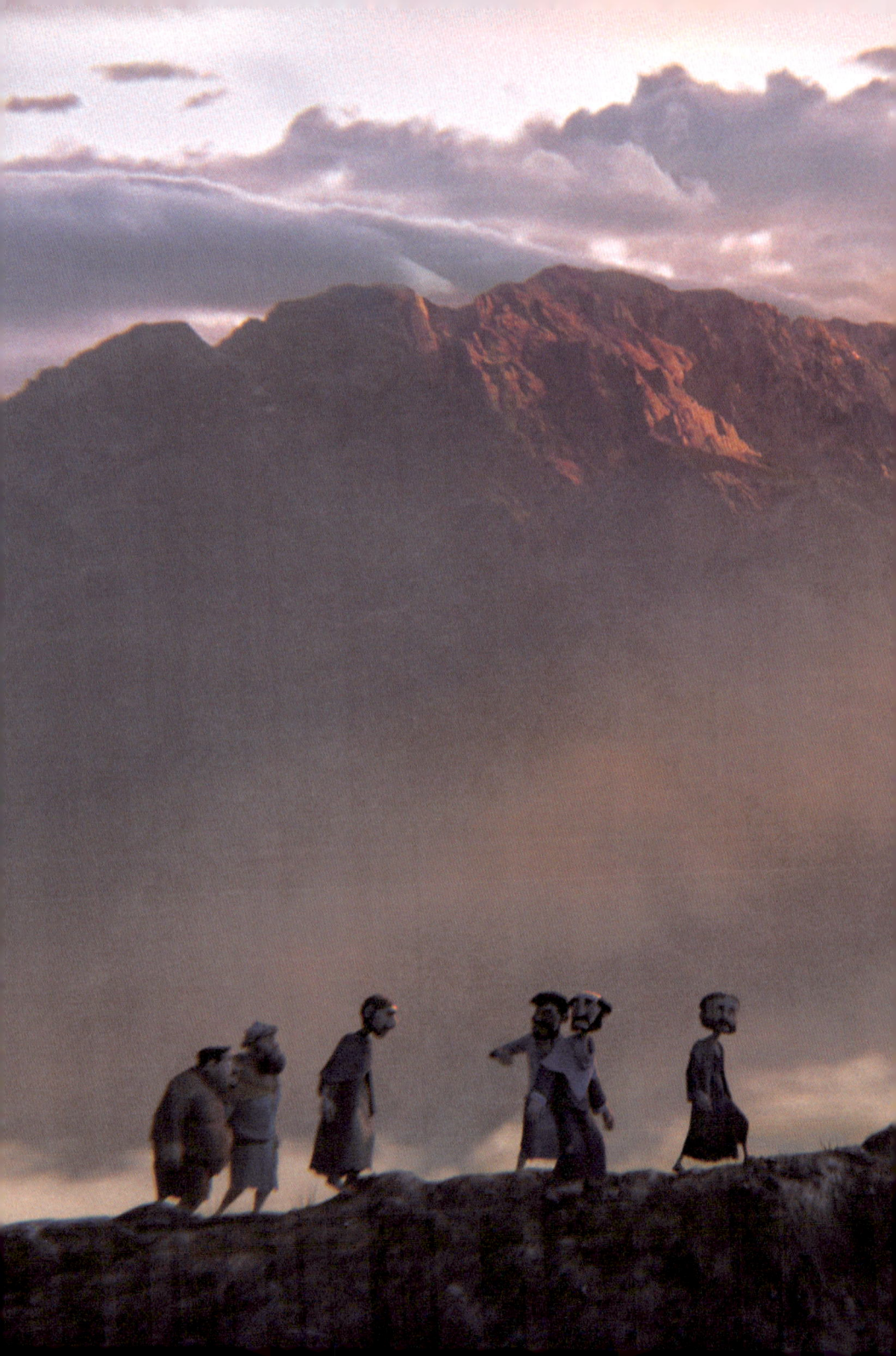

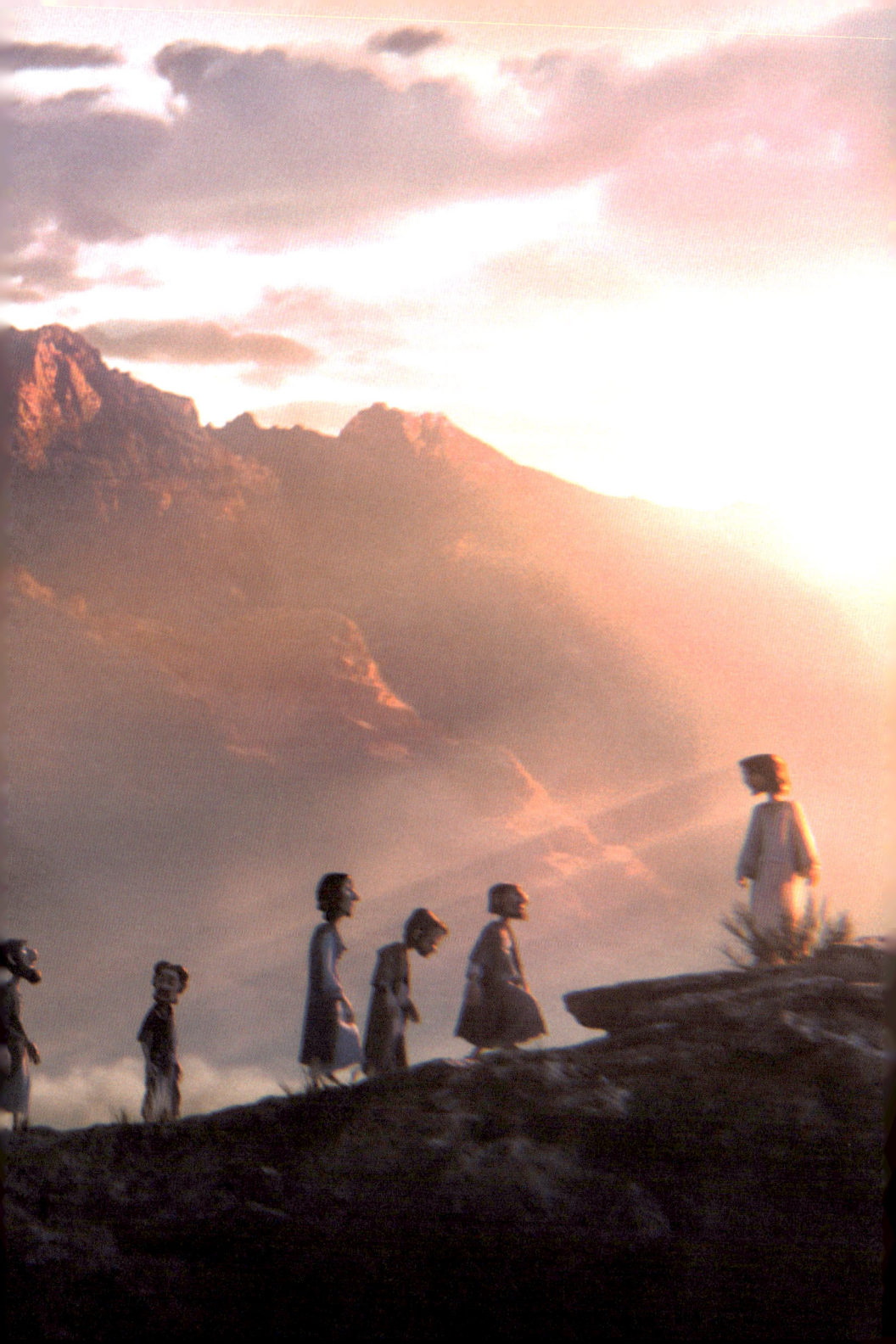

예수님, 그의 제자들, 디킨스, 월터 그리고 윌라가 마을을 걸어 들어온다. 월터는 맹인이 그릇을 내밀고 앉아서 돈을 구걸하는 것을 발견한다. 맹인은 월터의 주의를 끌려고 한다.

맹인   제발 저에게 동전을 좀 주세요! 저는 태어날 적부터 맹인이었습니다.

제자들 중에 야고보가 맹인을 물끄러미 바라본다.

야고보   예수님, 저 사람이 맹인으로 태어난 건, 스스로 죄를 지어서인가요? 아니면 부모가 죄를 지어서인가요?

예수님과 그의 제자들은 맹인에게 다가간다.

예수   잘못된 질문을 하고 있구나. 저 사람의 죄나, 그 부모의 죄와는 상관이 없다.
             단지 그를 통해 하나님이 일하심을 볼 수 있는 게 중요하단다.

맹인은 예수님의 말을 듣고 그에게로 나아간다.

맹인	제 눈을 고칠 수 있으세요?
예수	너에게 믿음이 있다면, 그 믿음대로 이루어질 것이다.

예수님은 맹인의 눈을 부드럽게 어루만진다.

예수	눈을 떠보아라.

맹인이 천천히 눈을 뜨자 사람들은 걱정스러운 듯이 지켜보고 있다.

맹인의 시점

흐릿함이 서서히 초점을 맞추게 되고 마침내 우리는 예수님이 맹인이었던 이를 향해 미소 짓는 것을 보게 된다.

맹인	보… 보입니다. 보여요!! 내 눈! 볼 수 있어요!

맹인이었던 남자는 주위의 사람들과 사물들을 확인하면서 주위를 둘러본다. 그의 그릇과 그의 담요.
마침내 그는 예수님께 멈추어 선다.

맹인(CONT'D)	감사합니다! 감사합니다!
예수	아무에게도 이 일을 말하지 말아라.

맹인	네. 그럼요! 당연하지요!

맹인이었던 남자는 기쁨을 주체하지 못하고 조용히 기쁨으로 춤추고
노래한다.
디킨스와 월터는 계속 지켜보고 있다.

월터	음, 잠깐만요. 이 굉장한 걸 아무한테도 말하면 안 돼요?
디킨스	그렇단다.
월터	왜 안 돼요?
디킨스	보여주기 위한 기적이 아니라, 신앙의 힘을 증명하 기 위한 기적이었기 때문이란다.
디킨스(V.O.)	하지만 너의 생각처럼 좋은 소식으로 보지 않는 사 람들도 있단다.

우리는 맹인이었던 남자가 **힐렐(바리새인 1)**을 지날 때 따라간다.
바리새인 1이 맹인이었던 남자의 얼굴 앞에 손을 흔든다.

맹인(CONT'D)	손 좀 그만 흔드시죠?
힐렐	대체 이게 어떻게 가능한 거지?
맹인	음… 그건…

맹인이었던 남자는 예수님 쪽을 바라보지 않을 수 없었다.

힐렐	누구를 보고 있는가?
맹인	누구를 보냐고? 아무도! 이런, 난 이만 가야겠군!

이전 눈먼 자는 퉁명스럽게 몸을 돌리고는 바리새인 1에게 대답을 하지 않고 떠나가버린다.

디킨스(V.O.)	그날, 예수님은 사람들에게 믿음의 힘을 보여줬지. 이 일은 누구에겐 기적이었지만, 누구에겐 위협이었단다.

월터는 걱정스러운 표정이 된다.

44 ✦　　　　　　EXT. 갈릴리 해변 - 거라사 구역 - 낮

공포에 질린 남자가 누군가를 보고 있는 군중 사이로 뛰어 들어온다.

군중	봐! / 귀신 들린 남자다! / 남자가 반시시 잃게 조심해! 조심해! 물러나! 비켜! 위험해!
귀신 들린 남자	내 앞에서 물러나라.

디킨스는 예수님을 향해 구르다시피 돌진하는 남자를 피해 월터를 잡

아당긴다. 그의 목소리는 여러 사람들이 말하는 것들이 섞여 있는데, 사탄의 목소리도 함께 있다.

귀신 들린 남자 위대한 신의 아들 예수여, 나를 어쩌려고 하십니까?
                  당신과는 상관없으니 나를 괴롭히지 마십시오.
예수   더러운 귀신아.
                  조용히 하고 그 사람에게서 나오라.

남자는 기절한다.

우리는 유령과도 같은 공기의 줄기가 남자로부터 떠나 군중 뒤에 있는 한 무리의 돼지에게로 옮겨 가는 것을 따라간다. 돼지는 비명을 지르고 몸부림친다.

꽤액 지르는 비명은 돼지, 남자, 그리고 사탄의 소리가 섞여 있다.

디킨스는 돼지가 우르르 몰리며 한 마리씩 호수 안으로 뛰어 들어갈 때 월터를 보호한다.

군중들은 놀라 쳐다본다.

남자는 깨어난다. 그리고 훨씬 침착하다. 군중 안에 있는 사람들은 그를 향해 수군거린다. 3명의 시민들이 지나간다.

시민 1 방금 무슨 일이 일어난 거지?
시민 2 저 남자가 귀신을 돼지한테로 쫓아냈다네.
            그랬더니 돼지들이 미쳐서 호수로 뛰어들었어.
시민 3 저 사람이 귀신도 조종한다고?

시민 2가 어깨를 으쓱한다.

디킨스와 월터는 몇 피트 밖에서 바라본다.

월터   (디킨스에게) 예수님이 귀신도 조종할 수 있어요?
             사실이에요?

디킨스   맞아. 귀신도 예수님이 하나님의 아들인 걸 알고
             있었거든. 예수님의 믿음의 힘이 얼마나 강한지도
             알고 있었지. 그래서…

월터   그래서 예수님이 다 쫓아내신 거네요!

디킨스   그래. 예수님이 하신 일이 사람들 사이에서 빠르게
             퍼져나갔단다.
             그래서 아픈 사람들이 모두 몰려왔지!

월터   왕을 보러요!

45 ✦   **INT. 갈릴리 집 안 (가버나움) - 계속해서 (낮)**

디킨스(V.O.)   (정정하며) 그것도 '특별한' 왕이 일으키는 '믿음의
             기적'을 보기 위해서지.

남자들은 중풍환자를 집으로 데려가려 하지만, 예수님을 보려고 몰린
많은 군중들이 건물을 에워싸고 입구를 막고 있다.

남자들은 조심스럽게 지붕을 덮은 짚을 벗기고, 중풍환자가 있는 들것을 벽 위로 올려서 건물 안으로 부드럽게 내려놓는다.

사람들이 서 있는 방이다.

예수님은 흠모하는 사람들로 둘러싸인 채 앉아 있다.

월터는 동시에 사람 사이를 비집고 들어와, 예수님 바로 앞에서 들것이 방 안에 들어와 내려오는 것을 본다. 디킨스도 따라 들어와 월터 옆에 선다.

중풍환자의 친구들이 지붕에 있는 구멍 위로 몸을 숙이는 것이 보인다. 그들은 예수님께 간곡히 호소한다.

중풍환자 친구 1   미안합니다, 선생님. 이 친구는 평생 중풍환자였습니다. 그런데 최근 들어 마비가 오더니, 병세가 더 나빠졌어요.

중풍환자 친구 2   선생님이 이미 떠나셨을까 봐 걱정했습니다.

중풍환자 친구 3   부탁드립니다. 친구를 도와주실 수 있나요?

예수님이 중풍환자를 훑어볼 때, 월터와 군중들은 애타게 예수님의 대답을 기다린다.

예수   친구여, 당신의 죄를 사하노라.

3명의 바리새인 시선으로

바리새인들이 문 바깥에서 회의적으로 이 모든 것을 바라보고 있다.

힐렐	저자가 방금 뭐라고 했지?
엘리아잘	자신이 병자의 죄를 사한다고 말한 것 같네.
마하리엘	아마 하나님이 먼저 죄를 사한 후 아닐까 싶소만.
엘리아잘	저자는 신에 대한 어떠한 말도 꺼내지 않았어.
힐렐	그렇다면 그건 신성모독일세!

월터가 예수님을 본다.
예수님은 3명의 바리새인들을 본다.

예수   왜 그렇게 생각하지? 이 중풍환자에게 "네 죄를 사함받았다"는 말과 "일어나서, 들것을 가지고 집으로 가라"라는 말 중에 어느 쪽이 더 쉬운가?

3명의 바리새인들은 말을 잃었다.

예수(CONT'D)   하지만 내가 그렇게 말한 것은 나에게 죄를 사하는 권세가 있음을 알게 하려는 것이다.

그는 중풍환자에게로 몸을 돌린다.

예수(CONT'D)   일어나 들것을 들고 집으로 돌아가거라.

중풍환자는 아주 휴식을 잘 취한 건강한 사람처럼 일어난다.
군중들은 "우" 그리고 "아" 소리를 낸다.

중풍환자   감사합니다, 선생님! 감사합니다!

중풍환자는 고마워하며 예수님의 손을 잡고 흔든다. 그리고 신이 나서
그대로 문밖으로 뛰쳐나간다.

월터   예수님은 왜 그런 말을 했을까요?
디킨스   왜냐하면 예수님은 자신이 하나님의 아들이며, 죄
             를 용서할 수 있는 권세가 있다는 걸 바리새인들이
             알기 원했거든.
             하지만 바리새인들은 오직 하나님만이 죄를 용서
             할 수 있다고 믿었단다.
월터   그래서, 그들은 무엇을 했죠?
디킨스   어디 한번 보자꾸나.

월터는 표정이 어두운 바리새인들을 바라본다.
배경이 전환되고-

콩!! 주먹으로 탁자를 내려치는 소리와 함께 탁자가 흔들린다.
3명의 바리새인들이 깊은 논의를 하는 동안에 대제사장은 그림자 속에서 그들의 이야기에 귀를 기울이고 있다.

힐렐   우린 이제 어떻게 해야 합니까?
              갈릴리부터 예루살렘까지 모든 사람들이 이자에
              대한 얘기를 하고 있어요.
엘리아잘   그들은 그가 왕인 것처럼 행동하고 있어요!
마하리엘   맞아요! 하나님이 약속하신 왕이라고 말입니다.
힐렐   그러나 우리의 왕은 나사렛처럼 가난하고 보잘것
              없는 곳이 아니라 다윗 왕처럼 베들레헴에서 태어
              날 것이라고 기록되어 있어요.

마하리엘(바리새인 2)은 이 말을 곰곰이 생각하기 위해 가만히 있다.

마하리엘   음, 그래도 많은 질병을 치료하고 귀신도 쫓아낼
              수 있는 것 같더군요.

이 말에 다른 바리새인들이 멈춘다. 그리고

힐렐   그저 헛소문입니다!

마하리엘	하지만, 저희가 그걸 두 눈으로 똑똑히 보았어요.
힐렐	자신이 죄를 용서한답니다! (그리고) 그자는 우리의 법을 따르지 않아요. 매일 더 많은 추종자를 얻고 있단 말입니다.
엘리아잘	그래서 우리는 어떻게 해야 하죠?
힐렐	그를 처벌해야 합니다!
마하리엘	우리는 그를 처벌할 수 없어요. 그의 추종자들은 우리의 동기가 불순하다고 생각할 겁니다.
힐렐	글쎄요… 이대로 방치할 수는 없습니다. 곧 모든 사람들이 그를 믿을 겁니다.

그들은 이 어려운 문제에 매우 난감한 상황이었다.

대제사장이 그림자 속에서 등장하기 시작한다. 하지만 여전히 얼굴은 어둠 속에 가려진 채로 멈춰 선다.

대제사장	우리가 어떻게 해야 할지 알려주겠네.

모두 돌아서서 그 말을 듣는다.

대제사장(CONT'D)	우리는 그자가 본인 스스로 함정에 빠지게 할 걸세.

바리새인들이 그 말에 고개를 끄덕인다.

대제사장(CONT'D)	그자는 자신이 죄를 용서할 수 있는 힘이 있다고 했네. 그렇다면 사람들 앞에서 죽어야 하는 죄인을 넘겨주고, 어떻게 할지 사람들이 볼 수 있게 하면 될 거야.

바리새인들이 이 계획에 웃음 짓는다.

47 ✦ EXT. 예루살렘 거리 (사람이 많은 광장 쪽) - 아침

갑자기 바리새인들이 간음한 여인을 데리고 예수님에게 다가간다.
군중에게 둘러싸여 예수님의 말씀을 듣고 있던 디킨스와 월터는 소란스러움에 고개를 돌린다. 이윽고 군중들과 예수님의 제자들도 소리를 듣고 반응한다.
바리새인들은 끌고 온 여인을 바닥에 쓰러트리고 비웃듯이 말한다.

힐렐	자… 당신이 바로 사람들이 말하는 '선생님'이로군.
엘리아잘	이 여자는 남편을 배신한 죄로 잡혀왔습니다.
힐렐	모세는 이런 여자에게 돌을 던지라고 했습니다. 당신은 뭐라고 말하겠습니까?
마하리엘	맞습니다, 당신은 우리가 어떻게 해야 한다고 생각합니까?

사람들은 "이 여자에게 돌을 던져라!", "모세의 법이다!!", "우리는 모세의 법을 따라야 해!" 등 투덜거린다.

마을 사람들은 돌을 주워 들어 그 여인에게 던질 준비를 한다.
예수님은 여인을 바라본다. 그녀는 두려움에 떨고 있다.
월터는 디킨스의 주의를 끌기 위해 디킨스의 소매를 잡아당긴다.
배경이 빠르게 변하면서~

48 ✦   INT. 디킨스 집 서재 - 밤

월터는 디킨스가 앉아 있는 의자의 팔걸이를 양손으로 붙잡으며.

월터	잠깐만요. 돌이요?
디킨스	그래.
월터	하지만… 그러면 다치지 않을까요?
디킨스	그렇겠지.
월터	하지만… 그건 잘못되었는걸요!! 예수님은 그걸 막기 위해 뭔가 해야 한다고요!

디킨스와 월터가 대화하고 있을 때 서재 문이 조용히 열리며 메리와 찰리가 고개를 빼꼼 내민다.

캐서린은 손가락을 입에 가져가서 '쉿' 하고 조용히 시킨다.

디킨스   어쩌면 마법의 칼이 필요할지도 모르지.
월터   …네! 그거면 되겠어요!

캐서린은 조용히 메리와 찰리를 데리고 서재 밖으로 나간 후 문을 닫아준다.

디킨스   네 말이 맞는 것 같다.
월터   그렇게 하신 거예요?
디킨스   (그러고 나서) 그럼, 예수님이 어떻게 했는지 알고
             싶니?

월터는 조급해서 방방 뛴다.

월터   네! 네!

디킨스는 천천히 차를 마신다. 그는 괴로울 정도로 오랫동안 후루룩 소리를 내며 마신다. 월터가 견딜 수 없어서,

월터(CONT'D) 아빠!
디킨스   맞아, 내가 어디까지 말했지?
월터   돌이요, 아빠! 돌 던지는 부분이요!

디킨스 알았어. 이어서 예수님은 손가락으로 땅에 무언가
를 쓰기 시작하셨어.

디킨스는 서재 바닥에 손가락으로 글을 쓰기 시작한다.

49 ✦ EXT. 예루살렘 거리 (사람이 많은 광장) - 아침

예수님은 디킨스와 동일한 자세로 손가락으로 땅에 글을 쓰고 있다.
군중들은 돌을 던질 준비를 한 채, 이 모습을 신기한 듯 지켜보고 있다.
윌라는 이 상황을 볼 수 없어서 월터의 어깨에 머리를 파묻고 있다.
글을 다 쓴 예수님이 일어서서 모두를 향해 말한다.

예수 좋다. 내가 말하겠다. 너희들 중에 죄가 없는 사람
이 돌을 던져라. 기다려주겠다.

군중들은 이 말을 곰곰이 생각해본다. 그들은 서로 얼굴을 마주 본다.
어떤 사람들은 돌을 바닥에 떨어뜨린다. 한 명씩 돌을 바닥에 떨어뜨리
고 걸어간다.

예수(CONT'D) 아무도 없나? 단 한 명도?

바리새인들은 실망스러운 얼굴로 서로 쳐다보고 자리를 박차고 떠난다.

예수님은 여전히 몸을 움츠리고 있는 여인에게 다가간다.

예수(CONT'D)   저 사람들은 이제 떠났단다.

                     이제 너를 비난할 사람은 아무도 없다.

여인이 그제야 주위를 둘러본다. 그녀는 그들만 남아 있는 것을 본다.

여자   정말입니까?

예수   나도 너를 비난하지 않겠다. 이제 떠나거라.

                     더 이상 죄를 짓지 말거라.

여인이 고개를 끄덕이다가 울음을 터뜨린다.

50 ✦   **INT. 디킨스 집 서재 - 밤**

서재 안을 걸어 다니다 월터를 바라보는 디킨스. 이야기가 아들에게 잘 전달되기를 바라는 마음으로 다정히 말해본다.

디킨스   그렇게 예수님은 마법의 칼 없이도 문제를 해결

했어.

왕 중의 왕은 칼이 필요 없거든.

월터는 목검을 한쪽으로 치워 놓는다. 목검은 소파에 십자가 모양으로
툭 떨어진다.

디킨스(CONT'D)　　너도 알겠지만, 많은 사람들이 하나님의 말씀을 함
　　　　　　　　부로…

캐서린이 비스킷 통을 가지고 서재로 들어온다. 그 안의 비스킷은 넓적
한 모양과 물고기 모양이 섞여 있다.

캐서린　　　　비스킷 먹고 싶은 사람?
월터　　　　　저요! 저요!
캐서린　　　　우유는?

캐서린이 비스킷 통을 들고 오면 월터가 신나서 방방 뛰며 통을 받아
든다.
윌라는 우유를 받아든다. 디킨스는 윌라가 비스킷 냄새 맡는 것을 지켜
보고, 월터는 그런 윌라를 어깨로 막는다. 디킨스가 고개를 젓는다.

디킨스　　　　(캐서린에게) 고마워.
　　　　　　　(월터에게) 자, 아까 말했듯이…

디킨스는 이어서 서재 안을 걷기 시작한다. 월터도 쿠키를 먹으며 디킨스를 따라 걷는다.

방이 다시 한 번 바뀌면서-

51 ✦   EXT. 마을 밖 - 낮

월터는 비스킷을 계속 먹고 있다.

수많은 마을 사람들이 지나가면서, 그들 모두 무언가에 열광하고 있다.

월터는 입에 비스킷을 가득 물고는 말한다.

월터   모두 어디로 가는 거예요?

디킨스   알아보러 가볼까?

디킨스와 월터도 사람들을 따라간다.

52 ✦   EXT. 갈릴리 호숫가 언덕 (오병이어 들판) - 낮

예수님은 아름다운 나무 아래에 있는 바위에 앉으셨다. 예수님은 그의 제자들과 산비탈에 점점이 모여 있는 수천 명의 추종자들에게 둘러싸

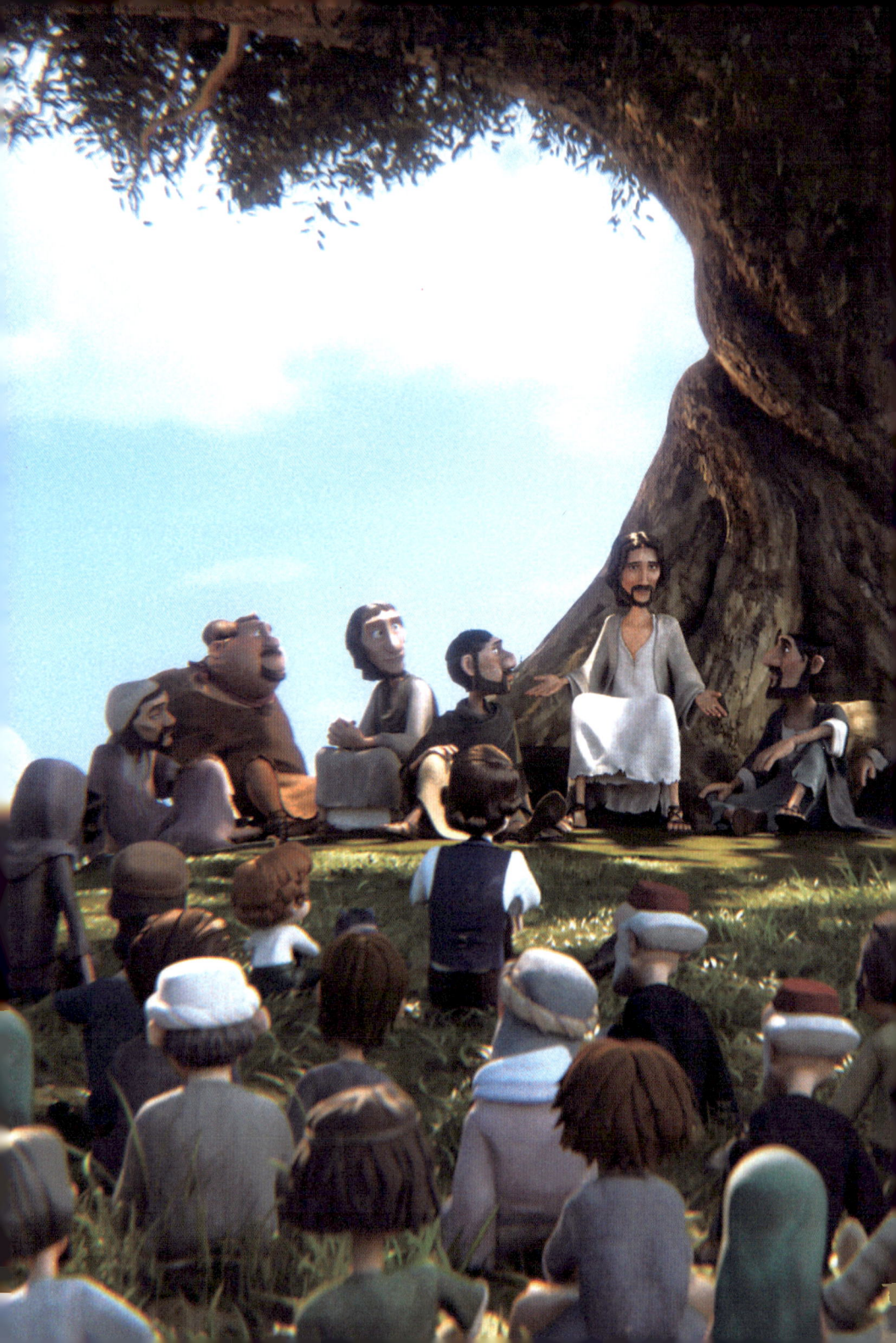

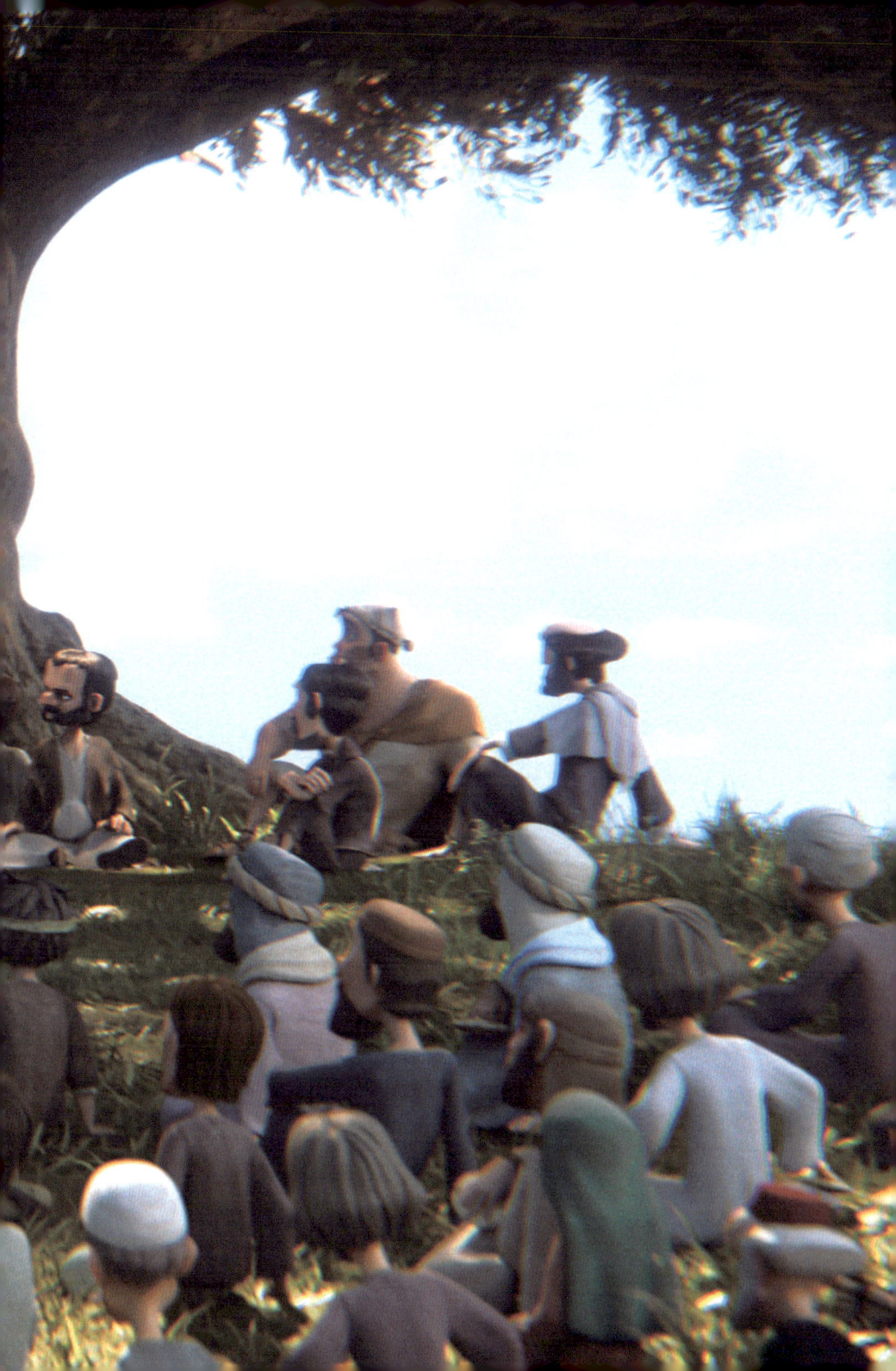

여 있다.

월터는 앞줄에 앉아 있다.

예수   의사가 필요한 사람이 누구인가?

            건강한 사람? 아픈 사람?

            말씀이 필요한 사람이 누구인가?

            착한 사람? 죄지은 사람?

예수(CONT'D) 나는 내가 대접받기 위해 온 것이 아니라 오히려

            너희를 섬기려고 온 것이다.

            내 생명으로 모든 사람들을 구원하기 위해서.

예수님께서 군중을 살피시면서, 우리는 예수님의 주위에 있는 사람들
의 얼굴을 본다.

진이 다 빠진 듯한 얼굴을 한 여자
배가 고픈 것처럼 보이는 남자

아픈 아기의 얼굴에서 흘러내린 눈물.

베드로가 예수님께 다가가 말을 건넨다.

베드로   예수님, 이 사람들은 이곳을 떠나지도 않고 하루

            종일 앉아 있었습니다.

            분명히 배가 고플 것입니다.

예수님이 고개를 끄덕였다.

예수　　　　　그들에게 먹을 것을 주거라.

빌립이 그들의 대화에 끼어든다.

빌립　　　　　예수님, 그건 힘듭니다!
　　　　　　　　저희가 가진 걸 모아도 충분하지 않아요.

예수님은 제자들을 바라보며 웃는다.

군중 쪽 앵글

배고파 보이는 남자와 지친 기색의 여인이 월터가 그의 비스킷을 먹는 모습을 빤히 바라본다.
월터는 그들의 시선이 자신에게 있음을 느낀다. 이에 월터는 천천히 비스킷을 씹는다.
디킨스는 빌립이 월터에게 다가오는 것을 보고, 정신없이 비스킷을 먹고 있는 월터에게 알려준다.
월터는 자신을 바라보고 있는 디킨스를 쳐다본다.

디킨스　　　　자, 월터.

월터는 입에 넣으려던 비스킷을 통에 다시 넣고 빌립에게 건넨다. 비스킷 통 안에는 넓적한 모양 다섯 개와 물고기 모양 두 개가 남아 있다.

월터   여기요. 도움이 됐으면 좋겠어요.

53 ✦   EXT. 갈릴리 호숫가 언덕 (오병이어 들판) - 낮

빌립은 그것을 보고서 고개를 끄덕인다.
그리고 빌립이 그 바구니를 예수님께 가져다드린다.

빌립   저희에게 생선 두 마리와 빵 다섯 개가 있습니다.
예수   사람들을 무리 지어 앉게 해라.
베드로   예수님, 이 많은 사람들을 먹이기엔 음식이 부족합니다!

예수님은 대답을 하지 않는다.
대신에 예수님은 생선과 빵에 손을 얹고 기도를 한다.

베드로와 빌립이 물고기와 빵을 다른 바구니에 붓는다. 그러자 지금은 물고기와 빵이 전보다 두 배나 많아졌다. 세 번째 바구니에는 더 많이 쏟아지고, 그리고 기적은 반복된다.

제자들은 더 큰 바구니에 내용물을 붓는다. 바구니 속에서 빵과 생선이 불어나 밖으로 쏟아지기 시작한다!

모든 제자들이 신나서 바구니를 모여 있는 사람들에게 가져가고 사람들은 아주 기쁘게 음식을 나눠 가진다.

이 모습을 보고 놀란 베드로가 예수님을 뒤돌아본다.

베드로(CONT'D)   주님, 어떻게?

그러나 예수님은 대답하지 않고 그저 온화한 미소를 띠며 그 모습을 지켜보기만 하신다.

디킨스는 잠시 망설이다가 윌라에게 생선 한 조각을 먹으라고 준다.

윌라는 의심스러운 눈으로 바라보다가, 유혹을 뿌리치지 못하고 생선을 통째로 먹는다. 이 모습을 본 디킨스가 빙그레 웃는다.

54 ✦   EXT. 갈릴리 해변 - 밤

한 삭은 소년이 벽처럼 서 있는 사람들 뒤로 달려가 예수님을 엿보려고 한다. 한 남자가 소년을 알아보고 소년을 어깨 위로 올려놓는다.

군중   예수님을 왕으로 세웁시다! / 그분이 떠나지 못하
             게 붙잡아야 해요! / 우리보고 각자 집으로 가라고

하셨는데요. / 하지만 그분이 떠나게 할 수 없어. / 예수님은 우릴 구원할 유일한 분인걸! / 누가 좀 잡아봐요! / 아냐, 일단 기다리는 게 좋겠어.

우리는 모두가 해변에 정박해 있는 배를 보고 있다는 것을 이제 알 수 있다. 베드로와 요한을 제외한 나머지 제자들은 모두 배에 올라탄 채로 예수님을 바라보고 있다. 베드로와 요한은 예수님이 배에 타길 기다리고 있다.
군중들은 슬픈 눈으로 예수님과 그의 제자들을 지켜보고 있다.

요한　　　　예수님, 왜 저희와 함께 가지 않으십니까?

예수님은 홀로 물가에 서 계신다.

예수　　　　나는 기도하러 갈 것이다.
바돌로매　　그럼, 저희는 여기서 기다리겠습니다.
예수　　　　아니다. 먼저 가거라. 내가 바로 뒤따라갈 것이다.
베드로　　　알겠습니다. 말씀대로 따르겠습니다.

월터는 이미 배에 탄 채로 윌라가 배에 타기를 기다리고 있다.

월터　　　　이리 와, 윌라!

월라가 월터의 부름에 배에 올라탄다. 제자들은 마지막으로 올라타는 베드로와 요한을 올리고 노를 저어 바다로 나간다. 예수님은 그들이 떠나는 것을 지켜본다.

월터는 몸을 돌려 해변에 홀로 서 있는 예수님을 보며 질문한다.

월터   왜 예수님은 혼자 기도하러 가시나요?

군중(V.O.)   예수님을 왕으로 세웁시다! / 예수님은 우릴 구원할 유일한 분인걸! / 누가 좀 잡아봐요!

예수   사실, 너희가 이곳에 있는 것은 나를 통해 하나님의 기적을 보았기 때문이라고 생각하지 않는다.
너희가 받은 것보다 더 많은 것을 원하기 때문이라 생각한다.

갑자기 '시커멓고 성난 구름'이 예수님 뒤로 몰리면서 바다의 파도가 점점 높아지기 시작한다.

55 ✦   **EXT. 갈릴리 바다 - 밤**

사나운 바람이 불고, 파도가 치면서, 제자들이 타고 있는 작은 배도 똑바로 서서 떠내려가려고 하면서 심하게 흔들린다.

배 위에서

제자들은 두 그룹으로 나뉘어 있다.-

-한 그룹은 공포에 사로잡힌 채 폭풍우를 응시한다.

-베드로와 다른 그룹은 성공할 수는 없지만, 이 엄청난 해류에 맞서려고 노를 젓기 위해 노력한다.

베드로   어서, 어서! 계속 노를 저어!

월터, 윌라가 뱃머리를 붙잡고 간신히 버티고 있다.

베드로의 눈에는 그들이 보이지 않는다. 베드로는 대신 유다를 발견한다. 유다는 노를 젓지 않고, 겁에 질려서 구석에 웅크려 있다.

유다   우리 모두 죽을 거야! 당장 돌아가야 해! 지금 당장!

베드로   유다!

베드로는 유다가 발돋움하도록 돕는다. 마침 요한이 소리를 지르고, 베드로와 유다가 그 방향을 본다. 요한이 바라보는 정면 방향에서 거대한 파도가 배를 향해 다가오고 있다.

거친 파도가 배의 옆을 따라 점점 더 높아진다. 파도가 계속 거세지자 제자들은 두려움에 몸이 움츠러든다.

그때 요한이 자신의 노를 놓쳐버리고, 때마침 베드로가 재빨리 그것을 잡아챈다.

베드로(CONT'D)   어서 돛을 내려야 해!!

월터   윌라! 우린 괜찮을 거야!

베드로(CONT'D)   멈추지 말고 계속 저어!

베드로가 돛을 내리기 위해 달려가는 순간, 밧줄이 끊어졌다!
배는 제어가 되지 않고 빙글빙글 돈다.
베드로는 발을 헛디뎌서 갑판 위로 쓰러진다. 그는 일어서기 위해서 안간힘을 쓴다.
도마가 수면 위에서 무언가 이상한 것을 발견한다. 도마가 다른 사람들을 향해 소리치며 가리킨다.

도마   베드로, 저길 봐! 저기 뭔가 있어!
유다   오, 안 돼! 유령이다! 유령!

베드로는 눈을 비비고서 다시 그곳을 바라본다.
저 멀리 떨어진 곳에서, 베드로는 예수님이 물 위를 걷고 있는 것을 보았나.
제자들은 폭풍으로부터 몸을 웅크리고 있을 때, 이 광경을 목격하고 크게 두려워했다.

베드로는 배가 크게 흔들림에도 불구하고 조심스럽게 갑판 앞쪽으로

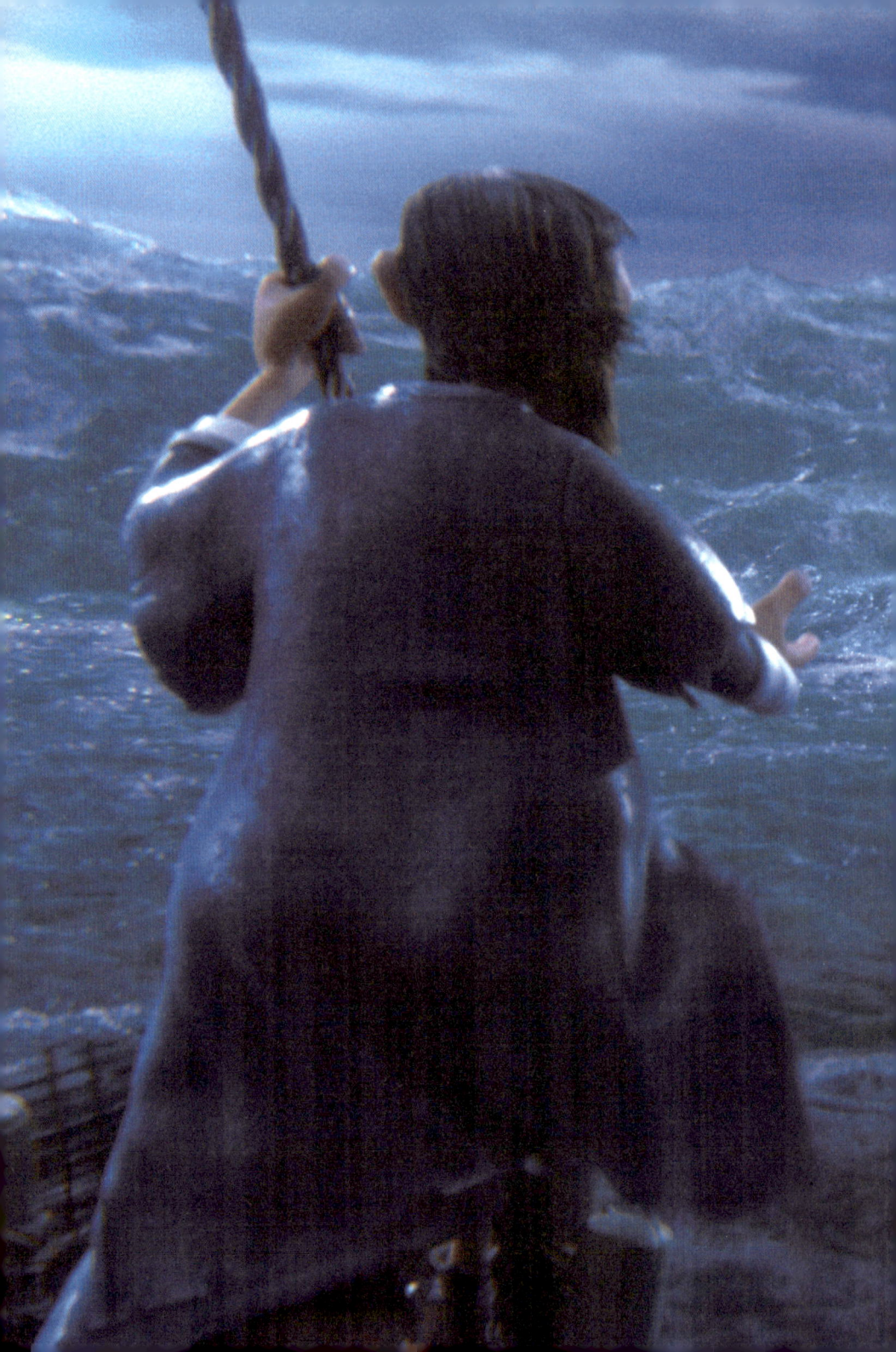

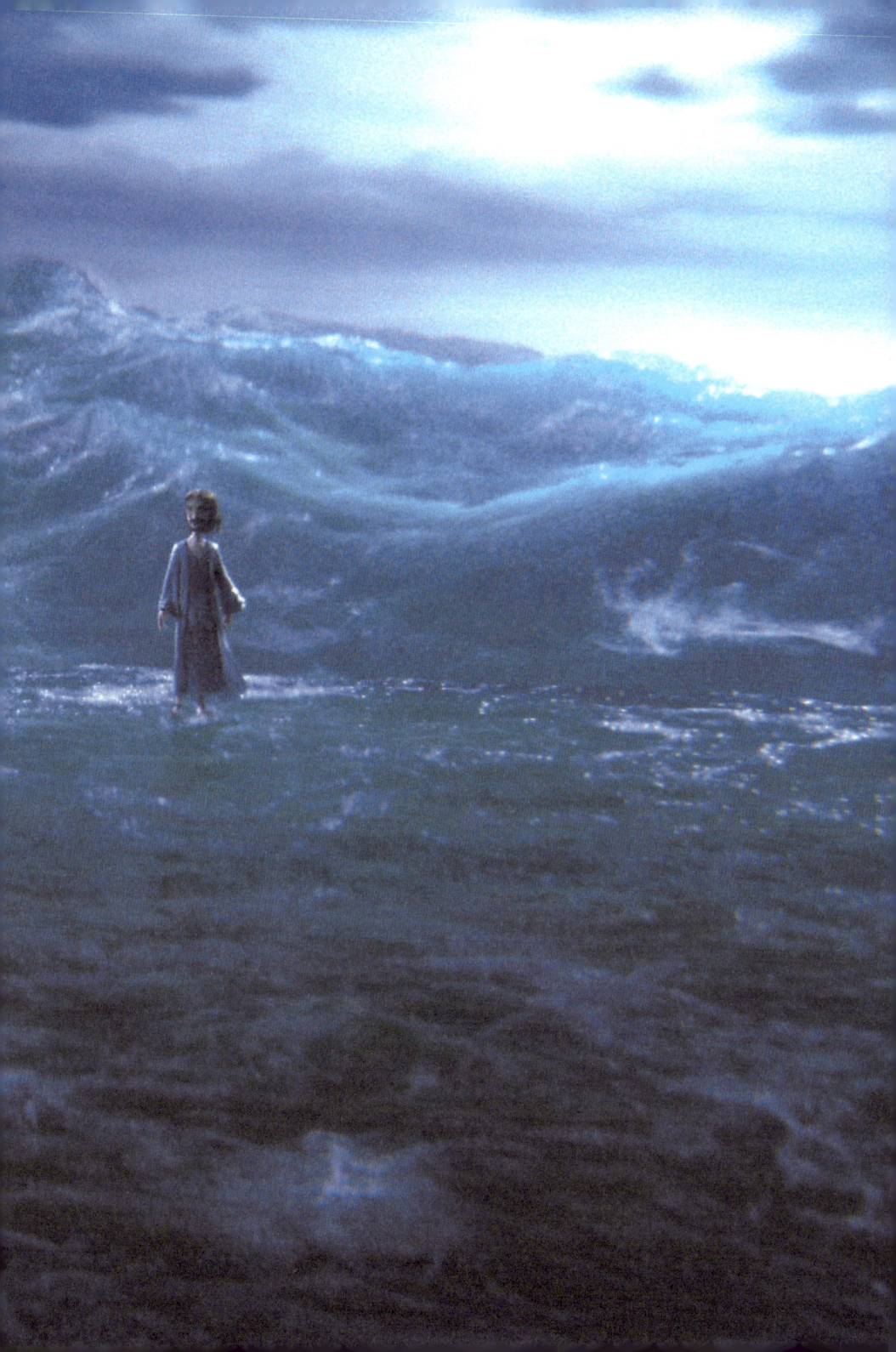

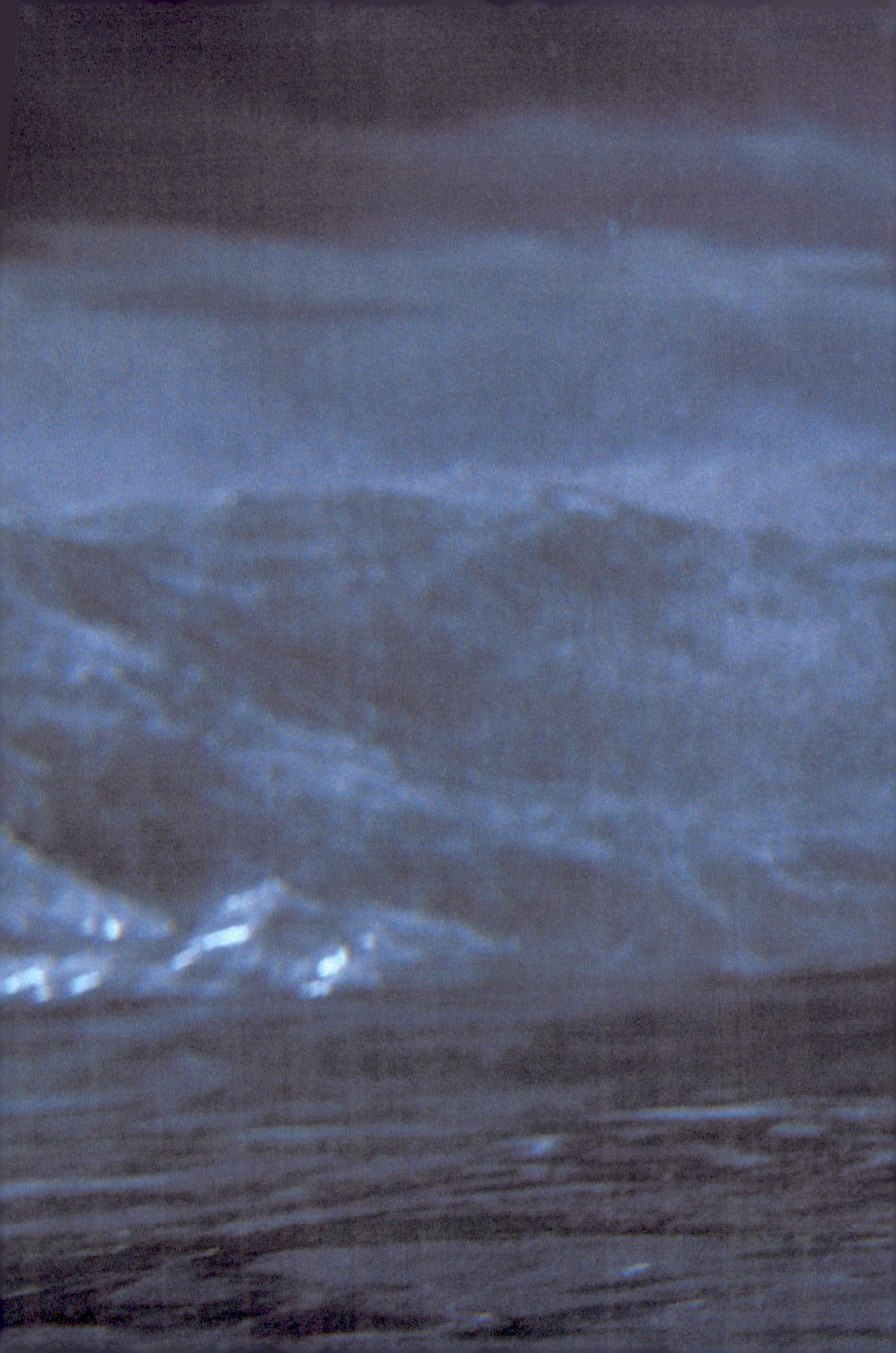

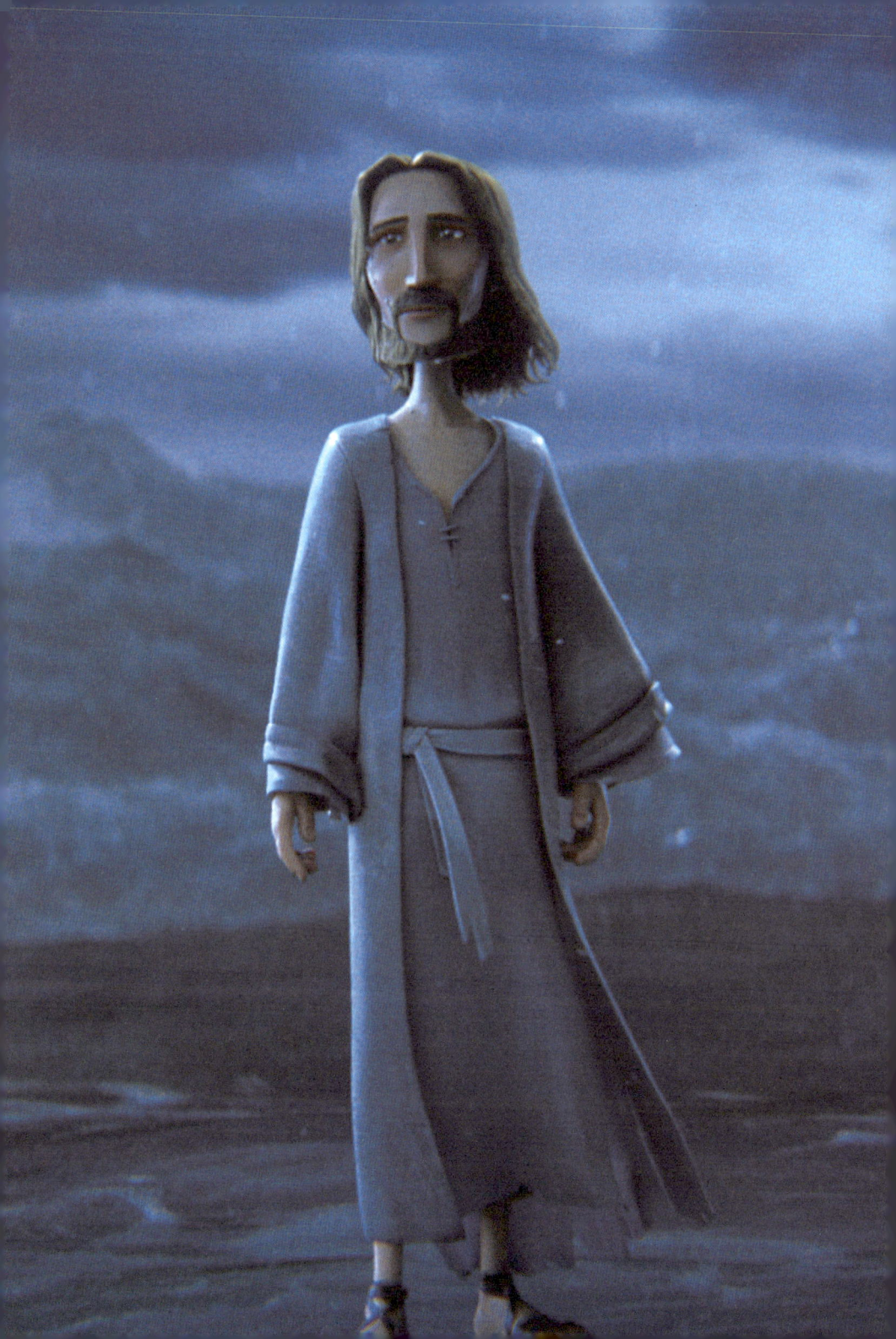

걸어간다.

돛의 끈을 쥐어 잡으며 앞을 응시하는 베드로.

예수님은 폭풍우 속에서도 평화롭게 서서 나지막이 베드로를 부른다.

예수	내가 여기 있다. 두려워하지 말라.
베드로	주님?
	(이어서) 주님, 정말 주님이시면 저에게 물 위를 걸어오라 하십시오!
예수	이리 오렴, 베드로야. 나에게 오너라.

베드로가 조심스럽게 배에서 내려 물 위에 선다. 그는 예수님을 향해 불안한 걸음을 내디딘다.

도마	베드로, 안 돼!

강하게 내리치는 번개에 놀라 중심을 잃은 베드로는, 자신을 향해 거대한 파도가 밀려오자 평정심을 완전히 잃어버린다. 베드로는 물속으로 가라앉아 허우적거린다.

빌립	베드로!
베드로(CONT'D)	주님!... 살려주세요!

예수님은 정신이 혼미해져 가는 베드로 쪽으로 손을 내밀어 끌어당긴다.

예수	너는 의심했기에 물에 빠진 것이다.
	나를 믿으면 다시는 빠지지 않을 것이다.

FADE TO WHITE:

FADE IN:

56 ✦   EXT. 호숫가 - 낮

예수님은 이미 배에서 내려 해변에 서 있고, 그 뒤로 제자들이 따라 배에서 내리고 있다.

예수	사람들이 내가 누구라고 하느냐?
마태	사람들은 예수님이 선지자 중 한 명이라고 합니다.
시몬	어떤 사람은 죽은 세례 요한이 다시 살아났다고 말했습니다.
다대오	누군가는 선지자 엘리야라고 합니다.
예수	그렇구나. 그러면 너희는 내가 누구라 하느냐?
베드로	주님은 그리스도이자, 살아 있는 하나님의 아들입니다!

예수	베드로야, 네게 복이 있다. 네 이름의 뜻처럼 그 바위 위에 교회를 세울 것이다. 이 교회는 지옥에서 나오는 어떠한 것도 방해하지 못할 것이다.
베드로	주님의 말씀대로 될 것입니다.
예수	그러나 아직 사람들에게는 말하지 말거라.

월터는 아직 예수님의 말뜻을 이해하지 못한 표정이다.

예수	내가 예루살렘에서 많은 고난을 겪고 죽임을 당하게 될 것이다. 하지만 3일 후 부활하게 되면 모든 사람이 알게 될 것이다.
베드로	안 됩니다! 죽임을 당하신다니요! 일어나선 안 될 일입니다!
예수	사탄아, 내 뒤로 물러가라! 네가 나를 넘어트리려는구나! 하나님이 원하신다면 나는 받아들일 것이고 너 또한 받아들여야 할 것이다.

제자들은 걱정스러운 눈빛을 서로 교환한다.
제자들 틈으로 걸어가 예수님 앞에 선 월터. 해변에서 디킨스 집으로 바뀌면서-

월터는 여전히 디킨스를 걱정스러운 표정으로 바라본다.

월터	예수님은 죽으실 걸 알고 계셨나요?
디킨스	이미 알고 계셨단다.
월터	하지만, 저는 예수님이 죽는 게 싫은걸요.
디킨스	나도 그걸 원하지 않는단다.
	대신, 예수님이 우리에게 가르쳐주실 몇 가지 교훈이 남아 있어.
월터	죽음 말이에요?
디킨스	우리의 모든 죄를 대신한 죽음이란다.
	기억하렴. 예수님은 죽으신 후 3일 뒤에 다시 살아나신다고 하셨어.
월터	하지만, 만약 예수님이 그러지 못한다면요?

월터가 걱정스러워하는 동안 서재가 다시 베다니의 거리로 배경이 바뀌며-

디킨스(V.O.)　　　그래서 다시 살아나실 거라는 분명한 증거를 보이셨단다.

예수님이 그의 제자들과 함께 걷고 있다.
마르다와 마리아(베다니)가 그들의 집에서 예수님과 제자들을 따라잡기 위해서 먼 거리를 달렸다.
그들이 마침내 예수님께 다다르자, 그들은 눈물을 흘리며 쓰러진다.

마리아(베다니)　　주님! 주님!

월터가 바라본다.

예수　　　　무슨 일인가?
마리아(베다니)　　저희의 오빠 나사로가… 죽었습니다.

다른 사람들이 그 소식을 듣자, 함께 모여서 눈물을 흘리고 슬퍼한다.
그들은 모두 예수님의 반응을 살핀다.

예수　　　　나사로는 어디 있느냐?

나사로 무덤 근처에 있던 바리새인이 예수님 무리를 보면서, 자기들끼리 이야기를 나눈다.

힐렐	그래서, 그 위대한 선생마저 자신의 친한 친구는 구할 수 없었단 말이지.
마하리엘	모든 질병을 치료한 뒤에도 말이지요.
엘리아잘	이제 나사로의 무덤으로 가고 있군. 저자는 여기서 과연 뭘 할 수 있을까?

예수님은 무덤을 막고 있는 바위를 보고서, 무덤 근처에 있는 일꾼 (2명)에게 다가간다.

예수	이 바위를 치워라.
마르다	하지만 예수님, 오빠가 죽은 지 4일이 지났습니다.
마리아(베다니)	이미 냄새가 나고 있어요.
예수	네가 믿는다면, 너는 하나님의 영광을 보게 될 것이다.

마르다가 일꾼들에게 손짓을 하자, 그들은 바위를 치운다.
예수님은 하늘을 바라보며 기도를 드린다.

예수(CONT'D)	아버지, 제 기도를 들어주셔서 감사합니다.
	이제 이 자리에 있는 자들에게 아버지가 절 이 땅
	에 보내신 이유를 알도록 도와주소서.
	(그리고, 무덤을 향하여) 나사로! 나오너라!

아무 일도 일어나지 않자, 사람들이 의아한 표정으로 서로를 바라본다.

마하리엘	그가 무슨 말을 했지?
엘리아잘	죽은 나사로를 살리려고 하는 것 같아.
마하리엘	그건 불가능해!
엘리아잘	저자가 할 수 없다면 누구도 그를 따르지 않겠지.
	골치 아픈 일이 해결되었군.
	내 말은, 만약 나사로가 살아나지 못하면… 오!

그때 **엘리아잘(바리새인 3)**이 무덤 쪽을 가리킨다. 바리새인 3이 뒤를 돌아보면–

무덤 밖으로 걸어 나오는 나사로. 너덜너덜한 흰색 천이 그를 뒤덮고 있다.
지켜보는 모든 이가 충격을 받고, 어떤 이는 무릎을 꿇고 주저앉는다.
윌라는 털을 곧추세우고 그르렁댄다.
나사로는 예수님, 마르다 그리고 마리아(베다니)를 향해 걸어온다. 그가 그의 얼굴을 뒤덮은 천을 뒤로 젖힌다.

마르다와 마리아(베다니)는 나사로를 향해 달려가 그를 끌어안는다. 그들은 눈에는 기쁨의 눈물이 가득 차 있다.

마르다   오! 나사로!

다시 세상 밖으로 나온 나사로를 환영하기 위해 더 많은 사람들이 모이자 예수님이 이를 보며 미소 짓는다.
월터는 나사로를 가까이 보기 위해 앞으로 다가간다.

마르다   오! 나사로!
마리아(베다니)   살아났구나! 우리 오빠!

디킨스(V.O.)   안타깝게도 예수님께 하나님의 은혜가 보일 때마다 바리새인들의 분노를 샀단다.
예수님이 하나님과 가까워지는 것에 바리새인들이 위협을 느꼈거든.

점점 더 많은 사람들이 나사로의 주위에 모이는 동안 바리새인들은 이를 못마땅한 듯이 지켜보았다.

암울한 표정의 바리새인들이 공모하는 듯 옹기종기 모여 있다.
대제사장은 그들 뒤에 있는 그림자 속에서 서성인다.

힐렐   이제 우린 어떻게 해야 합니까?

엘리아잘   어떻게 죽은 사람을 4일 만에 살릴 수 있지?

대제사장이 나지막이 중얼거린다.

마하리엘   이제 사람들이 드러내놓고 그를 왕이라고 부르고
                있어요.

힐렐   예수가 가는 곳마다 사람들이 떼 지어 모여들고 있
                소! 아주 장관일세그려!

엘리아잘   로마 정부가 알면 어쩌죠?

힐렐   그들은 이스라엘이 황제(카이사르)에게 반란을 일
                으킨다고 생각할 겁니다.

마하리엘   그렇게 되면 로마 정부와 함께 우리의 편안한 생활
                도 끝나버릴 겁니다.

힐렐   우리는 무언가 조치를 취해야 합니다.

대제사장이 그림자 뒤에서 천천히 나온다.

대제사장	그냥 그를 죽이는 건 어떤가?

모두 그 말에 얼어붙는다.

마하리엘	사람들은 예수를 굉장히 좋아합니다. 만약 우리가 그를 없애버린다면, 우리에게 반란을 일으킬 겁니다.

대제사장은 뒤돌아 계단에 올라선다. 고개 돌려 바리새인들을 어깨너머로 보는 대제사장.

대제사장	그렇다면 사람들이 등을 돌리게 만든 후, 그자를 죽이면 되겠군.

61 ✦   INT. 나사로의 집 - 밤

예수님과 그의 열두 제자, 그리고 나사로의 가족들이 둘러앉아 식사할 준비를 한다.
막달라 마리아가 향유를 가지고 다가온다. 그는 예수님 앞에 무릎을 꿇고 그의 발에 향유를 붓는다. 그러고는 자신의 머리카락으로 예수님의 발을 닦는다.

유다는 어이가 없다는 듯이.

유다	마리아, 뭐 하는 거야? 그 향유가 얼마나 비싼지 너도 알잖아. 그걸 팔아 가난한 자들을 도울 수도 있었는데!
예수	놔두어라. 가난한 자들은 내가 죽은 후에도 도울 수 있다. 그러나 나는 너희와 계속 함께하지 못한다. 마리아가 다가올 내 장례를 준비했다는 것을 기억(기념)해라.

예수님의 말에 월터는 가만히 다가가 예수님을 바라본다.

62 ✦   EXT. 예루살렘 - 낮

거리에는 무슨 일이 벌어질지 알지 못한 채 자신들의 일로 바쁜 현지인들이 가득 차 있다.
새 떼가 머리 위를 날아간다. (부감샷, 위쪽에서 내려다보는 시점으로)
사람들 하나하나가 자신들의 집에서 나와 이게 무슨 소동인지 구경하러 간다.

거리에서

예수님이 행렬을 이끌고 나귀 새끼를 타고 도시 안으로 들어온다. 그를 따르는 열두 제자. 멀리 성전 문이 보인다. 그곳이 이 행렬의 목적지다. 몇몇은 예수님이 지나가자 쳐다본다.

어떤 사람들은 수군거리고 손으로 가리킨다.

이것이 그 예언가들의 결실이다! 사람들은 종려나무들을 잘라 다른 사람들까지 나눠준다. 그들은 차례대로 길로 달려가 예수님이 지나갈 길 위에 정성스레 놓아둔다.

이제 길은 왕으로 오실 분을 위한 준비가 되었다.

더 많은 사람들이 합류한다. 바닥이 보이지 않을 정도로 종려나무 잎들이 쌓인다.

또 다른 물결의 사람들이 종려나무 잎들 위에 옷을 펼쳐 둔다. 예수님이 지나갈 때 그를 향해 절한다.

예수님이 보이자 어떤 사람들은 기쁨의 눈물을 흘린다.

사람들은 음악에 맞춰 노래를 부르고 예수님이 지나가자 종려나무 가지를 흔든다.

어린아이들도 종려나무 잎들을 흔들며 뛰어다닌다.

예수님을 태운 나귀 새끼는 종려나무 잎들 위를 걸어 성전으로 향한다.

군중 호산나! / 다윗의 자손에 영광을! / 왕의 이름으로 오신 분이시여! / 높은 곳으로부터 호산나! / 우리의 조상 다윗의 나라! / 영원하라!

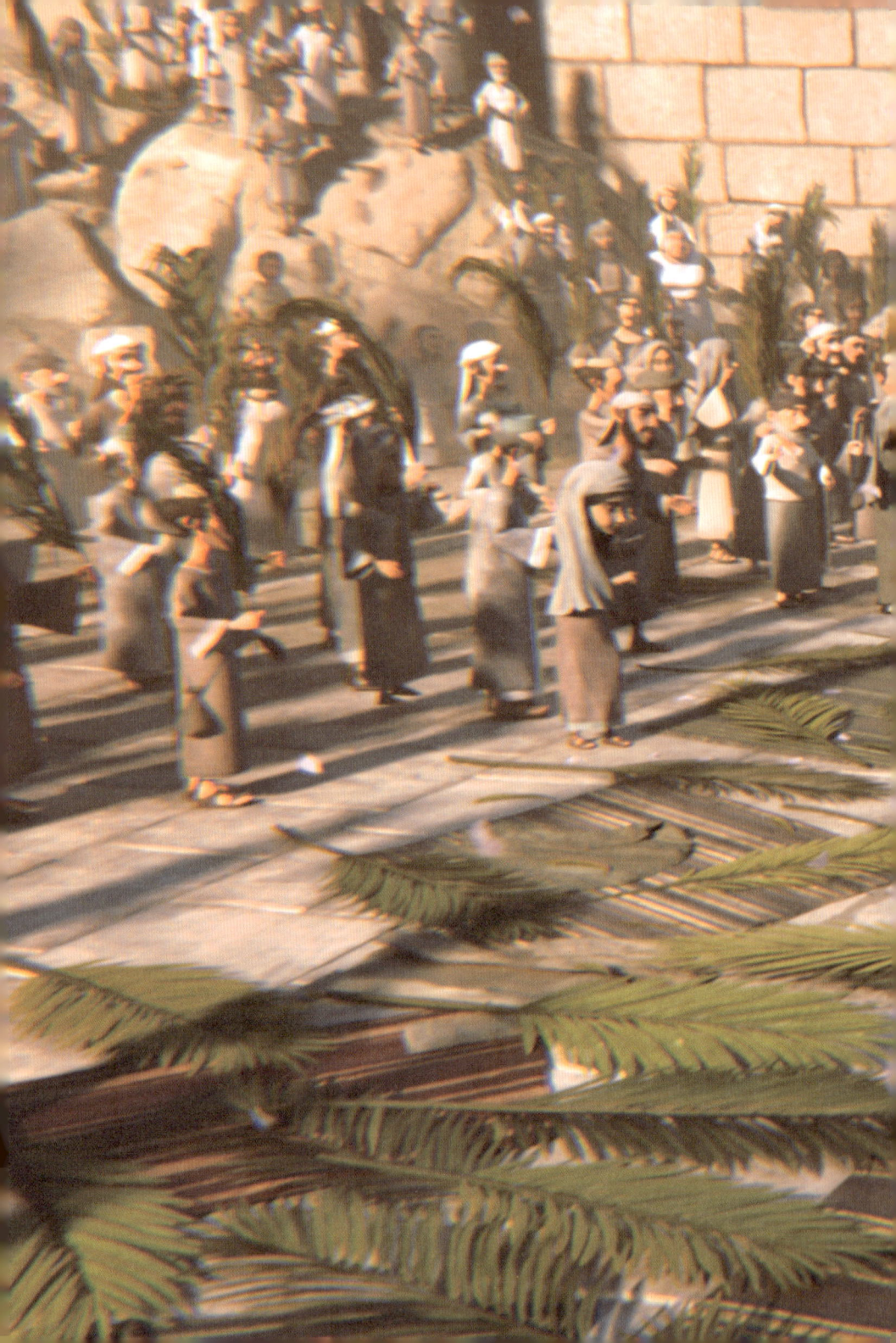

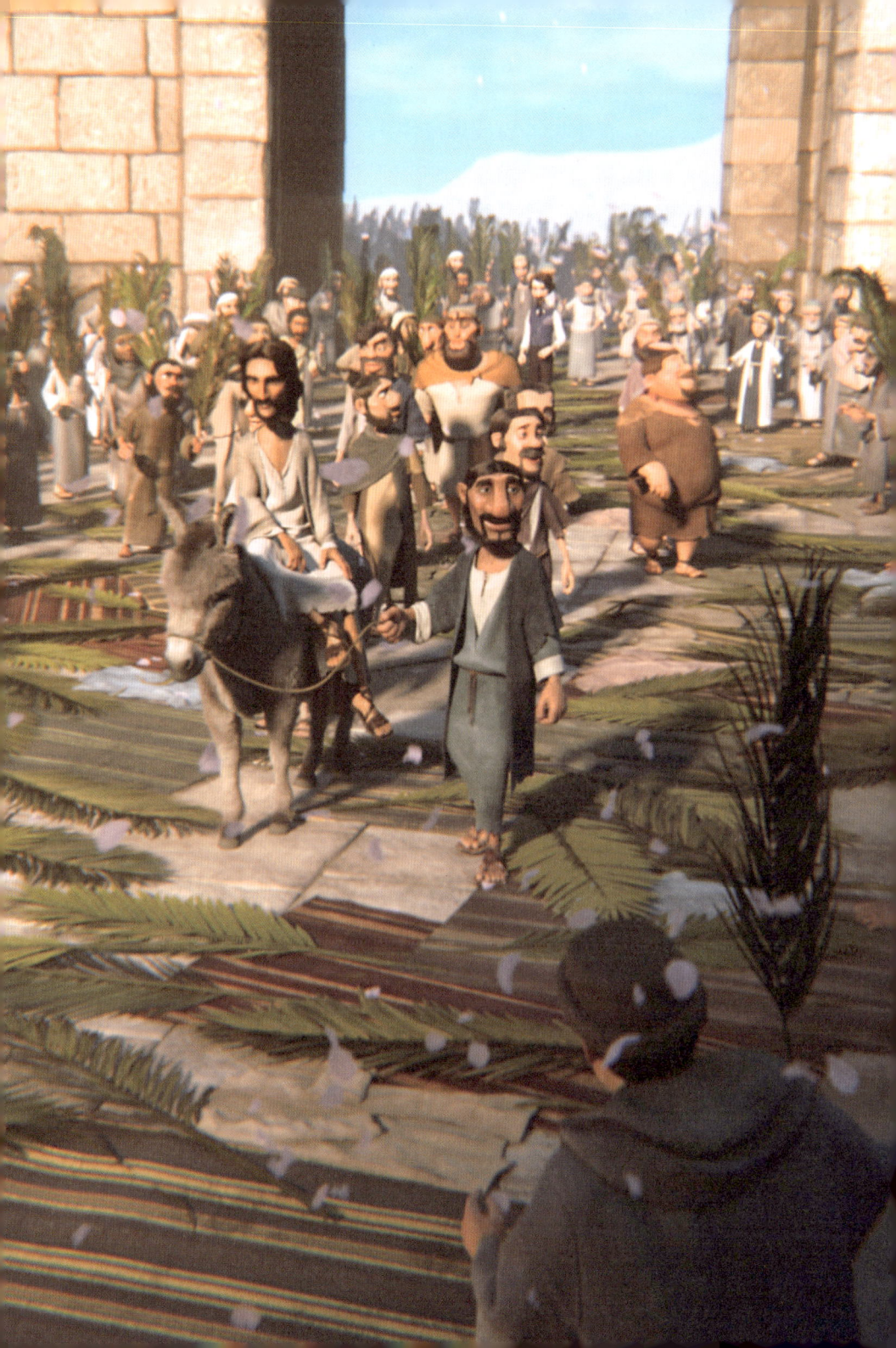

먼 곳에서

경비대장이 기쁨으로 가득 찬 현장을 바라본다. 그는 병사 2를 향해 몸을 돌린다.

경비대장   대제사장께 알려라.

달려나가는 병사 2.
예수님과 그의 열두 제자들이 터널을 향해 다가오자 군중의 소음은 점점 커진다. 월터와 윌라가 흥분한 듯 사람들 사이를 지그재그로 다니며 그들을 따라간다.

월터   호산나! 호산나!

예수님이 터널로 들어서자 그림자 진 어둠 속으로 사라졌다, 빛이 드는 다른 쪽에서 다시 나타난다. 군중의 환호가 폭발적이다.
종려나무 잎이 덮인 길 양옆으로 갈라진 군중들 앞으로 향하는 월터.

성전 입구

예수님을 위해 잎사귀와 꽃잎을 뿌리는 사람들. 예수님이 성벽에 도달하기를 간절히 바란다.
계속해서 들려오는 호산나를 외치는 찬송가 소리.

베란다에서

3명의 바리새인, 대제사장, 그리고 병사들이 예수님과 사람들의 환호를 내려다보고 있다.

힐렐   저들은 무슨 일이 일어날지 전혀 모르나 보군.

엘리아잘   알 리가 없지.

마하리엘   그는 이곳에 오지 말았어야 해.

돌풍이 불어 예수님이 지날 때 떨어진 꽃잎들이 공중에 떠오른다.
꽃잎 중 하나가 대제사장의 로브에 떨어진다. 그는 비웃으며 꽃잎을 털어낸다.

성전으로 돌아가

예수님은 이제 군중들 사이로 거의 보이지 않을 지경이다.
월터가 예수님을 언뜻 보려다 실패한다.

윌라는 예수님을 볼 수 없어 실망한다. 윌라는 예수님을 더 가까이서 보기 위해 월터의 팔에서 내려와 군중들 발 사이를 헤치고 간다.

월터   호산나! 응? 윌라!

디킨스   무슨 일이니?

월터   윌라가 사라졌어요!

디킨스는 마지못해 윌라를 찾는다.

디킨스 윌라는 자기 갈 길을 간 것 같은데, 다음엔 강아지를 키워볼까?

월터는 아빠의 말에 화가 난다. 그는 군중들 사이를 비집고 나와 윌라를 찾으려고 한다. 윌라는 간발의 차이로 군중 속으로 사라진다. 월터는 군중들 사이를 뚫고 가기엔 너무 작다.

월터 윌라! 윌라!

디킨스(CONT'D) 월터! 기다려! 조심해!

월터 윌라! 윌라! 어디 있는 거야? 윌라!

그때, 예수님이 천천히 지나간다. 그는 자신의 고양이를 찾기 위해 군중들을 상대로 고군분투하고 있는 월터를 본다. 그리고 월터를 돕지 않고 주변에 서 있는 디킨스를 본다. 예수님은 디킨스의 행동이 부끄럽다는 듯 고개를 흔든다.
디킨스는 한숨을 쉬고 처음엔 마지못해 윌라를 찾는다. 그러나 윌라의 꼬리를 보고는 앞으로 갑자기 뛰어나간다.

디킨스는 여러 사람을 밀고 들어가 윌라를 향해 뛰어든다. 디킨스는 바닥에 곤두박질쳤지만 윌라는 빈둥빈둥 지나간다. 설상가상으로 술에 취한 사람이 디킨스의 손을 밟는다.

디킨스(CONT'D)   아얏.

디킨스는 윌라를 한 번 더 본다. 뛰어들어 앞구르기를 하는 디킨스.

디킨스(CONT'D)   잡았다!

디킨스가 자신의 손을 보자, 바구니 하나를 쥐고 있다는 것을 발견한
다. 어느 화난 늙은 여자가 자신의 바구니로 디킨스를 가격한다.
바닥에 누워 있는 디킨스. 그가 올려다봤을 때 윌라가 자신의 가슴 위
에 앉아 있는 것을 본다.

디킨스(CONT'D)   윌라?! 너가 어떻게…?

디킨스는 안심하며 윌라를 바라본다.
디킨스가 숨을 채 돌리기도 전에 윌라가 곧바로 얼굴을 핥아오자, 방심
하던 디킨스는 어쩔 줄 몰라 하며 버둥거린다. 그제야 윌라는 만족한
듯이 디킨스를 바라본다.
사람들 틈에서 윌라를 찾던 월터는 사람들 틈 사이로 저 멀리 예수님
이 윌라를 안아 올리는 장면을 발견한다. 찬찬히 윌라를 쓰다듬으며 월
터를 바라보는 예수님.
월터가 천천히 다가가자 예수님은 어느새 디킨스로 바뀌어 있다.

월터   윌라를 찾으셨네요!

디킨스는 한쪽 무릎을 꿇고 조심스럽게 월라를 월터에게 넘겨준다. 월라는 디킨스의 손에서 떨어진다. 월터가 월라를 안는다.

월터(CONT'D)   월라! 요 말썽쟁이!
                  (따뜻하게) 고마워요, 아빠.

월터는 디킨스를 안는다. 예루살렘은 디킨스의 집 서재로 바뀐다.

63 ✦   INT. 디킨스 집 서재 - 밤

디킨스는 자신이 월터를 껴안고 있는 모습을 바라보는 캐서린을 본다. 그는 미소 짓고 어깨를 으쓱한다.

64 ✦   EXT. 예루살렘 성전 - 낮

상인, 무역상, 그리고 구매자들의 격렬한 소통 속에 보이는 곳곳마다 상인들의 가판대들이 놓여 있다.
어떤 상인은 비둘기와 가축들을 판매하고 있다.
어떤 상인은 양념과 곡물을 판매하고 있다.

어떤 상인은 큰 동전 더미를 작은 더미와 교환하고 있다. 그의 고객은 혹독한 환율에 얼굴을 찌푸린다.

3명의 바리새인들은 성전을 돌아다니며 각각의 가판대를 살펴본다.

대제사장이 어느 상인의 새끼 양 가격을 보곤 멈춰 선다.

대제사장　　가격을 더 올리게. 얼마나 비싸게 팔든 사람들은 돈을 낼 걸세.

상인은 끄덕이더니 가격을 고쳐 쓴다.

예수님과 그의 열두 제자들이 들어와 주변 상황을 둘러본다. 예수님은 자신이 본 것에 대해 격분하기 시작한다.

예수　　어떻게 감히!

예수님은 갑자기 자신과 가장 가까이 있는 상인의 좌판을 잡아 뒤집어 엎는다. 좌판이 바닥에서 부서지자 새들과 가축들이 성전 주변을 휘젓고 다닌다.

예수님은 근처에 떨어진 노끈을 줍고는 채찍을 만들어 휘두르기 시작한다. 채찍에 동전이 날아다니고 좌판이 굴러다닌다.

상인은 좌판과 테이블을 뛰어다니며 새들을 잡으러 다닌다.

예수님이 다른 탁자를 뒤집자 모든 시선이 예수님을 향한다. 이번에는 탁자 위에 있던 동전 무더기가 바닥으로 쏟아지면서 소란이 생긴다.

윌라는 월터의 팔 안으로 파고들어 숨는다.

예수	전부 이곳에서 치워라!
	내 아버지의 집을 시장통으로 만드는 것을 멈춰라! 이곳은 사람들이 기도하는 곳이다. 너희는 이를 강도의 소굴로 만들었구나.
	성전을 헐라! 내가 3일 만에 다시 세울 것이다.

아무도 움직이지 않는다. 두려움에 경직된 상인들.
어느 공간 한쪽에 있던 대제사장과 바리새인들에게 시선을 고정한다.
예수님과 제자들이 자리를 뜬다. 월터와 윌라도 그들 뒤를 따른다.
월터가 제자들 꽁무니를 따라가며 윌라와 대화한다.

월터	예수님께서 왜 저렇게 화나신 걸까?
	예수님은 이제 왕이신데…
	사람들이 예수님 말씀을 들어야 하는데…

대제사장이 예수님이 떠나자 손가락으로 가리키며.

대제사장	저놈이 성전을 얼마나 모욕했는지 보았는가? 보았냐고!

대제사장의 분노에 바리새인들은 어찌할 줄 몰라 한다.

제자들은 긴 탁자에 둘러앉아 있다. 디킨스와 월터도 한쪽 끝에 앉아 있다.

예수님이 어깨에 수건을 두르고 물이 찬 대야를 들고 들어온다. 그는 무릎을 꿇고 베드로의 발을 씻기기 시작한다.

놀란 듯, 베드로가 예수님 앞에 있던 자신의 발을 치운다.

베드로   안 됩니다. 주님, 선생이시여.
                제가 당신의 발을 씻겨드려야 합니다.

예수   내가 너의 발을 씻지 못하게 막는다면, 너와 나는
                아는 사이가 아니게 될 것이다.

베드로가 다시 발을 내밀고 예수님은 베드로의 발을 씻는다.
다른 제자들은 예수님의 모습을 엄숙하게 바라본다.

예수(CONT'D)   이제 내가 너희의 주와 선생이 되어 너희 발을 씻
                겼으니 너희도 서로의 발을 씻겨주거라.

디졸브 되면서, 예수님은 제자들의 발을 돌아가며 씻기기 시작한다. 제자들은 엄숙한 분위기로 차례차례 예수님 앞으로 나아와 발을 내민다.

66

INT. 디킨스 집 서재 - 밤

디킨스는 차가 차려진 자리에서 냅킨을 꺼내 찻주전자에서 따뜻한 물을 부어 월터의 발을 닦는다. 월터가 킥킥댄다.

월터   간지러워요!

디킨스   예수님께선 제자들의 발을 씻어주면서 그들을 얼마나 사랑하는지를 보여주셨어. (그리고 나서) 왕도 이런 식으로 기꺼이 자신의 사람들을 섬길 수 있다는 것을 말이야.

월터는 디킨스를 향해 미소 짓는다.
옆에서 구경하던 월라도 냉큼 앞발을 디킨스에게 내민다. 그 모습을 바라보고 웃음 짓는 캐서린.

INT. 마가의 다락방 - 저녁

최후의 만찬.
제자들은 콩 스튜, 양고기, 올리브, 대추, 씁쓸한 허브들, 피시소스, 말린 무화과, 말린 대추야자나무 열매, 그리고 무교병이 가득 쌓인 탁자 앞에 앉는다.

예수님은 음식 나르는 것을 돕는다. 그는 바구니에서 빵 한 덩이를 들어 제자들에게 건넨다. 월터는 조심스럽게 다가와 제자들 사이에 자리를 잡는다.

예수   먹으라, 이것은 내 몸이니라. 그리고 매 순간 나를
          기념(기억)하라.

예수님은 빵의 작은 조각을 뜯은 후 베드로에게 빵 덩이를 건넨다.
베드로 또한 똑같이 하고, 빵 덩어리는 모두에게 돌아가 마지막으로 월
터와 각자의 몫을 가진다. 예수님이 컵에 포도주를 따르고 모두가 이를
지켜본다. 그리고 이어서…

예수(CONT'D) 모두 너희를 위한 것이니 마시라. 이것은 내 피다.
          이 잔은 내 피로 세우는 새 언약이니 죄악의 사함
          을 위하여 부어라.

예수님은 컵에 든 포도주를 마신다. 그리고 포도주 또한 빵과 같이 제
자들에게 건넨다. 월터도 자신의 잔을 받는다.
예수님은 테이블 앞에서 제자들이 고민하는 듯 침묵하며 먹는 모습을
바라본다. 그리고…

예수(CONT'D) 내가 진실로 말하니, 나와 식사하는 너희 중 하나
          가 나를 배신할 것이다.

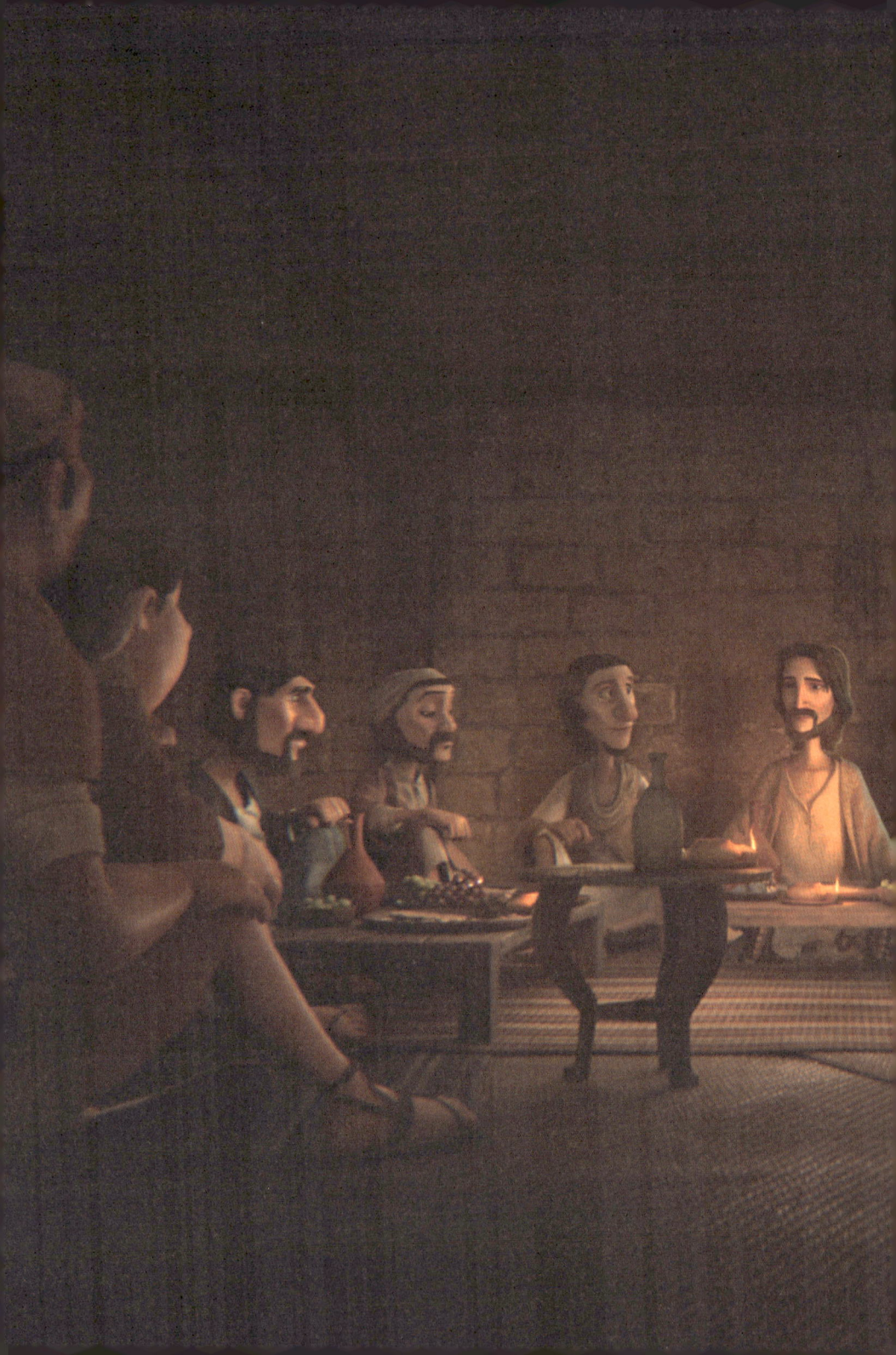

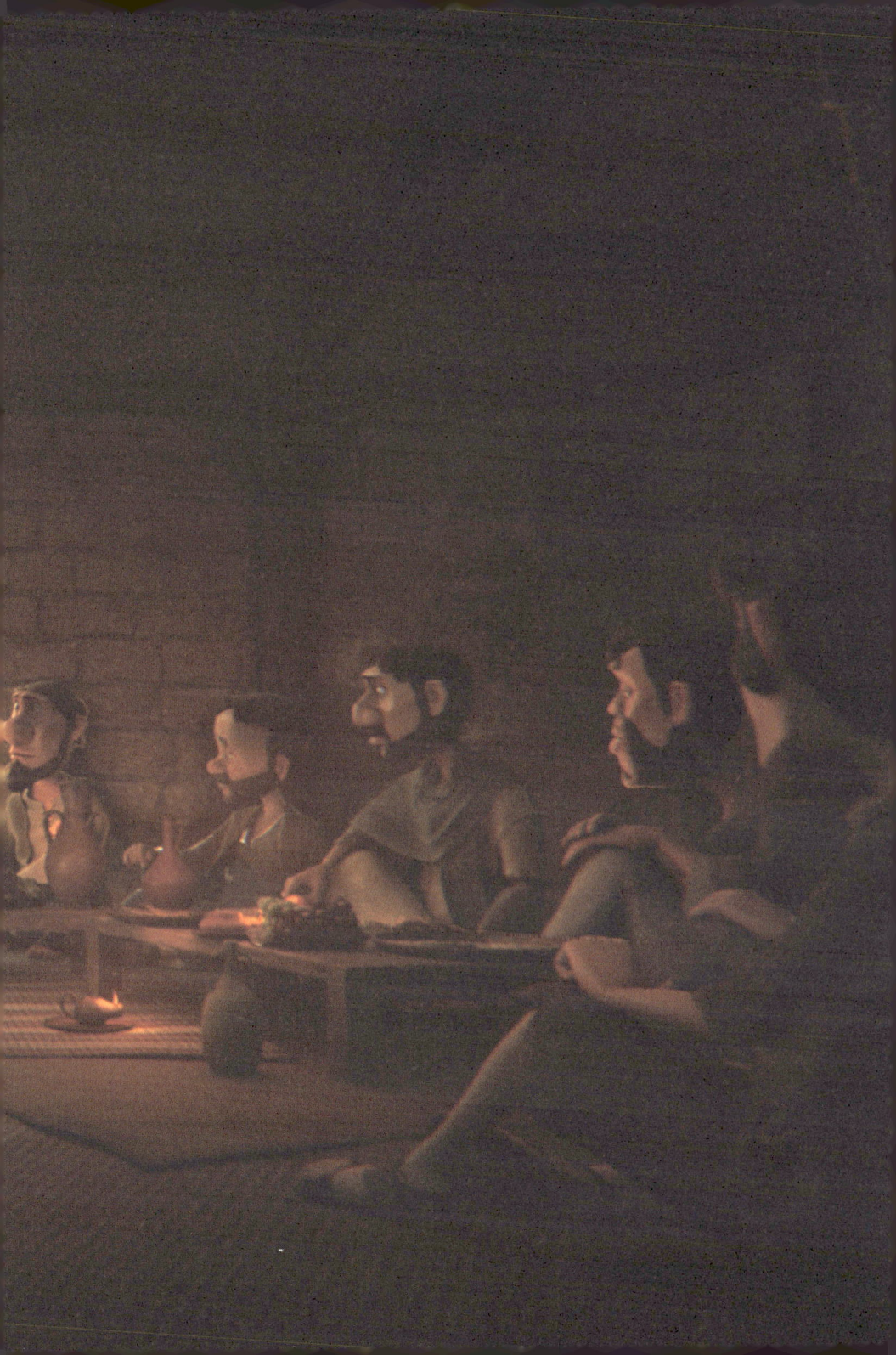

베드로	(요한에게 속삭이며) 주님이 뭐라고 하신 거야?
요한	(예수님에게 속삭이며) 예수님, 그자가 누구입니까?
예수	(요한에게 속삭이며) 너희 12명 중, 내가 빵을 적셔 주는 사람이 그 사람이다.

예수님은 약간의 빵을 포도주에 찍는다. 조금 뒤, 예수님이 그 빵을 유다에게 건넨다. 다른 제자들이 전부 그를 바라본다.

예수(CONT'D)	네가 하려는 일을 어서 하거라.

유다는 그의 손에 들린 빵을 힐끗 본다. 그리고 죄책감에 사로잡힌 듯 예수님을 올려다본다. 그는 빵을 바닥에 떨어트리고 급히 방을 나간다. 베드로가 자신의 자리에서 일어선다.

베드로	주여! 그 누구든 당신을 버리더라도 저는 절대로 당신을 떠나지 않겠습니다.
예수	(베드로에게) 진실로 너에게 말한다. 아침 수탉이 울기 전 너는 나를 세 번 부인할 것이다.
베드로	주여, 아닙니다. 그런 일은 절대로 일어나지 않습니다!
예수	시몬아, 시몬아, 보아라. 사탄이 너희의 영혼마저 데려갈 것이나, 믿음이

사라지지 않게 너를 위해 기도했다. 너는 후에 이
일을 기억할 때 네 형제들과 관계를 더욱 돈독히
하라.

모두들 예수님의 말씀에 어리둥절한 표정이다.

68 ✦   INT. 산헤드린 공회실 - 밤

가죽으로 된 동전 주머니가 바닥에 떨어지자, 서른 개의 번쩍이는 은화
가 바닥으로 산산이 흩어진다. 그중 몇 개는 유다의 곁으로 천천히 굴
러가 멈춘다.

대제사장   은 30냥일세. 자네가 앞으로 할 일에 대한 값이지.

제사장이 거만하게 유다를 내려다보며 미소 짓는다.
유다는 공회실 바닥에 엎드려 은 30냥을 집어 든다. 동전을 줍다가 대
제사장을 향해 고개를 든다.
바리새인들은 근처에 서서 유다의 굴욕을 즐긴다.

69 ✦   EXT. 겟세마네 입구 - 밤

예수님은 베드로, 야고보, 요한을 데리고 산을 오른다.
예수님은 갑자기 멈추고 제자들 쪽으로 몸을 돌린다.

예수   내가 너무 고민되어 죽을 것 같으니, 너희는 이곳
              에서 머무르며 기다려라.

베드로, 야고보, 그리고 요한이 끄덕인다. 예수님은 그들을 뒤에 남겨
두고 마저 산을 오른다.

70 ✦   EXT. 겟세마네 숲 안 - 밤

밝은 달밤, 하늘을 가로지르는 별똥별.
고요함이 가득 찬 짙은 숲속, 힘겹게 발을 내디디며 예수님은 혼자 걸
어간다. 한 손을 벽에 짚고 휘청이며 온 힘을 다해 기도할 때 그의 이마
에서 땀방울이 흘러나와 눈물과 섞여 바닥을 적신다.

디킨스(V.O.)   예수님은 그날 밤, 어느 때보다 격렬하게 기도하
              셨어.

예수	하나님 아버지! 아버지께서는 뭐든 가능하시니 이 잔을 내게서 옮겨주소서.
	(그러고 나서) 그러나 제 소원대로 하지 마시고, 아버지가 원하시는 대로 하소서.

월터와 윌라는 멀리 나무 뒤에서 그 모습을 지켜보고 있다.

71 ✦   INT. 디킨스 집 서재 - 밤

월터	왜 예수님께서 기도를 저렇게 하시는 거예요?
디킨스	왜냐하면 예수님께선 꽤나 큰 희생을 하셔야 한다는 것을 알고 계셨거든.
월터	희생이요? 하지만, 왜요?

디킨스는 잠시 생각하더니 좋은 생각이 떠올랐다는 듯…

디킨스	예수님께선 우리의 죄 때문에 죽어야만 한다는 것을 알고 계셨어.
월터	죽는다고요? 이해가 안 되는데요.

책장으로 다가가 무언가를 찾는 디킨스를 바라보는 월터.

디킨스가 엉뚱한 책장을 계속 살펴보지만 원하는 책이 보이지 않아 난감해한다.
이때, 올바른 책장을 가리키며 알려주는 캐서린.

캐서린   이 책을 찾고 있는 거죠?

디킨스   그래, 그거! 고마워, 여보.

디킨스가 사다리를 타고 올라가 캐서린이 알려준 책장에서 책을 찾는다.
삽화가 그려진 큰 성경책이다. 그는 창세기를 펼쳐 월터에게 보여준다.

디킨스   자, 하나님께서 이 세상을 창조하셨을 때, 창조하신 모든 것들이 주님과 한평생을 보낼 수 있을 만큼 우리에게 아름답고 완벽한 것들이었어. 주님은 우리를 자신의 형상에 가까운 모습으로 만드셨고, 그렇게 해서 창조하신 게 아담과 이브지.

책 속의 아담과 이브가 에덴동산에서 행복하게 뛰어노는 동판화가 살아 움직이는 듯하다. 2D 삽화는 디킨스의 이어지는 말에 맞춰 움직인다.

디킨스(CONT'D)   하나님께선 아담과 이브가 즐기고 가꿀 수 있는 이 모든 세상을 주셨지. 하지만, 하나님은 그들에게 절대 하지 말아야 할 경고 한마디를 하셨단다. 만약 그들이 선악과를 먹는다면 죽을 운명이라고 말이야.

(이어서) 그러나 어느 날, 사탄이 구렁이(serpent)의 모습을 하고 와서…

월터 구렁이요?

디킨스 엄청 큰 뱀이야. 그리고 그 뱀은 아담과 이브에게 하나님의 규칙을 깨라고 말했어.

사탄 이것을 먹으면 너희가 하나님과 같아질 것이다. 결코 죽지 아니할 것이다.

디킨스(CONT'D) 그들은 선악과를 먹어버렸고, 하나님은 매우 슬퍼하셨단다. 그렇게 인간과 하나님의 관계가 무너지게 되었지.

책 속의 이미지들은 덤불 속에 숨어 있는 아담과 이브를 보여준다. 월터는 계속해서 책에 있는 이미지들을 손으로 훑어본다. 책 속에서 그들은 계속해서 디킨스의 말을 따라 춤을 춘다.

디킨스 그래서 지금의 우리도 하나님과 상관없이 살고 있는 것이지.

책 속의 이미지들은 강한 폭풍으로 아담과 이브를 동산에서 밀어내면서 더욱 불길해진다.

월터	오 안 돼! 너무 끔찍해요!
디킨스	그래, 그렇지! 왜냐하면 하나님과 분리되는 것은 삶으로부터 분리되는 것이기 때문이지. 하지만 하나님은 우리가 그렇게 되기를 원하지 않으셨어. 그래서 그 대가를 자신의 하나뿐인 아들에게 대신 감당하게 하신 거란다.
디킨스(CONT'D)	지금 예수님은 하나님과의 관계가 완전히 끊어진 바로 우리 같은 처지가 되는 걸 앞두고 계시거든. 그것이 얼마나 고통스럽고 괴로운 일인지 예수님은 너무나 잘 알고 계셨기에, 그토록 기도하신 거란다.
월터	세상에.. 예수님이 많이 슬프실 것 같아요.
디킨스	그래, 아들아. 그거란다.

72 ✦   EXT. 겟세마네 입구 - 밤

예수님이 기도 후 산을 내려온다. 그가 바위에 기대어 자고 있는 베드로, 야고보, 그리고 요한을 본다.

예수	잠에 빠져 있다니. 어째서 한 시간도 나와 함께 깨어 있을 수 없더냐?

베드로, 야고보, 그리고 요한은 깨어나 예수님을 본다. 그들은 금세 부끄러워진다.

베드로	선생님…
예수(CONT'D)	시험에 들지 않게 깨어 기도하라.
	영은 의지가 있지만 육체는 의지가 약하구나.

예수님 뒤로 윌터와 윌라가 조심스럽게 다가와 바라본다.
베드로, 야고보, 그리고 요한이 돌아가며 쳐다본다. 예수님이 시선을 더 멀리 둔다.

예수(CONT'D)	일어나라. 시간이 되었다.
	나를 배신한 자가 여기 오고 있단다.

베드로, 야고보, 그리고 요한이 다시 예수님을 쳐다보며 혼란스러워한다.

언덕 아래

열두 개의 횃불로부터 깜빡거리는 빛이 보인다. 유다와 병사 여럿이 함께 온다. 그들이 가까이 오자 병사들이 칼과 곤봉을 차고 있는 것이 보인다.

예수님은 바닥에 서서 그들이 올 때까지 기다리고, 그들은 예수 쪽으로 빠르게 움직인다. 그러곤 몇 피트 거리에서 멈춰 선다.

야고보   베드로?

유다가 병사들 쪽으로 몸을 돌린다.

유다   (병사 1에게 속삭이며) 내가 볼에 입 맞추는 자가 예
             수입니다.

제자들은 예수님 주변으로 다가와 무슨 일이 벌어지는 것인지 보고 반응한다.
예수님은 유다가 다가와 자신의 볼에 키스하는 것을 지켜본다.
제자들은 그의 배신에 고개를 젓는다. 예수님은 유다에게서 시선을 떼지 않는다. 그렇지만 그의 눈에는 애정이 담겨 있다. 유다는 이 상황에 대해 어떻게 반응해야 할지 알지 못한다. 그는 병사가 예수님을 잡으려 검을 휘두르자 두려움에 몸을 떤다.
제자들은 놀라서 제지하려 한다.

베드로   무슨 짓이야!
요한   안 돼!
야고보   멈춰!

베드로와 요한이 병사를 막고 예수님을 몸으로 보호하기 위해 뛰어든다. 병사가 요한이랑 실랑이하는 동안 말고가 살금살금 다가오고, 베드로가 달려나가 말고와 몸싸움을 한다.

월터도 예수님을 보호하기 위에 앞으로 나서지만 예수님이 팔로 월터를 막는다. 예수님이 월터를 안심시키듯 내려다본다.

베드로가 말고의 빼앗은 검을 들어 올린다. 검의 빛이 번쩍이자 말고가 소리를 지르며 자신의 오른쪽 귀를 쥐고 바닥으로 뒹군다.

말고　　　　　으아악!! 내 귀…!!

베드로가 말고 앞에 서서 칼로 그를 내리치려고 한다. 예수님이 그에게 말을 하자 멈추는 베드로.

예수　　　　　(베드로에게) 칼을 내려놓아라!

베드로를 응시하는 예수님.

예수(CONT'D)　　　칼을 쓰는 자들은 칼로 망하게 되어 있다.

동의하듯 끄덕이는 월터.

검을 놓는 베드로.

예수(CONT'D)　　　내가 하나님 아버지께 천사를 보내 도와달라고 기도할 수 없는 줄 아느냐!

(이어서) 그래서 어떻게 주님을 찬양하겠느냐? 어떻게 예언대로 이뤄지겠느냐?

예수님이 말고의 귀를 들어 그의 머리 한쪽에 댄다. 밝은 빛이 반짝이자 예수님이 말고의 귀를 다시 회복시킨다.
월터와 병사들은 자신들이 본 것에 대해 믿지 못한다.
예수님은 병사 1을 향해 몸을 돌린다.

예수(CONT'D)　　내가 반역이라도 해서 무기를 들고 잡으러 왔느냐? 내가 날마다 성전에서 사람들을 가르쳤지만 그때는 나를 잡지 않았다. 그러나 지금은 나를 막을 수 있다 생각하는구나. 하지만 이것조차 예언대로 이뤄지게 도울 것이다.

병사들이 머뭇거리는 것을 보고 대장이 앞으로 나온다.

유대 병사 1　　이곳에 죄 없는 사람은 없다! 전부 체포해!

예수(V.O.)　　너희가 나를 찾고 있었다면, 내 제자들은 보내주어라.

유대 병사 1　　(예수의 말을 듣더니 잠시 주저하다) 우린 저자만 필요하다! 데려가!

유대 병사들은 예수님을 잡는다. 말고는 병사들을 쫓지 않고 그 자리에서 한쪽 귀를 붙잡고 그들을 뒤돌아본다.

예수님이 끌려가자 겁먹은 제자들은 비겁하게 도망친다.

예수님은 유다에 대해 역시 자신이 예상했던 대로라는 듯 슬프게 유다를 바라본다.

유다는 이것이 전부 자신의 잘못임을 깨닫게 된다.

예수님이 끌려가는 모습 뒤로 월터가 다급히 따라온다. 안타까운 표정으로 바라보지만 자신이 할 수 있는 것이 아무것도 없다는 사실에 가슴만 졸인다.

73 ✦   EXT. 가야바 집 앞마당 - 밤

횃불을 든 인파들이 몰려 있다.

월터는 군중과는 반대 방향으로 뛰어올라간다.

월터는 군중 앞으로 왔고, 손이 묶여 대제사장 앞에 서 있는 예수님을 본다.

바리새인들은 가까이 서서 지켜보고 있을 뿐이다.

윌라가 디킨스의 팔에서 뛰어나와 월터의 몸을 타고 올라가 그의 어깨에 자리 잡는다.

군중들 뒤에서 하인들이 이 상황을 지켜보고 있다.

이것이 대제사장이 내내 계획해온 순간이다. 그는 지금 군중들에게 연설하면서 마구 손을 흔들어 대며 기뻐하고 있다.

대제사장   이 사람이 저지른 죄를 말하라!

마을 사람 1(증인)   저자는 세금 징수원들과 죄인들과 어울렸습니다.

마을 사람 1이 마을 사람 2를 쿡 찌른다.

마을 사람 2(증인)   그는 쉬어야 하는 안식일에도 병자들을 치료했습니다.

그들 사이에 서 있는 베드로.
베드로는 머리부터 천을 뒤집어쓰고 대제사장을 볼 수 있는 자리를 잡으려고 다투고 있다.

마을 사람 3(증인)   천한 목수 출신이 감히 하나님의 말씀을 가르치려 했습니다!

월터는 괴로워한다. 그는 군중에게 돌아간다. 어떤 이들은 이 증언들이 나온 후에도 여전히 예수님을 외면하지 못하고 있다.

마을 사람 1   하나님의 성전을 파괴하면 혼자 3일 만에 지을 수 있다고 말했습니다!

군중이 헉하고 소스라친다.

대제사장   (예수님을 향해) 이게 사실인가?

예수님은 대답을 하지 않는다.

대제사장(CONT'D) 네가 하나님의 아들, 그리스도라 했다던데. 우리
                 앞에서 다시 말해보아라.

모두들 예수님의 반응을 살피고-

예수   네가 말한 그대로다. 너희에게 다시 말하니,
                 후에 내가 주의 오른쪽에 앉아 구름을 타고 내려오
                 는 것을 볼 것이다.

대제사장은 이에 놀란다. 그의 좌절감은 증가한다. 대제사장이 군중 앞
으로 걸어가며 분노로 자기 겉옷을 찢는다.

대제사장   이건 신성모독일세! 기가 막히는군!
바리새인들   기가 막히는군…
대제사장   무슨 증인이 더 필요한가? 이자가 말한 것은 사형
                 에 해당한다! 사형!
힐렐   그래!! 그래!! 사형!!! 그래!!

| 월터 | 하지만 예수님은 아무 잘못도 없는걸요! |

군중은 그의 뒤를 따라가고 곧 그들은 광란의 도가니에 빠진다.

| 군중 | 그래! / 이건 말도 안 돼! / 사형!!! |

군중이 계속 소리치자 마을 사람들 중 한 명이 베드로를 알아본다.

| 마을 사람 3 | 자네, 예수의 제자 중 한 사람이 아닌가? |
| 베드로 | 아… 아닙니다! 나는 아니에요! |

마을 사람 3이 베드로를 더 자세히 살펴본다.

마을 사람 3	맞잖아! 여러분, 여기 예수의 제자가 있어요!
베드로	틀렸어요! 아니에요! 난 그 사람을 모른단 말이오!!
마을 사람 3	거짓말이야! 그는 저 사람을 알아요!

베드로는 도망가고, 마을 사람들은 군중 속에서 그를 잃는다.
베드로가 안도의 한숨을 내쉬다 고개를 들어 예수님께서 줄곧 자기를
지켜보는 것을 본다. 예수님의 얼굴을 볼 때마다 항상 베드로에게 지었
던 것과 같은 따뜻한 표정이다.
베드로는 예수님을 사과하듯이 바라보며, 월터와 디킨스를 지나쳐서
뛰어간다.

베드로는 모닥불의 깜박이는 불빛을 따라가다가 차가운 아침 공기 속에서 몸을 따뜻하게 하려는 여러 하녀들을 발견한다.

베드로는 다가가서 불을 쬔다. 그는 하룻밤을 달린 후 처음으로 느긋해졌다.

하녀들이 흘끗 훑어보고는 즉시 그를 알아본다.

하녀 1   당신, 예수와 함께 다니는 사람이잖아요.

베드로   (한 박자 쉬고, 당황한) 아니요! 난 그가 누구인지도 몰라요!

베드로는 허둥지둥 일어서서 뛰어간다. 그리고 달린다.

그는 멀리서 닭의 울음소리를 듣는다.

예수(V.O.)   …아침 수탉이 울기 전 너는 나를 세 번 부인할 것이다.

베드로가 무릎을 꿇자 눈물이 볼을 타고 흘러내린다.

베드로   오, 안 돼, 안 돼, 안 돼… 내가 무슨 짓을 한 거지?

월터는 조심스럽게 베드로의 곁으로 다가가 위로한다.

바리새인들과 대제사장이 예수님을 처형할 궁리를 하며 왔다 갔다
한다.

힐렐   내가 생각한 것보다 훨씬 잘 풀리고 있어.

마하리엘   곧 모든 것이 정상으로 돌아갈 거야.

엘리아잘   예수를 죽이고 나면 다시 자비로운 하나님의 말씀
             을 퍼트릴 수 있겠군.

유다가 들어와 그들의 발 앞에 무릎을 꿇는다. 그는 제물로 받은 은화
서른 개가 든 자루를 그들에게 돌려준다.

유다   이걸… 어서 가져가시오. 뭐든 더 이상 원치 않소.
             나는 돈 때문에 죄 없는 분을 팔아버렸어… 더 이
             상 살아 있을 가치가 없소!

대제사장이 걸어가 버린다.

대제사장   더 이상 나와 상관없는 일일세! 자네 죄는 자네가
             책임지도록 하게!

유다는 두려움에 떨고 있다.

땅 위로 은화 서른 개가 담긴 주머니가 떨어지며 동전이 나뒹군다. 굴러가던 동전 하나가 어느 그림자 앞에서 멈춘다. 매달린 모습의 유다 그림자는 미동이 없다.

예수님은 무릎 꿇은 상태로 손과 발이 묶인 채 로마 병사들에게 둘러싸여 있다.
로마 병사들이 손잡이가 동물 뼈로 만들어진 아홉 가닥짜리 채찍을 잡고 다가온다.

월터(V.O.)　　　그만하세요! 해치지 마세요!

음익이 흘리나오고 채찍질 소리가 압도한다.

디킨스(V.O.)　　　이게 바로 예수님이 줄곧 지니고 있던 두려움이었
　　　　　　　　단다. 그래서 예수님이 그렇게 열심히 기도하신 거
　　　　　　　　야. 우리를 대신해 고통을 당하려 했으니까.

그들은 가시로 만든 왕관을 그의 머리에 씌우고는 뒤로 물러서서 웃는다.

로마 병사 1   (조롱하듯) 자, 이걸 주마. 왕인데 왕관도 있어야지.
로마 병사 2   그럼 망토도 있어야지!

로마 군인들은 간신히 의식이 남아 있는 예수님을 조롱하듯 보라색 예복을 입힌다.

로마 병사 1   유대인의 왕! 평화가 깃들기를!

월터(V.O.)   우리가 도울 수는 없나요?
디킨스(V.O.)   응. 그런데 네가 생각하는 방식은 아니야.

로마 병사들의 웃음이 메아리가 되어…

78 ✦   **EXT. 빌라도 법정 - 낮**

안뜰에는 그날의 법정 재판을 기다리는 마을 사람들로 가득하다.
안뜰이 내려다보이는 발코니에서 대제사장과 바리새인들은 절차를 감독하기 위해 열심히 기다린다.

흐트러진 옷차림의 지방관 본디오 빌라도는 발코니로 올라선다.

대제사장   총독, 기다렸습니다.

이 둘 사이에는 역사가 있다.

본디오 빌라도   그래, 오늘 진행할 재판이 뭐지?

그는 서판을 훑어본다. 반응한다.

본디오 빌라도   오, 이런.
(CONT'D)
                (그리고) 채찍질을 충분히 한 것 같은데, 좀 가볍게
                시작해도 되지 않는가?

대제사장은 유쾌한 기분이 아니다.

본디오 빌라도   알았네. 계속하지.
(CONT'D)

본디오 빌라도가 신호를 보내자 곧 몇 명의 병사들이 예수님을 마당으로 끌고 간다.
군중은 조롱하고 비난한다.

군중   유죄다! / 거짓말한다! / 거짓말쟁이!

본디오 빌라도는 대제사장에게 눈을 돌린다.

본디오 빌라도   너희가 무슨 죄로 이자를 고발하느냐?

대제사장은 군중을 선동한다.

대제사장   이자는 본인을 그리스도로 믿게 백성들을 유혹했
              소! 자신을 신의 하나뿐인 아들이라고 말일세!

군중들은 야유한다.

대제사장(CONT'D) 유대인의 위대한 왕이라고 말일세!

추가로 야유.

대제사장(CONT'D) 이자는 로마 황제께 세금 바치는 것도 막았소!
본디오 빌라도   "유대인의 왕."

본디오 빌라도는 예수님과 개인적으로 이야기하기 위해 발코니 너머
로 몸을 구부린다.

본디오 빌라도   네가 유대인의 왕이냐?

본디오 빌라도는 그를 보며 "아니오, 라고만 말하면 모두 집에 갈 수 있어"라고 말하듯 쳐다본다.

예수　　　　네가 말한 대로다.

이 정도면 충분하다.

본디오 빌라도　　나는 이자에게 무슨 죄가 있는지 찾지 못했다. 다음 재판으로 넘어가지.
　　　　　(군사들에게) 그를 데려가서 법대로 처리해라. 그 이상도 이하도 말고. 데려가라.

본디오 빌라도가 그의 서판을 훑어보며 다음 안건으로 넘어갈 준비를 하고 있는 와중 군중은 투덜거린다.
대제사장은 아직 끝나지 않았다.

대제사장　　　우리에겐 이자를 죽일 권한이 없소.
　　　　　(더 크게, 군중에게) 그러나 이자는 십자가에 못 박혀야 하네!
군중　　　　못 박아라! / 십자가에 못 박아라!

본디오 빌라도는 고개를 가로젓는다. 그는 스스로 군중을 설득하려고 한다.

본디오 빌라도	내가 그렇게 판결하길 원하는가?
	정말로 자네들의 왕을 십자가에 못 박으라고?
대제사장	(군중에게) 우리에겐 카이사르(로마 황제) 외에 다른 왕은 없소!

군중이 동의의 환호를 한다.

| 군중 | 못 박아라! / 그를 십자가에 못 박아! |

군중들의 외침이 점점 커지자 대제사장은 본디오 빌라도에게 미소를 짓는다.
본디오 빌라도는 마지막 카드가 있다. 그는 몸을 구부리고 군사 한 명에게 속삭인다.
잠시 후, 병사는 사악한 시선을 가진 크고 흐트러진 살인마 바라바와 함께 돌아온다.

| 본디오 빌라도 | 알다시피, 유월절 기간 동안 유대 총독은 가장 많은 환호를 받은 죄수의 사형선고를 거두는 것이 관습이다. |

군중들은 이것을 고려한다.

본디오 빌라도
(CONT'D)
자, 그럼 누구를 풀어줄까? 살인자 바라바? 아님 메시아라고 불리는 예수?

군중은 침묵한다. 본디오 빌라도는 대제사장에게 미소를 짓는다.
그러고는, 대제사장은 마을 사람 1에게 고개를 끄덕인다.

마을 사람 1
바라바를 풀어줘라! 예수를 못 박아라!

모든 사람들이 고함을 외칠 때까지 들불처럼 군중 전체로 번져 나간다.

월터
(간절하게) 안 돼요! 예수님을 풀어주세요! 안 돼!

사람들이 계속해서 외치자 월터의 목소리는 거의 안 들린다-

군중
바라바를 풀어줘라! / 예수를 못 박아라!

바라바도 이에 놀란다.
대세사장이 본디오 빌라도를 비웃는다.

본디오 빌라도
원하는 대로. 그를 데려가 십자가에 못 박으라.

군사들이 예수님을 끌고 갈 때 군중은 환호한다. 그들은 바라바를 군중 속으로 환영한다.

본디오 빌라도는 근처의 대야로 몸을 돌려 그 안에 손을 씻는다.

본디오 빌라도   나는 이 재판에서 손 떼겠네. 이자가 흘린 피에 대
(CONT'D)   해 나는 결백하오.

본디오 빌라도는 손에 물기를 털어 제거하고 발코니를 나간다.

79 ✦   **EXT. 골고다 언덕 - 낮**

앞장선 로마 병사들은 십자가를 든 예수님을 구경하러 몰려든 군중들
을 쫓아내며 길을 트고 있다.
예수님은 한 발 두 발 고통스러움 속에 천천히 언덕 위로 십자가를 끌
고 올라가면서 타박상에 움찔하며 비틀거린다.
군중은 야유하고 비난한다. 예수님은 땅에 쓰러진다.

월터는 그 모습을 보고 다급히 그릇에 물을 담아 달려온다. 물그릇을
건네려는 순간 발이 걸려 넘어지며 물이 바닥에 쏟아져버린다. 월터는
절망하지만 쓰러져 있던 예수님은 오히려 위로하는 듯한 따스한 표정
으로 월터를 쳐다본다.
병사들은 그를 걷어차며 강제로 다시 일으켜 세운다. 그는 무거운 십자
가를 어깨에 메고 천천히 오르막길을 걷는다.

평화로운 하늘이 뒤따를 비극에 으르렁거린다. 두 도둑 제스타스와 디스마스가 십자가에 못 박히며 고통의 비명을 지른다.

갑자기 세 번째 십자가가 땅에 쾅 넘어진다.

병사는 예수님의 손과 발을 십자가에 묶는다. 그러더니 망치를 꺼내 높이 들고, 못 박을 준비를 한다.

못 박는 소리가 야산에 울려 퍼진다. 예수님의 어머니 마리아, 살로메, 그리고 막달라 마리아가 고개를 돌려 눈물을 참는다.

월터는 참지 못하고 윌라를 껴안으며 얼굴을 가린다.

월터   안 돼!

병사들이 예수님의 십자가를 제자리에 놓으려고 하는데, 병사 1이 그들을 저지한다.

로마 병사 1   잠깐만, 한 가지 더.

그는 예수님의 머리 위 십자가에 뭔가를 박는다. 병사들이 웃는다.

이제 예수님의 머리 위에 놓인 죄패가 히브리어, 로마어, 헬라어로 "유대인의 왕"이라고 쓰여 있는 것을 본다.

로마 병사 1   하! 나사렛의 예수여, '유대인의 왕'이로군!

그들은 세 개의 십자가를 제자리에 올린다. 두 도둑 사이의 구멍에 예수님의 십자가가 철커덕할 때 군중들은 환호한다.

그 모습을 보고 예수님의 어머니 마리아는 쓰러지듯 주저앉으며 흐느낀다.

병사들이 웃는다.

월터의 눈에 눈물이 고여 있다.

병사 1은 예수님의 옷 더미를 뒤적거린다.

로마 병사 1   좋아, 이자의 옷을 가질 사람 있는가?

그들은 모두 손을 든다.

로마 병사 1   알겠다. 우리가 제비를 뽑아주도록 하지.
(CONT'D)

그러는 동안, 군중은 소란스러워지고 있다.

야유꾼 1   (예수님을 향해) 하하! 어이, 예수여! 성전을 헐고
(예루살렘인 5)   3일 만에 짓는다고 하더니!

야유꾼 2   만약 네가 진짜 하나님의 아들이라면 십자가에서
(예루살렘인 8)   내려와 보시지, 그러면 우리가 믿어주겠다!

대제사장이 군중을 사로잡기 위해 나선다.

대제사장	위대한 왕 중의 왕이여. 그가 남은 잘도 구원하더니 자신은 구원하지 못하는구나.

말을 마친 대제사장은 골고다 언덕을 내려가고, 그 말을 들은 모두가 웃는다. 예수님은 천국을 향해 바라본다.

예수	아버지, 저들을 용서해주세요. 자신들이 무엇을 하고 있는지 모릅니다.

예수님의 양쪽에 있는 강도들이 말한다.

제스타스	만약 네가 진짜 하나님의 아들이라면 당신 자신부터 구원해봐라. 그리고 우리도 구원해보시지!
디스마스	이 사람을 내버려두게! 잘못한 것이 없는데도 우리와 같이 벌을 받고 있어.
제스타스	그는 사기꾼이야. 우리처럼 벌 받는 게 마땅해.
디스마스	예수님, 예수님 나라에 올라가실 때 저를 기억해주세요.
예수	내가 진실로 너에게 이르노니, 오늘 네가 나와 함께 낙원에 있으리라.

갑자기 하늘이 어두워지고 바람이 잦아든다.

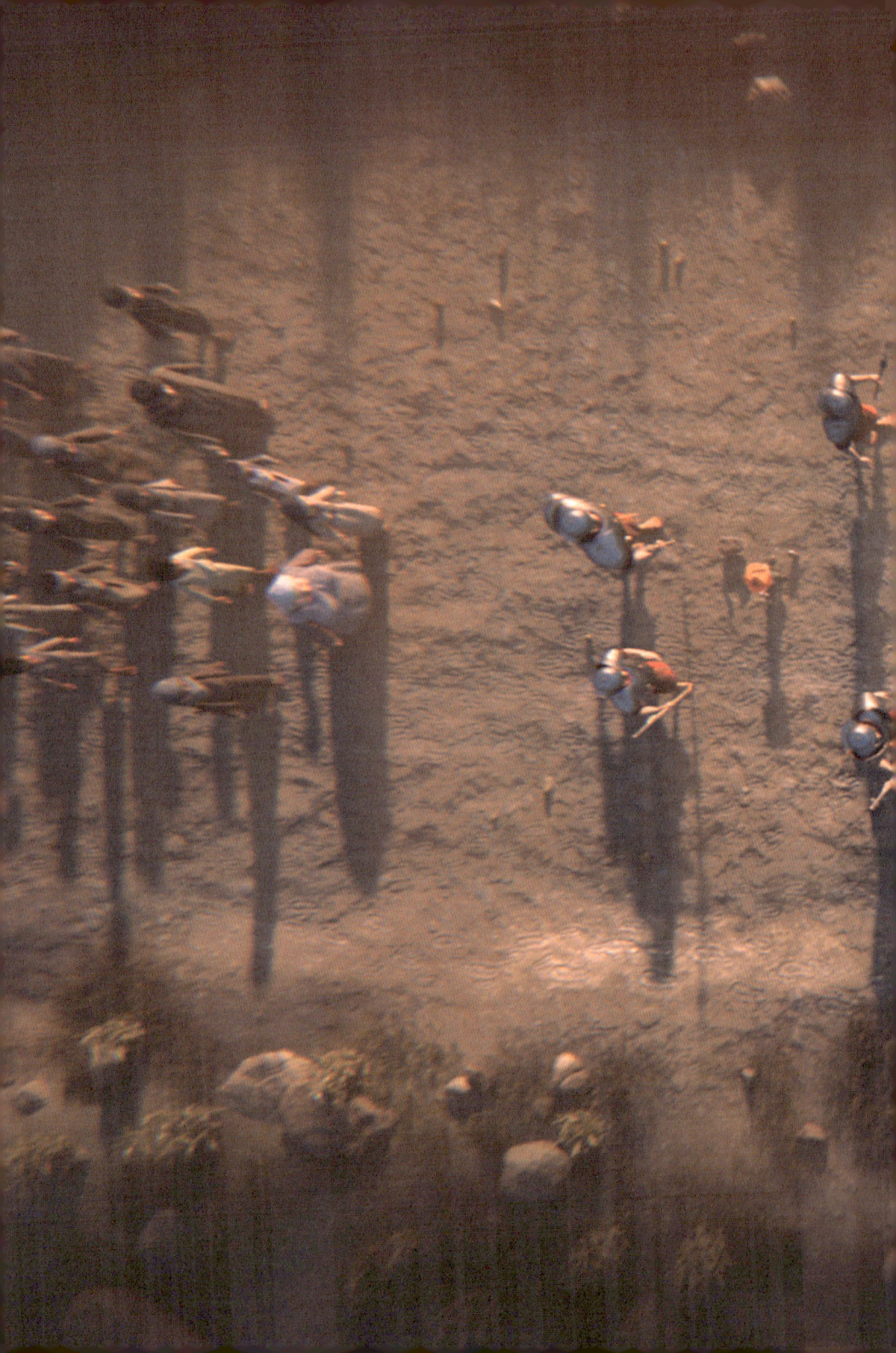

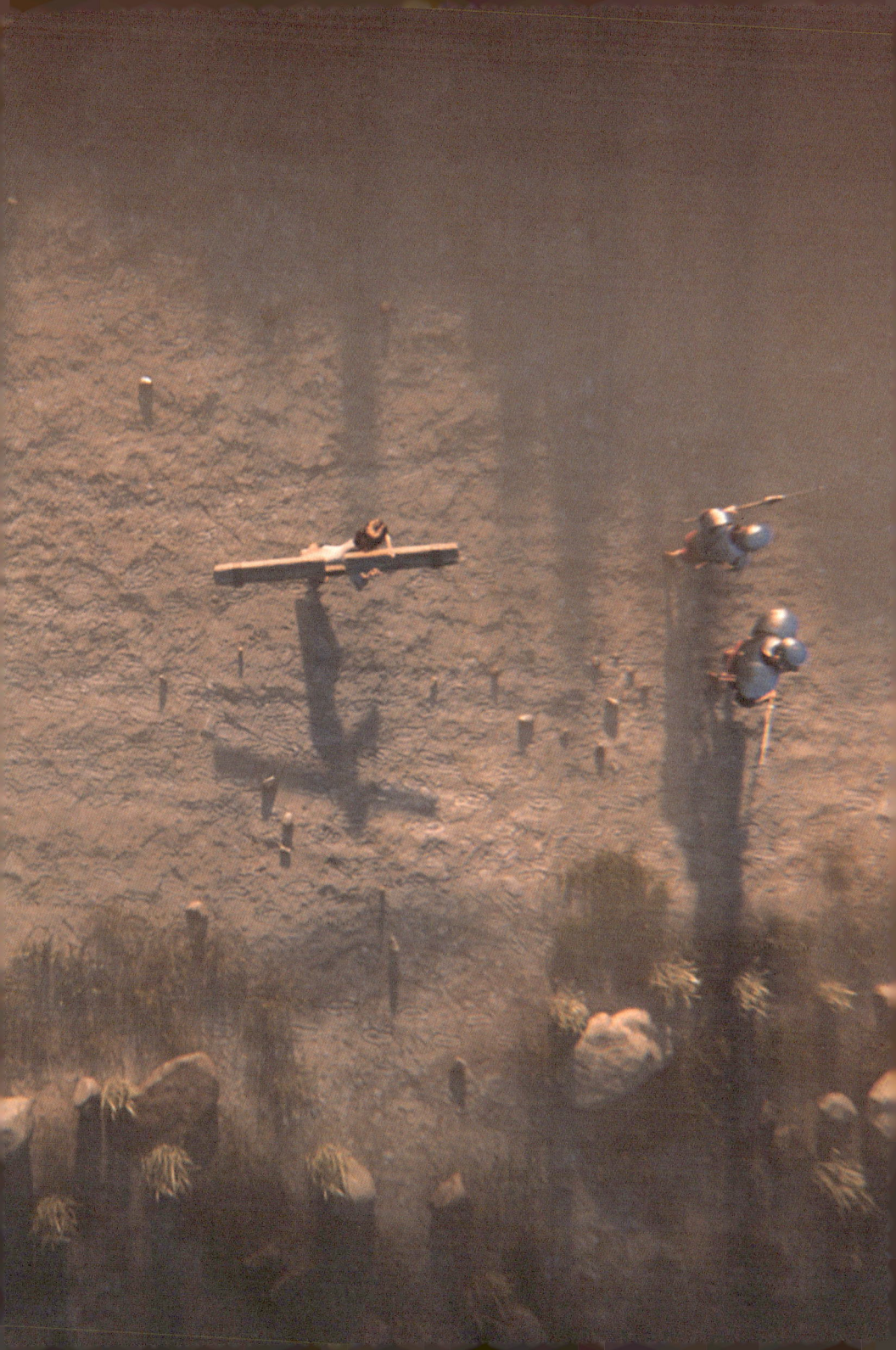

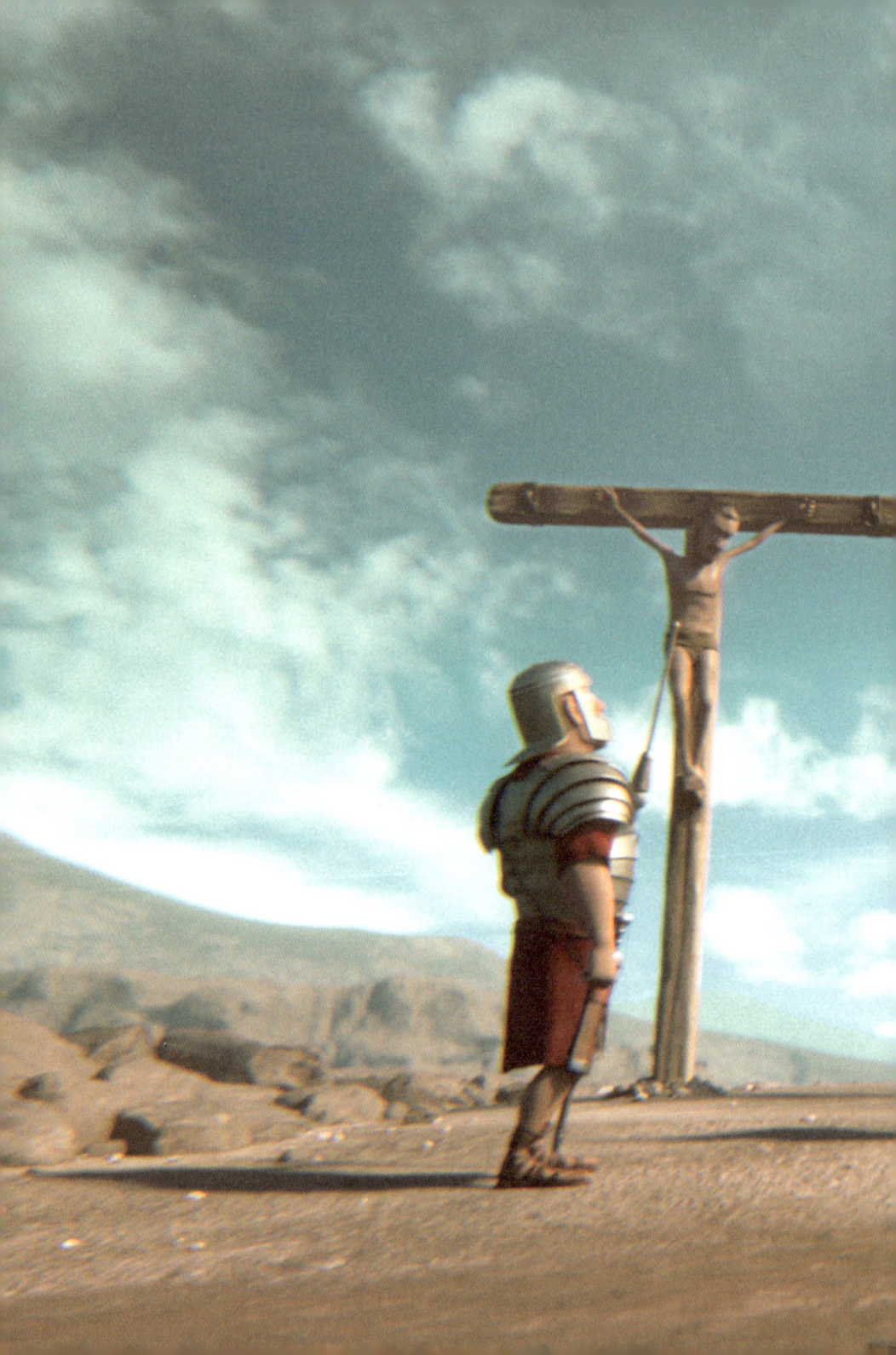

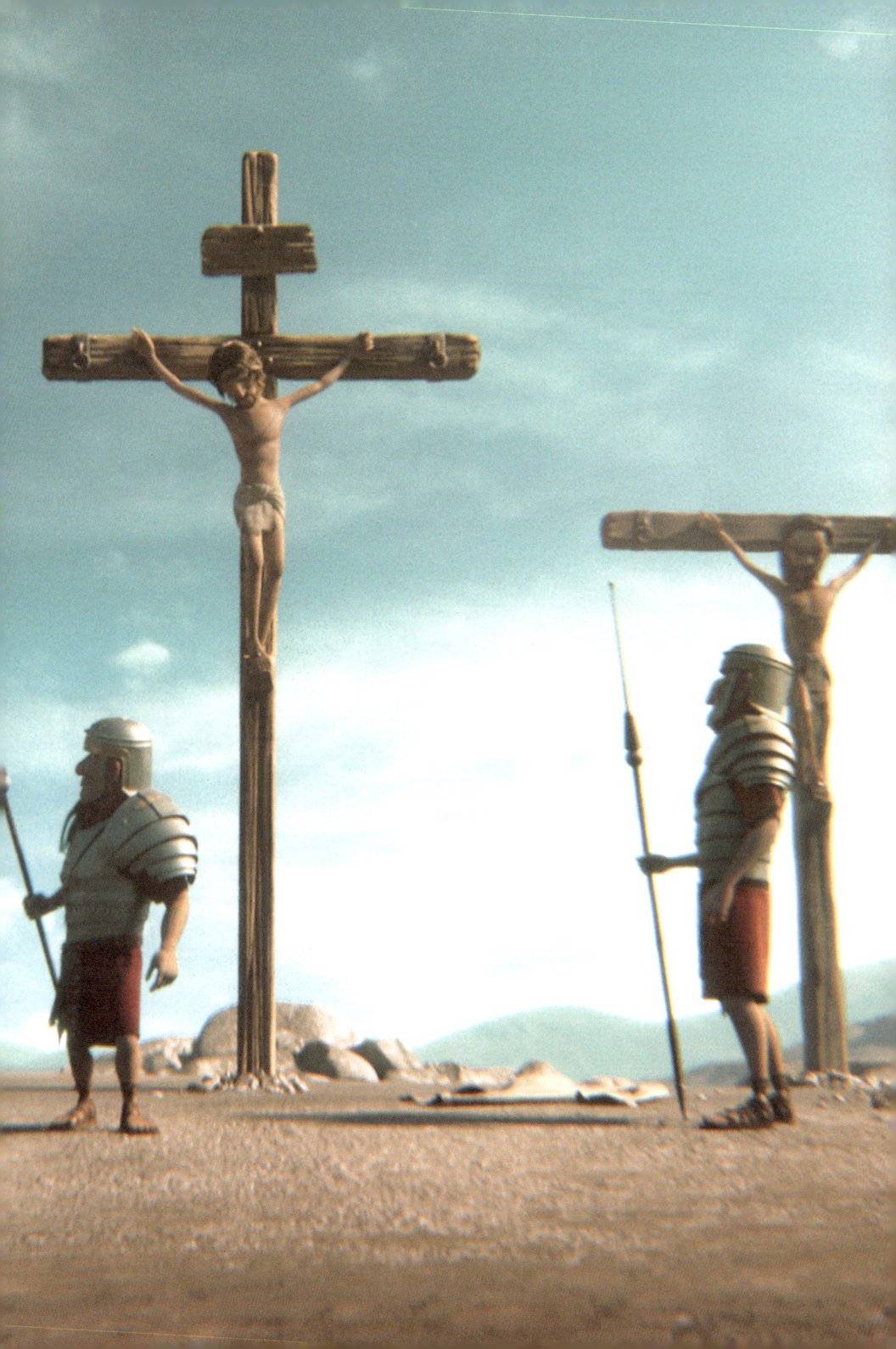

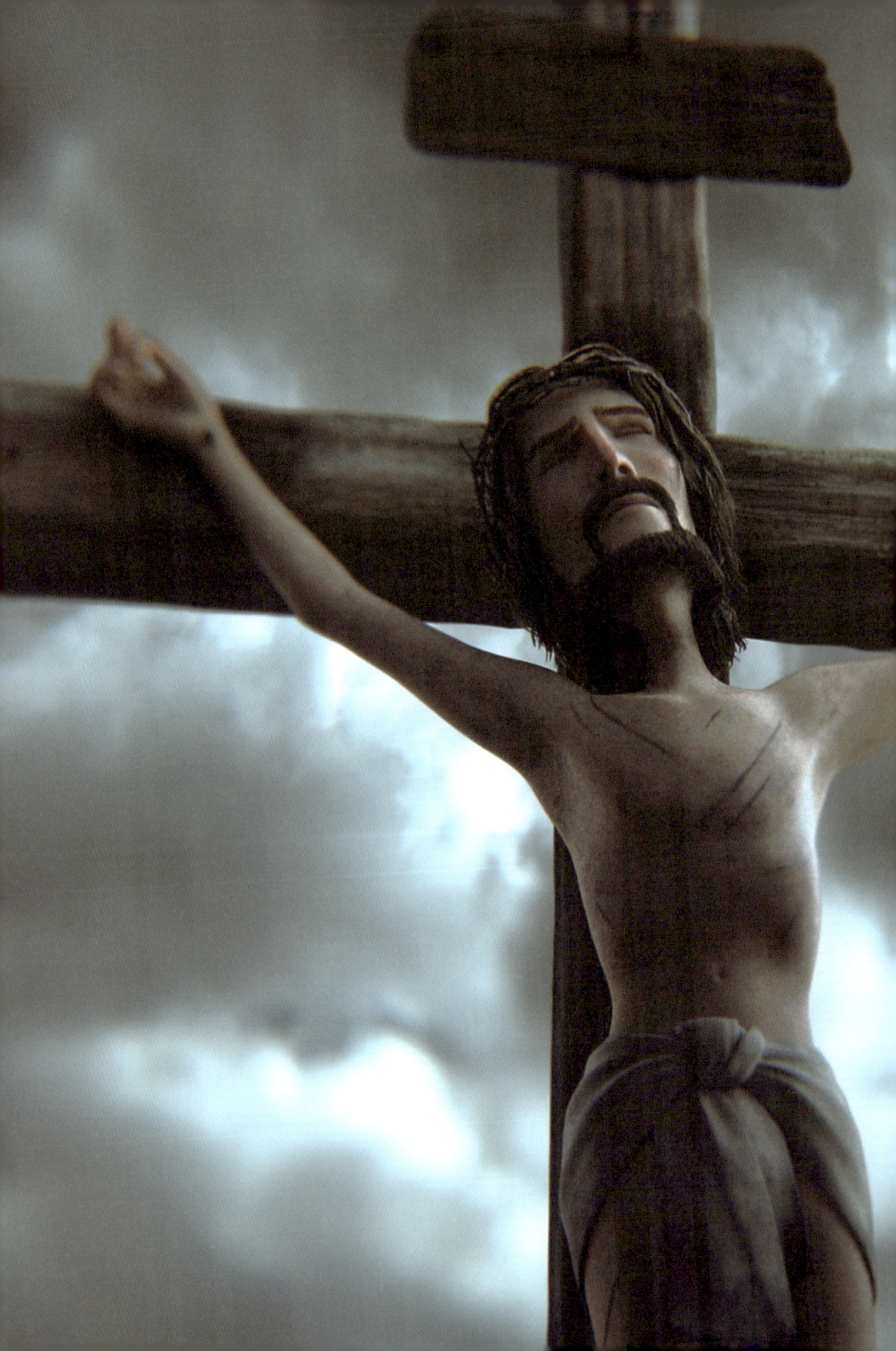

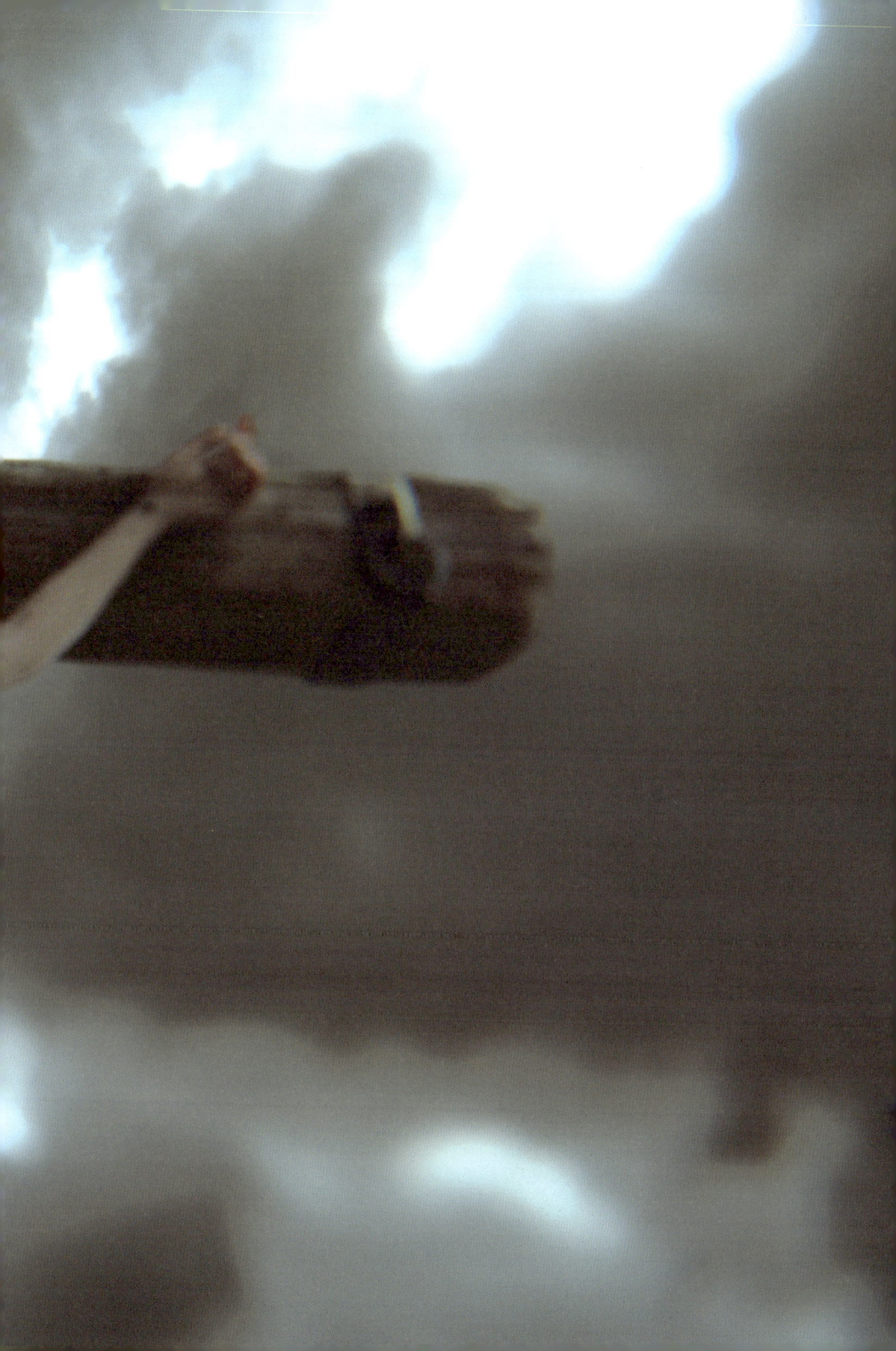

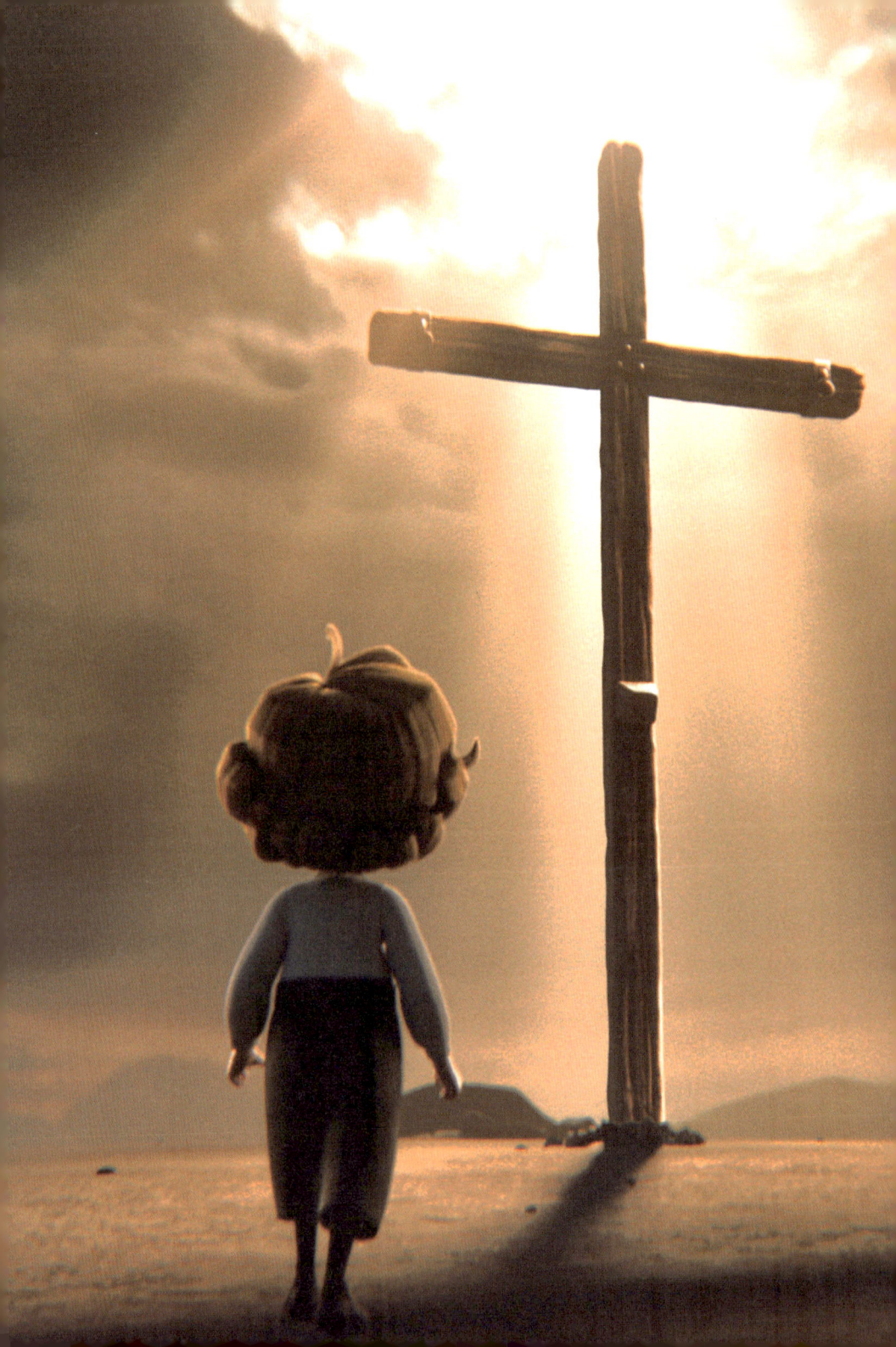

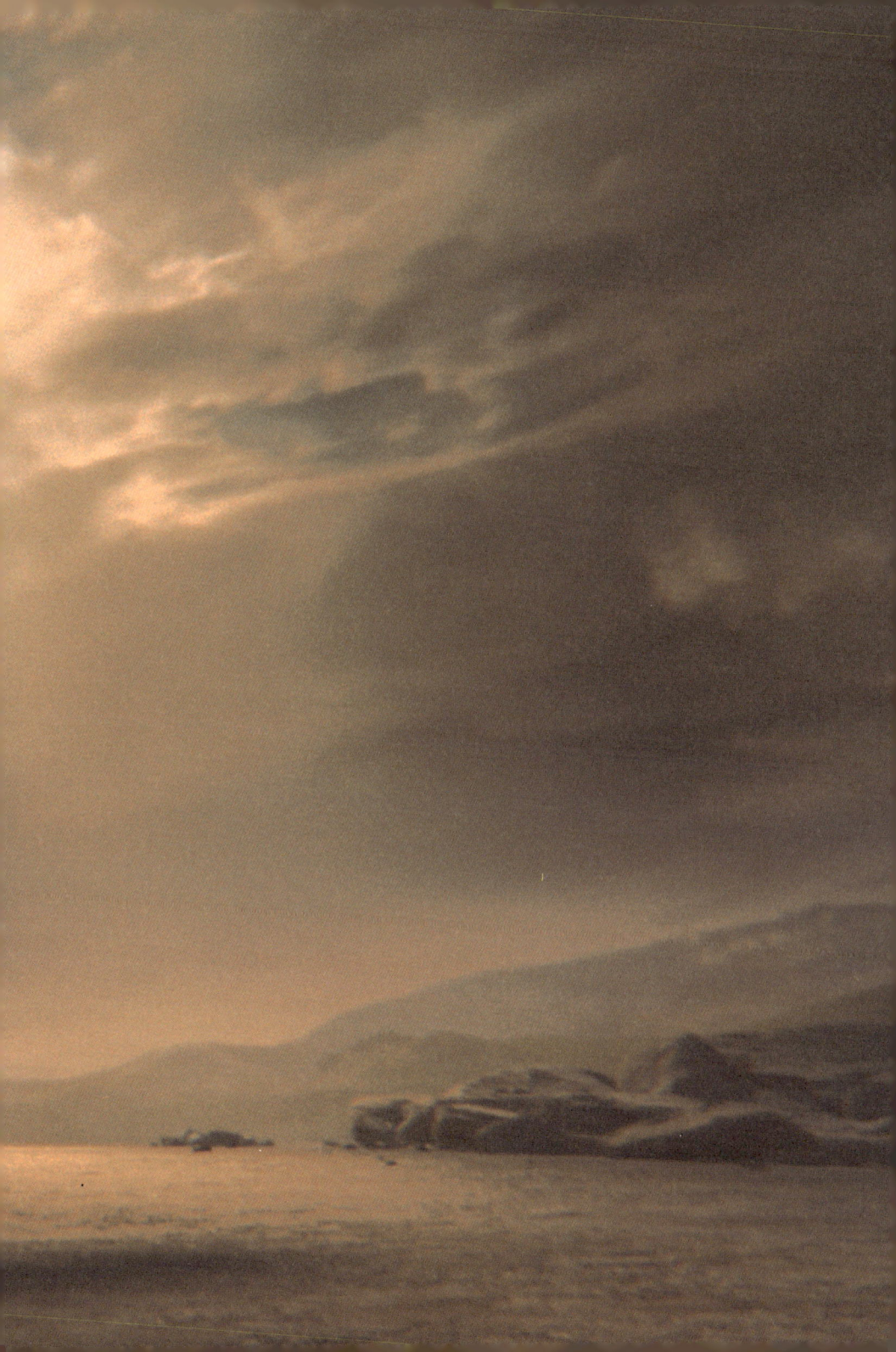

예수(CONT'D)   (천국을 향해) 엘리 엘리 라마 사박다니. 내 하나님
이여, 내 하나님이여. 왜 저를 버리셨나이까?

야유꾼 1은 웃으면서 예수님을 가리킨다.

야유꾼 1   이것 좀 보게! 저자가 하나님을 부르는구만! 진짜
로 구하러 오는지 한번 보자.

월터는 예수님의 십자가 그림자에 서 있는다. 월터는 감정을 억누를 수
없다.
예수님은 십자가에서 월터를 내려다보신다. 그는 마지막으로 월터를
보고 고개를 끄덕이다가 마지막 숨을 거두면서 천국을 바라본다.

예수(CONT'D)   다 이루었다!

천둥 번개가 예수님 뒤에 있는 하늘을 밝힌다. 폭풍이 다가오자 천둥이
우르릉거린다.

예수(CONT'D)   아버지, 내 영혼을 아버지 손에 부탁하나이다.

예수님은 천천히 눈을 감는다. 눈물이 그의 볼을 타고 흘러내린다.
지진이 도시를 뒤흔들면서 예루살렘 주변의 땅이 흔들린다. 커다란 갈
라진 틈들이 땅을 뚫고 지나간다.

성전 - 낮 (INT)

성전 벽의 커튼이 위에서 아래로 찢어져 내린다.

바리새인들과 대제사장이 그들이 보고 있는 것에 충격을 받아 뒤로 비틀거리면서 물러선다.

골고다 언덕 - 낮 (EXT)

월터의 옆에서 이 모습을 지켜보던 백부장은 투구를 벗고 조용히 무릎을 꿇는다.

눈물이 맺힌 월터의 눈을 향해 카메라가 빨려 들어간다.

81 ✦   **EXT. 월터의 시점 - 암흑**

마을 거리 (벳새다) - 낮

예수님이 말하는 것을 듣는다.

예수(O.S.)(CONT'D) 너에게 믿음이 있다면, 그 믿음대로 이루어질 것이다.

예수(CONT'D) 눈을 떠보아라.

페이드인 하자, 예수님이 보인다. 예수님은 전에 만난 맹인에게 방금 시력을 되찾아줬다. 그가 주위를 둘러보면 마을 거리의 사람들이 놀란 눈으로 그를 쳐다보고 있는 것이 보인다.

월터는 지금 맹인 자리에 있다.

그는 방금 자신에게 행해진 기적을 보고 미소를 짓는다. 예수님은 그에게 미소를 짓는다.

맹인   보… 보입니다. 보여요!! 내 눈! 볼 수 있어요!
            감사합니다! 감사합니다!

갈릴리 해변 - 거라사 구역 - 해 질 녁

예수님이 월터 앞에 서 있다.

예수   더러운 귀신아. 조용히 하고 그 사람에게서 나오라.

월터는 사악한 유령이 그의 몸을 떠나 공중으로 떠다니다가 돼지 떼로 들어가는 것을 지켜본다. 그들은 비명을 지르고 난동을 부린 후 강을 향해 달려간다. 그러다- 슉!

시민 2(V.O.)   저 남자가 귀신을 돼지한테로 쫓아냈다네.
시민 3(V.O.)   저 사람이 귀신도 조종한다고?

갈릴리 집 안 (가버나움) - 낮

예수님은 중풍환자에게로 몸을 돌린다.

예수(CONT'D)   일어나 들것을 들고 집으로 돌아가거라.

중풍환자는 아주 휴식을 잘 취한 건강한 사람처럼 일어난다.

중풍환자   감사합니다, 선생님! 감사합니다!

중풍환자는 고마워하며 예수님의 손을 잡고 흔든다.
월터는 이제-

나사로의 무덤 - 낮

예수   나사로! 나오너라!

일꾼들이 놀을 굴려 입구를 열자, 빛이 들어오면서 방이 밝아진다.
월터는 햇빛 속으로 나선다. 마르다와 마리아(베다니)가 기쁨의 눈물을
글썽이며 그를 향해 달려간다. 그들은 그를 꼭 껴안는다.

마리아(베다니)   살아났구나! 우리 오빠!

슉! 월터는 이제-

갈릴리 바다 - 물 표면

월터(V.O.)   주님!... 떨어지고 있어요. 살려주세요!

예수님은 손을 아래로 뻗어 월터를 끝까지 끌어당긴다.

예수   너는 의심했기에 물에 빠진 것이다.
           나를 믿으면 다시는 빠지지 않을 것이다.

월터를 품에 안은 예수님은 몸을 돌려 월터를 수면으로 부드럽게 밀어 올린다.
예수님은 천천히 팔을 뻗어 물속으로 가라앉는다. 그가 가라앉자 평온한 표정이 그의 얼굴에 스친다.
물속으로 가라앉는 예수님의 모습이 서서히 십자가에 못 박힌 모습으로 변한다.

EXT. 골고다 언덕 - 낮

어두운 구름이 하늘을 덮고 있다. 멀리 우리는 안식일을 알리는 트럼펫 소리와 비슷한 슬픈 고동 소리를 듣는다.
지평선에 예수님의 십자가가 홀로 서 있다.

월터   당신은 진정한 왕이시군요.

INT / EXT. 예수님의 무덤 - 새벽

예수님의 무덤 앞에 서 있는 월터.

월터   아빠, 보세요. 왜 예수님의 무덤이 열려 있는 거죠?
디킨스   그건… 예수님이 성전을 3일 만에 다시 세우겠다고 하신 말씀 기억나니?

그 앞으로 천 하나가 날아와 월터의 시야를 가린다. 땅으로 내려앉는 천을 보는 월터.
천 사이로 손 하나가 스윽- 나오는 것이 보인다. 그 손에는 못 자국이 있다. 월터가 올려다보면 예수님이 서 있다.

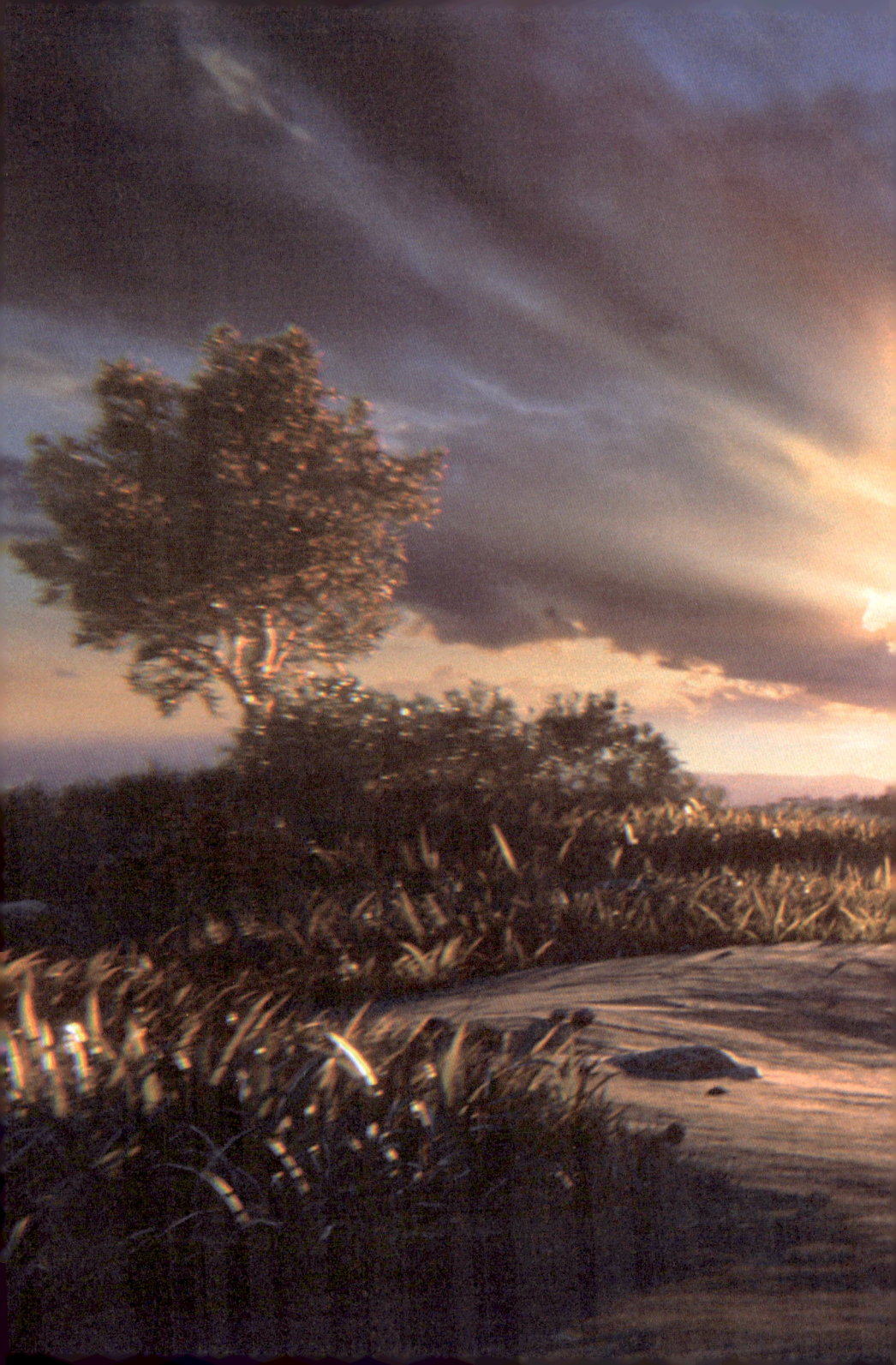

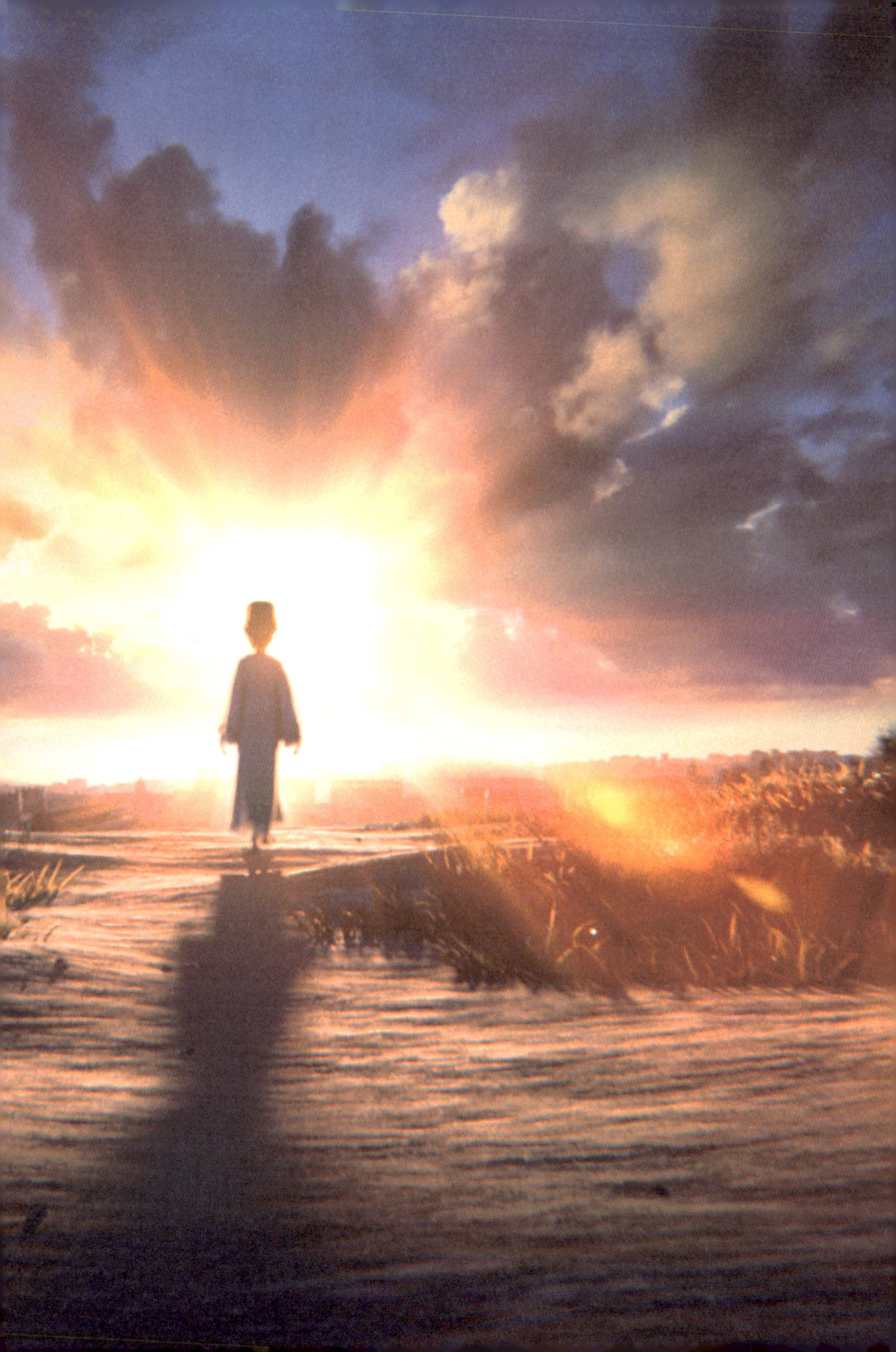

세상의 시간이 멈춘 것 같다. 월터 옆에 조용히 다가와 서는 예수님.
월터의 눈을 보며 살짝 미소 짓는다. 조용히 걸어가는 예수님.

월터   예수님이 정말로 살아 계셔!
디킨스   그가 살아나셨기에, 우리도 다시 살아나게 된 거
           란다.

예수님이 멀리 예루살렘을 향해 걸어갈 때, 공간이 서서히 런던의 거리
로 변한다.
지금 이 순간도 예수님이 함께하고 있다는 걸 깨닫고, 환한 웃음을 짓
는 월터.

DISSOLVE TO:

84 ✦   **INT. 디킨스 집 서재 - 늦은 밤**

월터가 기뻐서 깡충깡충 뛴다.

월터   예수님이 약속대로 살아나셨어요!
           정말 3일 만에 살아나셨다니!
           와! 이 이야기는 모두 들어야 해!

월터는 윌라 없이 서재에서 뛰어나온다. 디킨스는 흐뭇한 미소를 지으며 월터 뒤를 천천히 따라와 서재 문 앞에 멈춰 선다. 그는 월터가 행복해하며 뛰어가는 것을 지켜본다. 불현듯 그는 서재 문 앞에 붙은 "허락 없이 출입금지! 특히 윌라는 절대 금지!" 경고문을 떼어낸다.

벽난로로 걸어가던 디킨스는 그 앞에서 둥글게 웅크리고 잠이 든 윌라를 발견한다.

85 ✦   INT. 아이들 방 - 늦은 밤

캐서린은 출입구를 지나다가, 잠시 멈춰 서서 지켜본다.
월터는 침대 위로 뛰어올라가 그의 형과 누나를 깨우려 한다.

월터   어서 일어나! 빨리!
찰리   월터, 뭐 하는 거야?
메리   나 자는 중이었다구.

꾸물거리며 일어나는 둘.
월터는 칼을 찰리에게 건네준다.

월터   이거 형 가져.
찰리   정말? 왜?

월터	아빠가 방금 이제까지 중에 가장 멋진 왕의 이야기를 해줬거든!
메리	정말? 아서왕보다 더 멋지다고?!
월터	훨씬 더 멋져!
찰리	뭐?
메리	진짜?
월터	사실 아서왕 이야기는 이 이야기에 바탕을 둔 거래!
찰리	말도 안 돼!
월터	정말이야! 진정한 왕에 대한 이야기라고!

아이들은 귀를 쫑긋 세운다.

찰리/메리	우와아.
월터	천사도 나오고.. 간악한 왕들.. 그리고 기적까지!
찰리	진짜…?

86 ✦   INT. 디킨스 집 서재 - 늦은 밤

디킨스는 방금 떼어낸 경고문을 벽난로 속으로 던져 놓고 조심스럽게 월라를 안아 올린다.
캐서린이 서재로 들어오다가 문에 있던 경고문이 떼어져 있는 것을 발견한다.

캐서린이 안으로 들어온다.

캐서린   그래서 어땠어요?

디킨스는 윌라를 아기처럼 안고 있다.

디킨스   내 생각엔 분명히 효과가 있었던 것 같은데.
캐서린   그런 것 같네요.
디킨스   이럴 줄 알긴 했지만, 내가 마법을 좀 부리잖아?
캐서린   맞아요, 여보.

그들은 아이들의 침실에서 찰리와 메리에게 신이 나서 말하는 월터의
소리를 듣는다.

월터(O.S.)   헤롯 왕은 베들레헴에 새 왕이 나타난 걸 좋아하지
                    않았대. 그리고 그가 무슨 일을 했는지 믿지 못할
                    걸! 그러다 그들이 안개 속으로 도망쳤고, 예수님
                    은 무럭무럭 자라서…
디킨스   맞아. 당신이 확실히 옳았어.

디킨스와 캐서린은 서로 미소 짓는다.
디킨스는 잠든 윌라를 부드럽게 책상 위에 올려놓는다.

디킨스는 주머니에 손을 넣어 구겨진 반쪽짜리 종이를 꺼낸다. 그는 그것을 펼쳐서 원고지 더미 위쪽에 찢어진 조각과 한 쌍을 이루는 곳에 올려놓는다.

종이가 합쳐지고, 우리는 제목을 볼 수 있게 된다.

사랑하는 아이들을 위해
'예수님 이야기'

디킨스   (읊조리듯 혼잣말) 아주 놀라운 이야기야.
          고마워, 캐서린.

캐서린이 다가가 디킨스 옆에 선다. 그리고 그들이 서로 따뜻한 미소를 교환할 때, 카메라는 뒤로 점점 창문 밖으로 빠지고 디킨스와 캐서린이 껴안는다. 다른 창문으로는 월터가 방 여기저기를 뛰어다니면서 열정적으로 이야기를 들려주는 모습이 보인다.

카메라는 계속해서 뒤로 빠지고, 우리는 집, 그 주변 마을, 그리고 마지막으로 반짝이는 별이 빛나는 것을 본다. 그리고 별이 반짝반짝 빛나는 동안 메인 타이틀 "The King of Kings"가 떠오르고, 엔딩 크레딧이 시작된다.

FADE TO BLACK:

내가 곧 길이요 진리요 생명이니 나로 말미암지 않고는
아버지께로 올 자가 없느니라.

요한복음 14:6

FIN

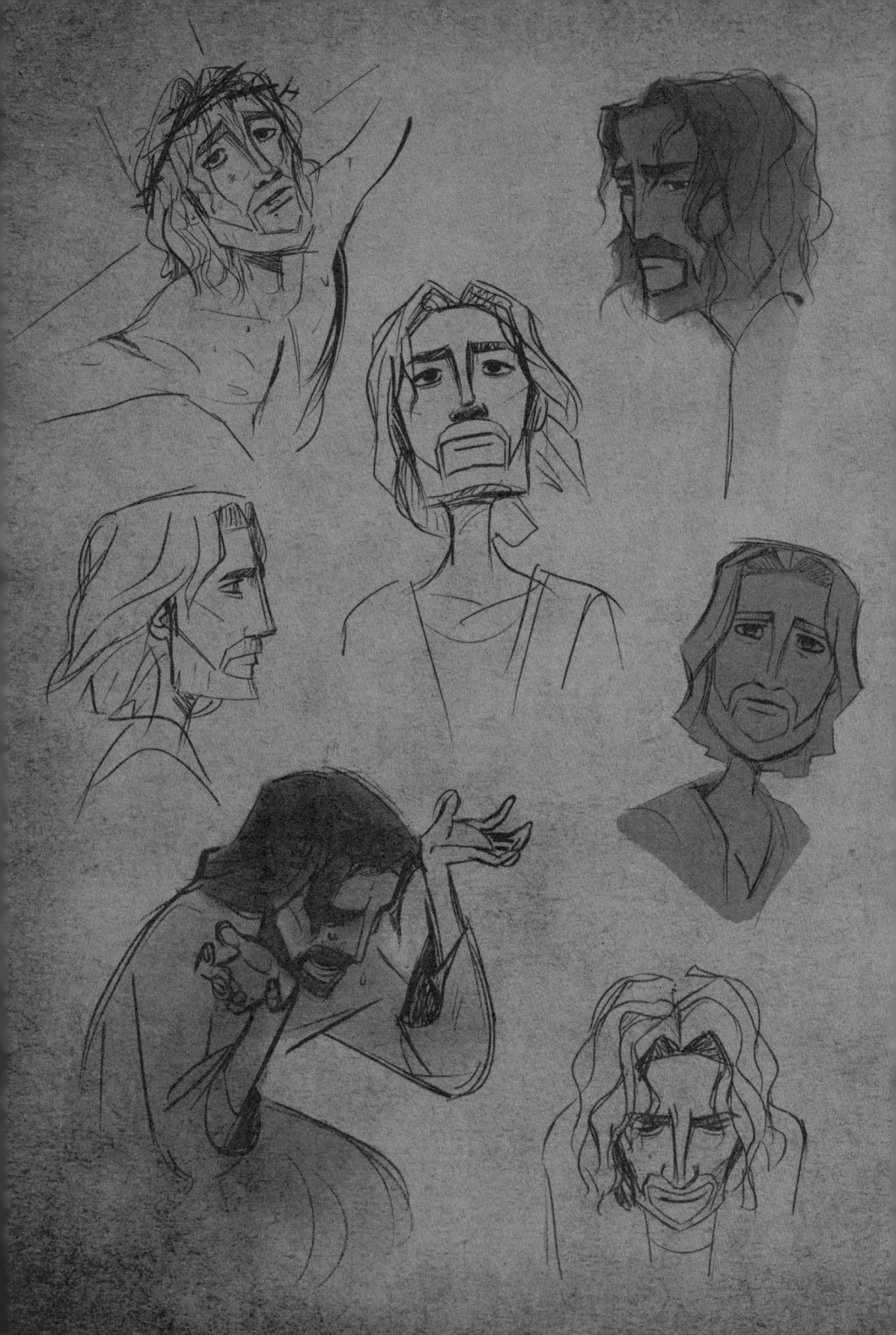

스토리보드

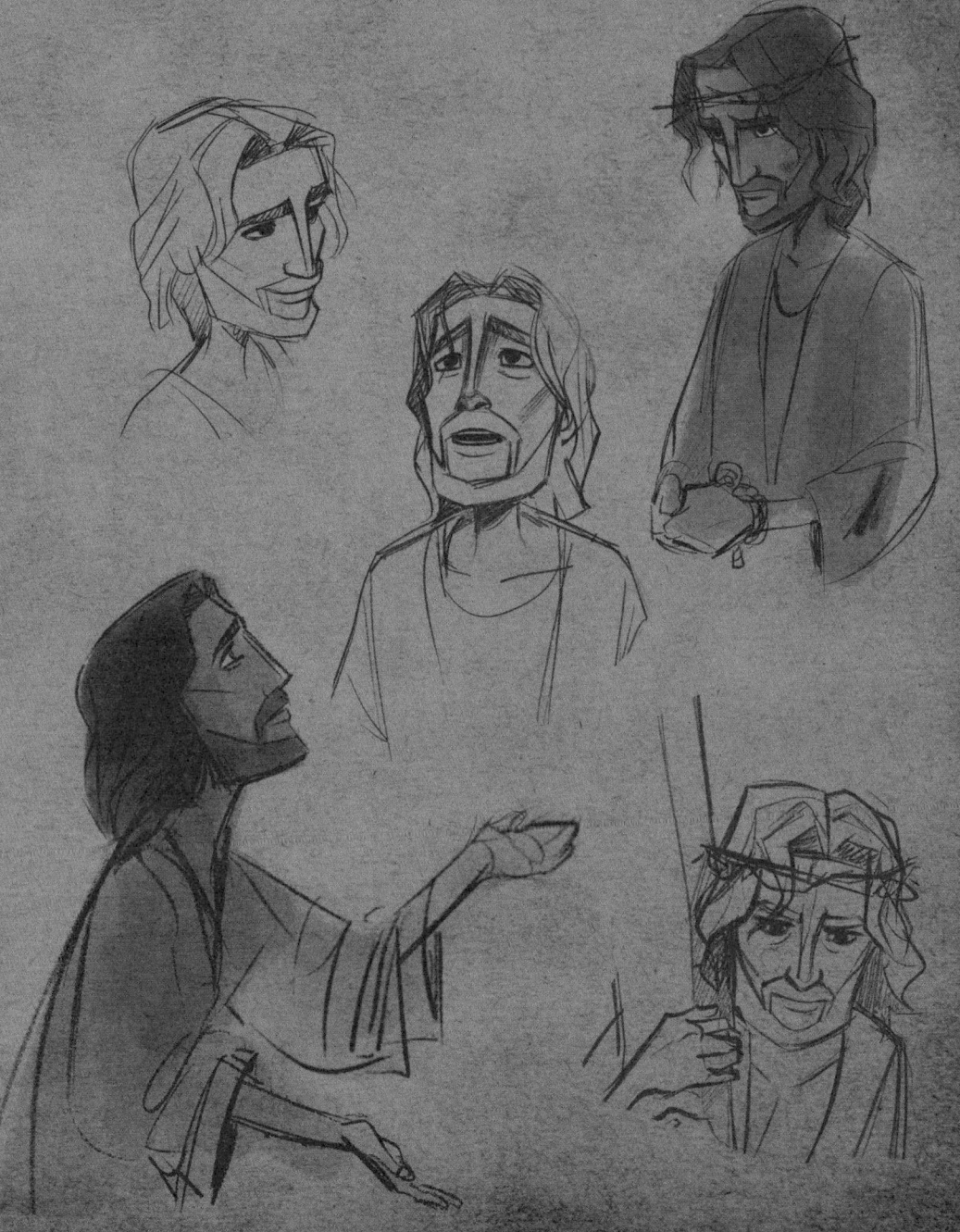

✦ 성경책에서 영감을 받은 찰스 디킨스 ✦

SC	10	cut	01	스크루지의 묘지 / 밤 / 눈보라	a

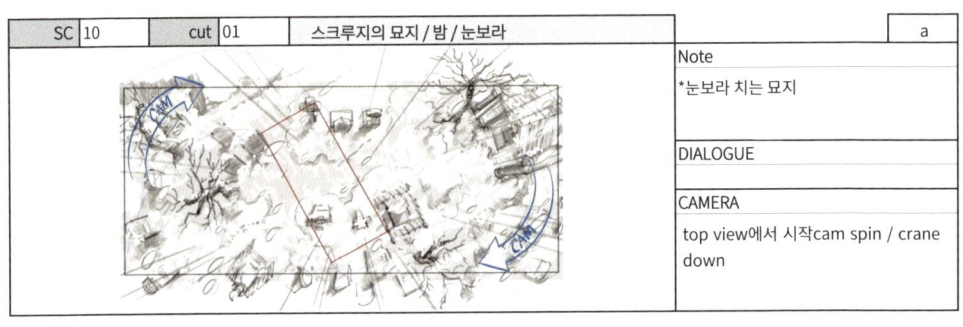

Note
*눈보라 치는 묘지

DIALOGUE

CAMERA
top view에서 시작cam spin / crane down

SC		cut			b

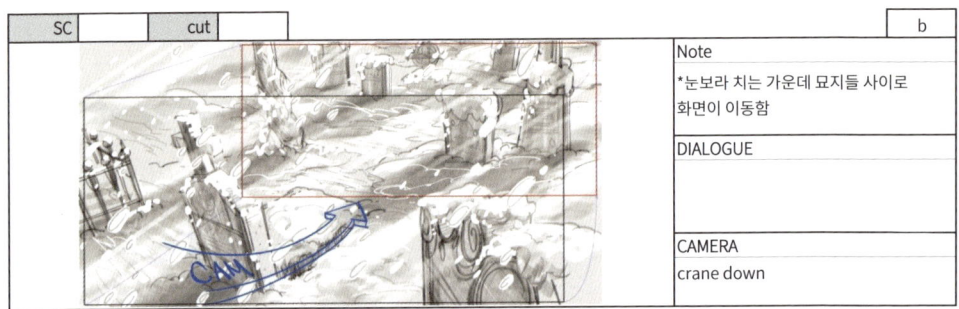

Note
*눈보라 치는 가운데 묘지들 사이로 화면이 이동함

DIALOGUE

CAMERA
crane down

SC		cut			c

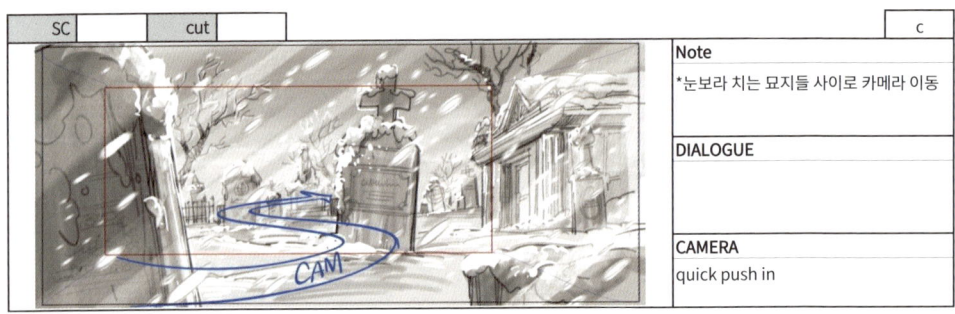

Note
*눈보라 치는 묘지들 사이로 카메라 이동

DIALOGUE

CAMERA
quick push in

SC		cut			b

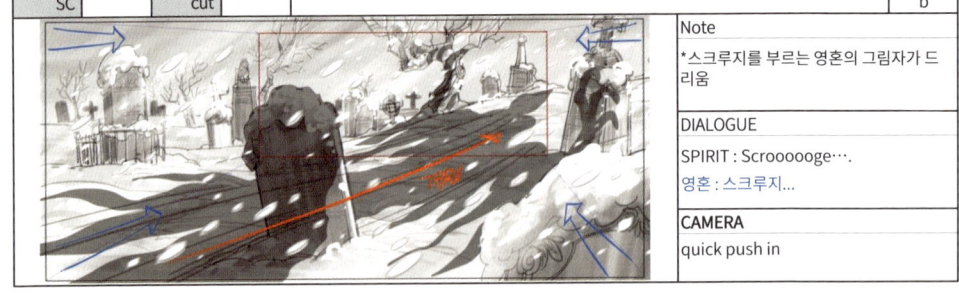

Note
*스크루지를 부르는 영혼의 그림자가 드리움

DIALOGUE
SPIRIT : Scroooooge….
영혼 : 스크루지...

CAMERA
quick push in

SC	10	cut	01		e

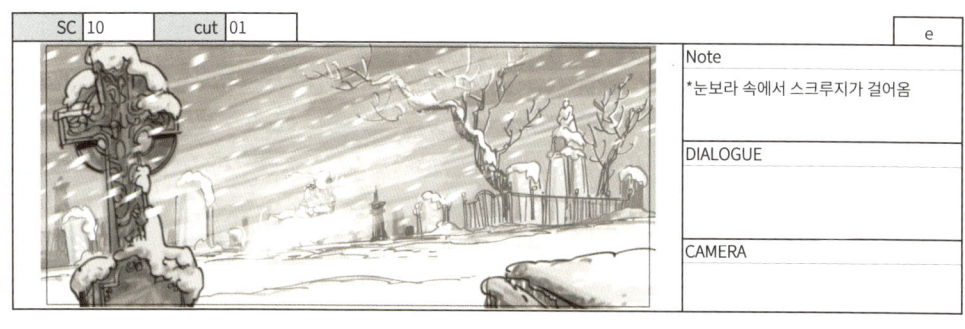

Note
*눈보라 속에서 스크루지가 걸어옴

DIALOGUE

CAMERA

SC		cut			f

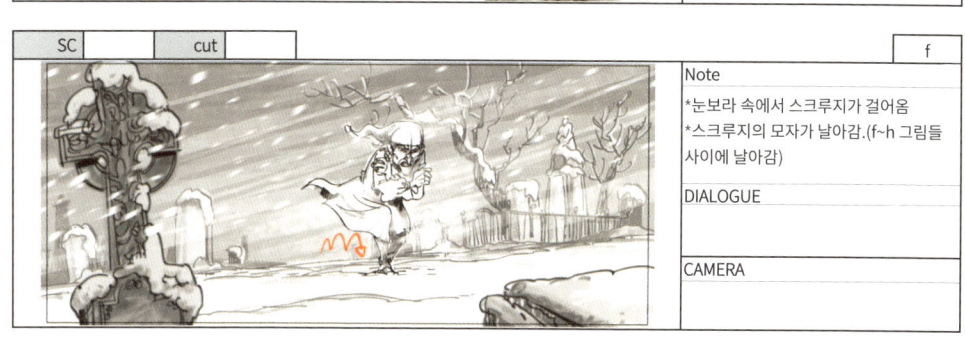

Note
*눈보라 속에서 스크루지가 걸어옴
*스크루지의 모자가 날아감.(f~h 그림들 사이에 날아감)

DIALOGUE

CAMERA

SC		cut			g

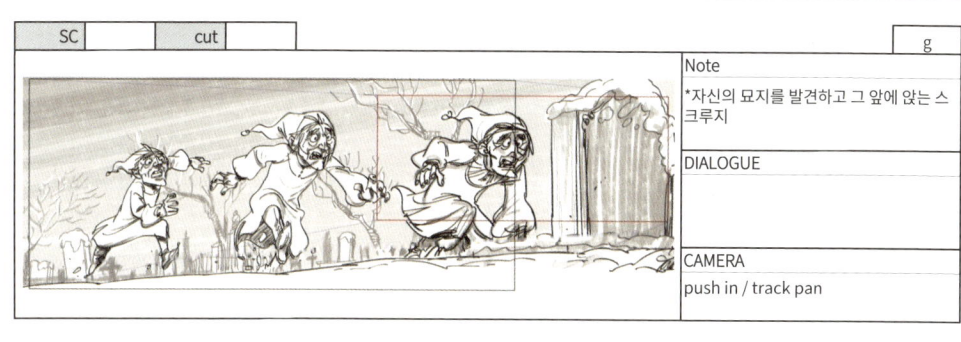

Note
*자신의 묘지를 발견하고 그 앞에 앉는 스크루지

DIALOGUE

CAMERA
push in / track pan

SC		cut			h

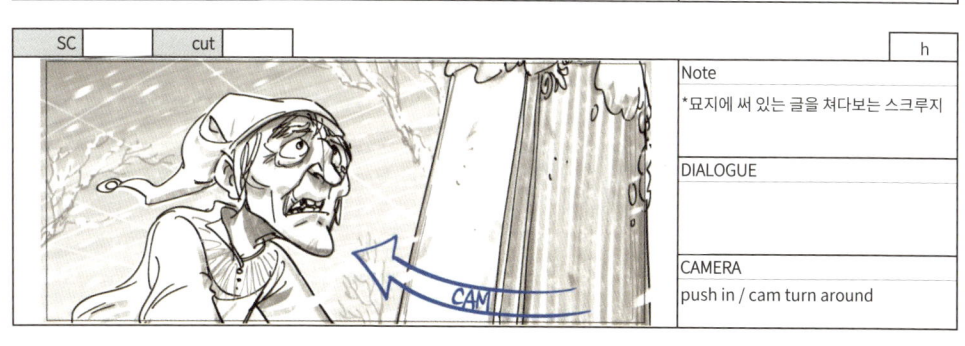

Note
*묘지에 써 있는 글을 쳐다보는 스크루지

DIALOGUE

CAMERA
push in / cam turn around

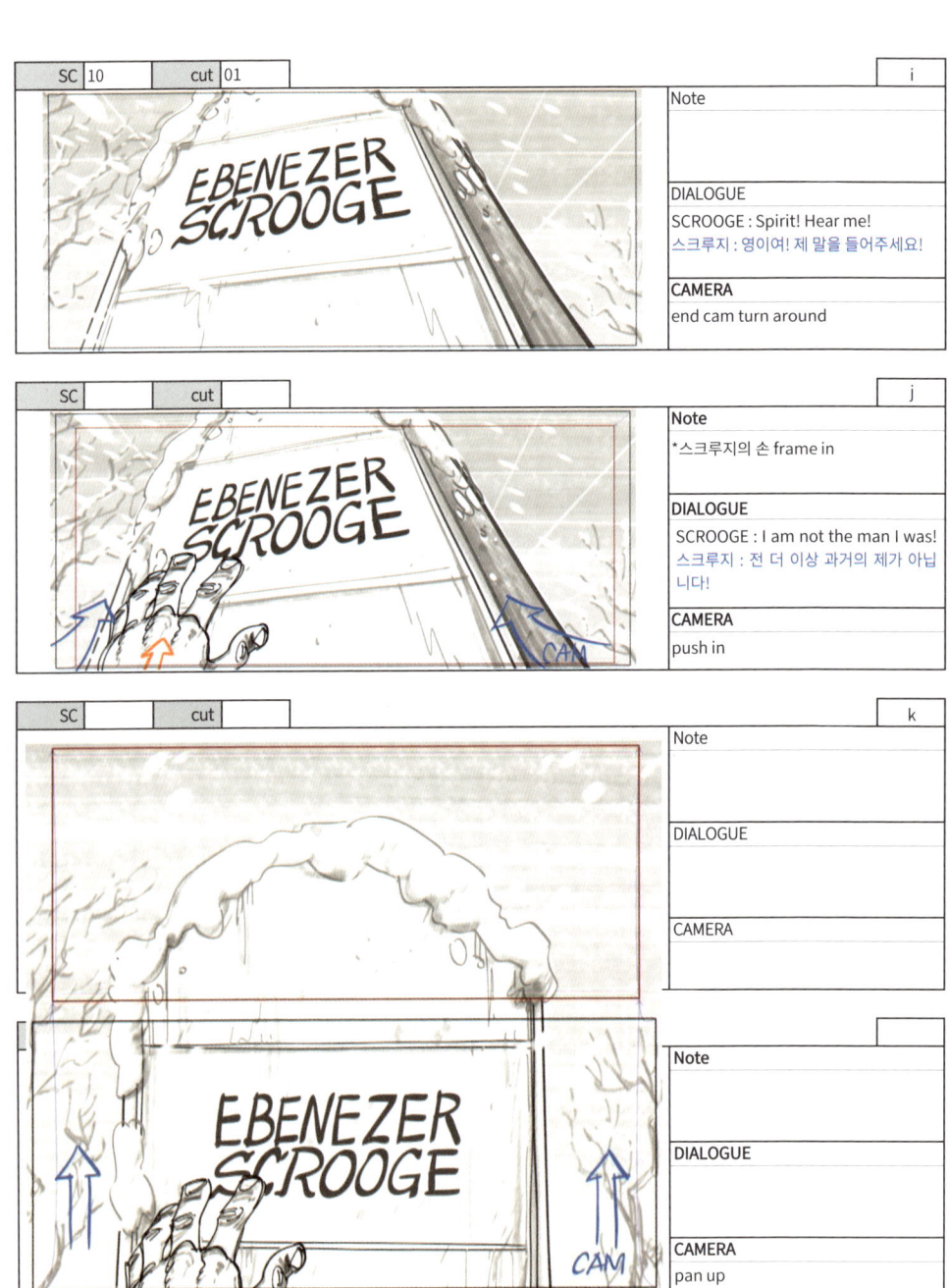

SC	10	cut	01		i

Note

DIALOGUE
SCROOGE : Spirit! Hear me!
스크루지 : 영이여! 제 말을 들어주세요!

CAMERA
end cam turn around

SC		cut			j

Note
*스크루지의 손 frame in

DIALOGUE
SCROOGE : I am not the man I was!
스크루지 : 전 더 이상 과거의 제가 아닙니다!

CAMERA
push in

SC		cut			k

Note

DIALOGUE

CAMERA

Note

DIALOGUE

CAMERA
pan up

SC	11	cut	01	톰의 집 / 밤		a

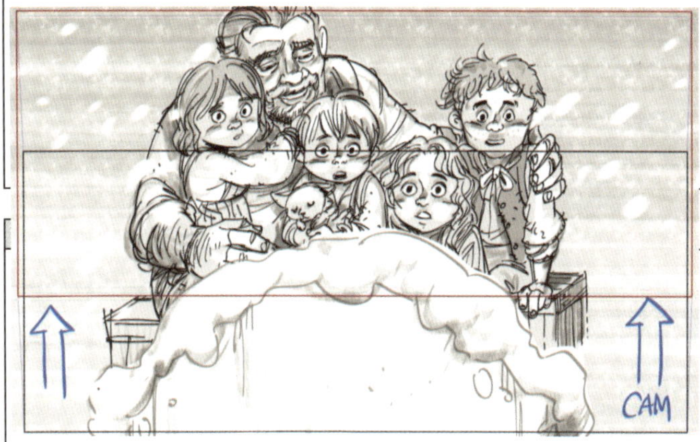

	Note
	DIALOGUE
	CAMERA

	Note
	*카메라 움직임에 따라 묘지 너머로 이야기를 듣고 있는 톰의 가족이 보임
	*배경은 공동묘지에서 톰의 집 내부로 바뀜.
	DIALOGUE
	CAMERA
	pan up / slightly push in

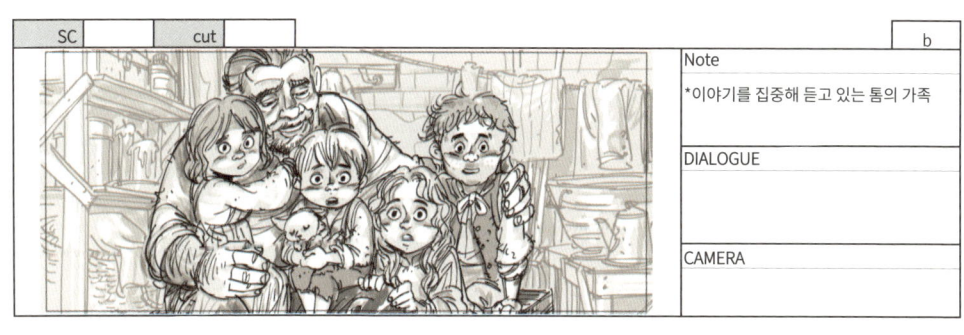

SC		cut				b

	Note
	*이야기를 집중해 듣고 있는 톰의 가족
	DIALOGUE
	CAMERA

SC	11	cut	02			a

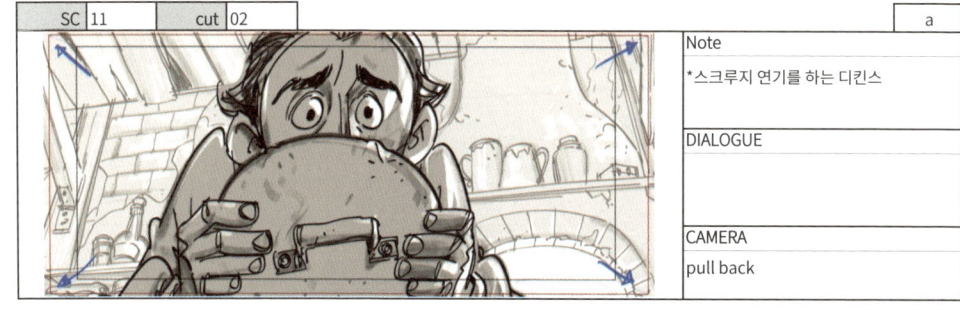

	Note
	*스크루지 연기를 하는 디킨스
	DIALOGUE
	CAMERA
	pull back

SC	11	cut	02		b

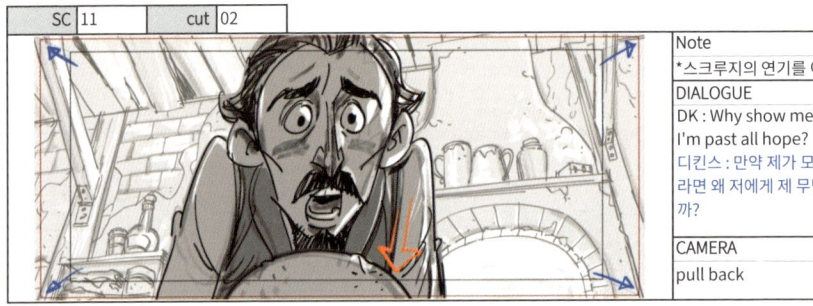

Note
*스크루지의 연기를 이어가는 디킨스

DIALOGUE
DK : Why show me my own grave if I'm past all hope?
디킨스 : 만약 제가 모든 희망을 잃은 것이라면 왜 저에게 제 무덤을 보여주는 겁니까?

CAMERA
pull back

SC		cut			c

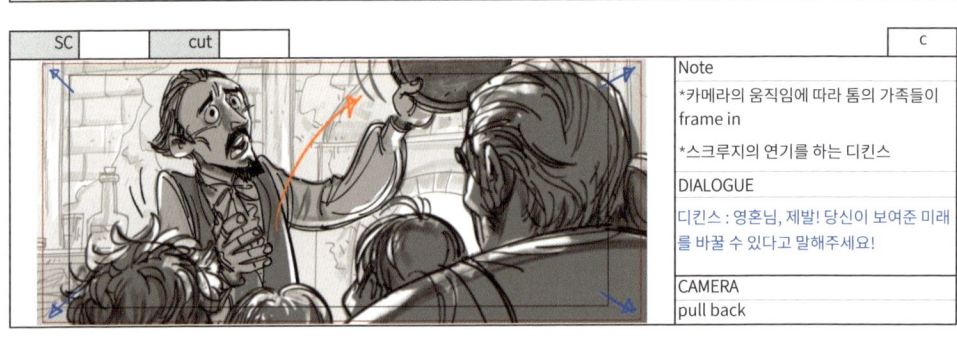

Note
*카메라의 움직임에 따라 톰의 가족들이 frame in

*스크루지의 연기를 하는 디킨스

DIALOGUE
디킨스 : 영혼님, 제발! 당신이 보여준 미래를 바꿀 수 있다고 말해주세요!

CAMERA
pull back

SC		cut			d

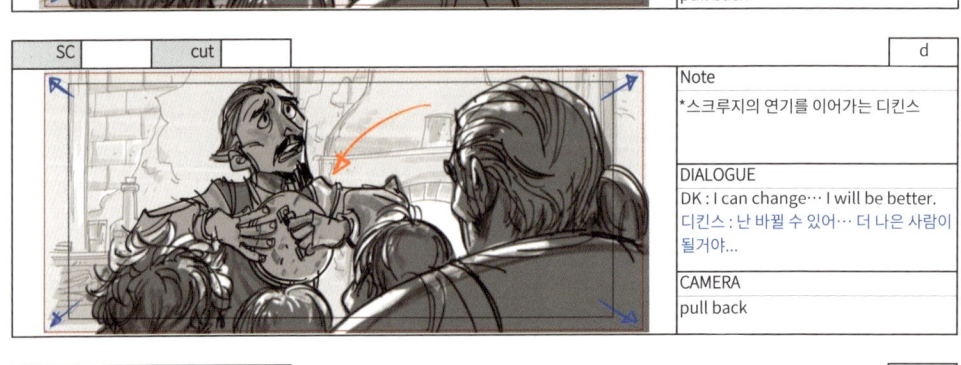

Note
*스크루지의 연기를 이어가는 디킨스

DIALOGUE
DK : I can change… I will be better.
디킨스 : 난 바뀔 수 있어… 더 나은 사람이 될거야…

CAMERA
pull back

SC		cut			e

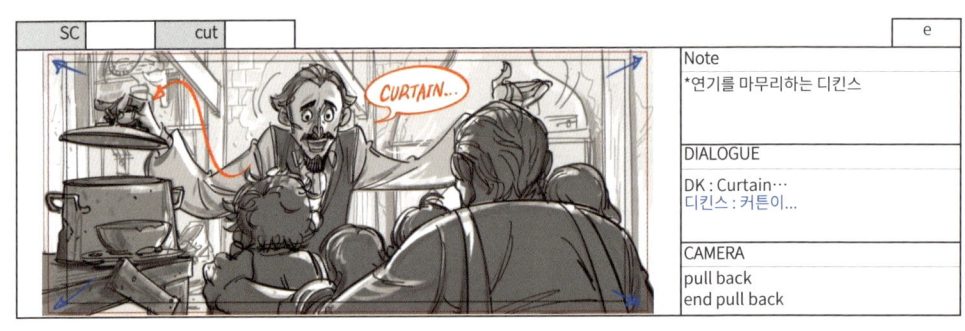

CURTAIN…

Note
*연기를 마무리하는 디킨스

DIALOGUE
DK : Curtain…
디킨스 : 커튼이…

CAMERA
pull back
end pull back

SC 11	cut 02		f

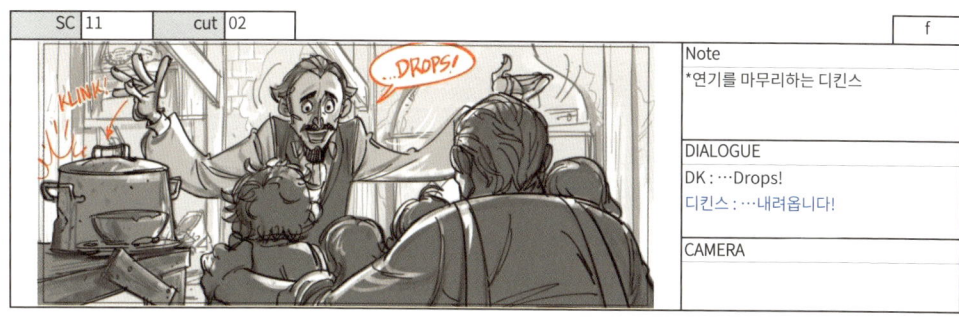

Note
*연기를 마무리하는 디킨스

DIALOGUE
DK : …Drops!
디킨스 : …내려옵니다!

CAMERA

SC 11	cut 03		a

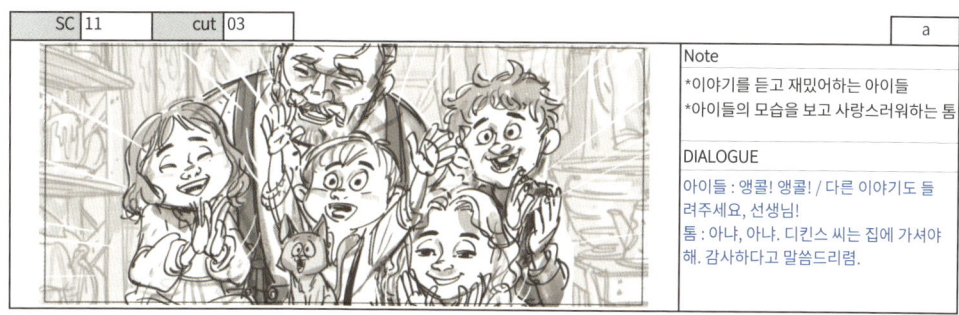

Note
*이야기를 듣고 재밌어하는 아이들
*아이들의 모습을 보고 사랑스러워하는 톰

DIALOGUE
아이들 : 앵콜! 앵콜! / 다른 이야기도 들려주세요, 선생님!
톰 : 아냐, 아냐. 디킨스 씨는 집에 가셔야 해. 감사하다고 말씀드리렴.

SC 11	cut 04		a

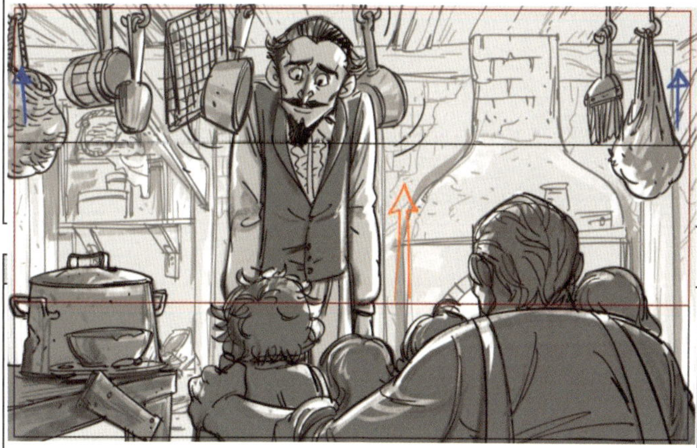

Note
*관객들(톰의 가족)에게 인사하려고 일어서는 디킨스. 숙인 몸을 일으키면서 천장에 걸려 있는 집기들이 얼굴에 걸림

DIALOGUE

CAMERA
디킨스의 움직임에 따라 tilt up

Note

DIALOGUE

CAMERA

SC 11	cut 05	a

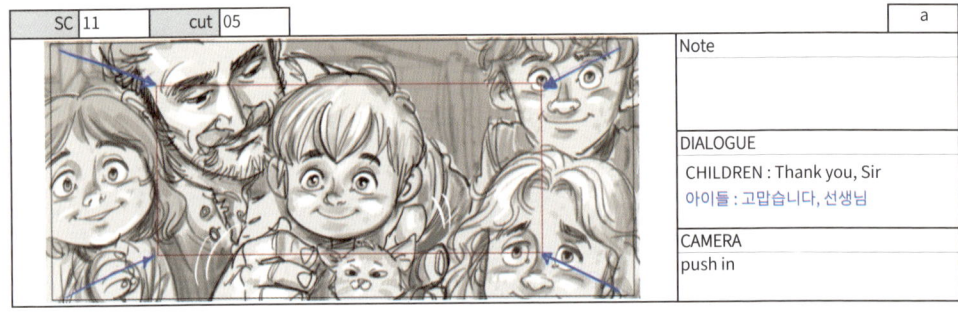

Note

DIALOGUE
CHILDREN : Thank you, Sir
아이들 : 고맙습니다, 선생님

CAMERA
push in

SC 11	cut 06	a

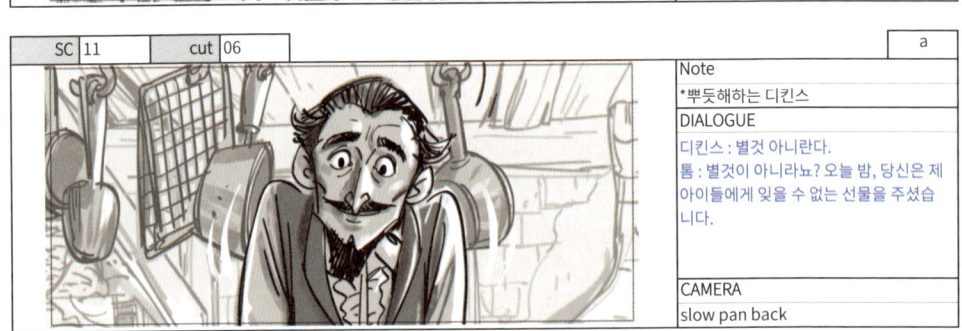

Note
*뿌듯해하는 디킨스

DIALOGUE
디킨스 : 별것 아니란다.
톰 : 별것이 아니라뇨? 오늘 밤, 당신은 제 아이들에게 잊을 수 없는 선물을 주셨습니다.

CAMERA
slow pan back

SC 11	cut 07	a

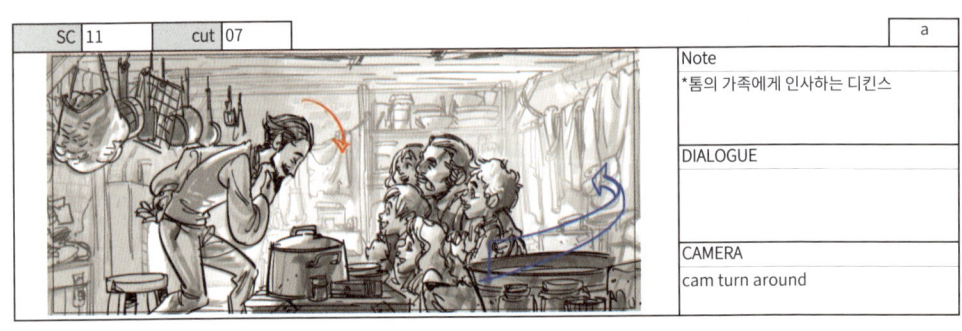

Note
*톰의 가족에게 인사하는 디킨스

DIALOGUE

CAMERA
cam turn around

SC	cut	b

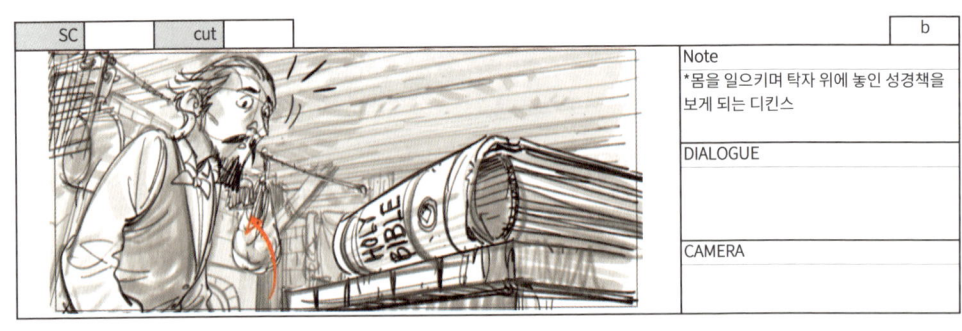

Note
*몸을 일으키며 탁자 위에 놓인 성경책을 보게 되는 디킨스

DIALOGUE

CAMERA

SC 12	cut 01	런던거리 / 밤		a

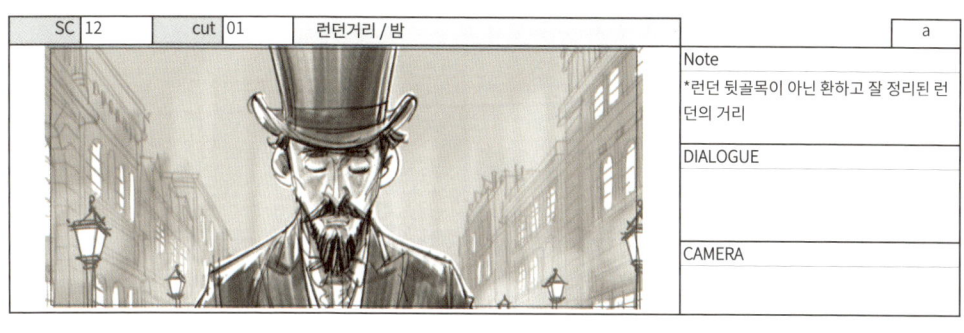

Note
*런던 뒷골목이 아닌 환하고 잘 정리된 런던의 거리

DIALOGUE

CAMERA

SC	cut		b

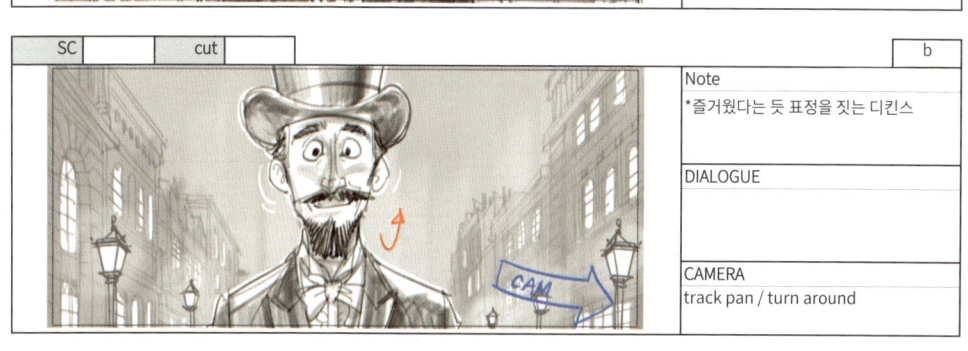

Note
*즐거웠다는 듯 표정을 짓는 디킨스

DIALOGUE

CAMERA
track pan / turn around

SC	cut		c

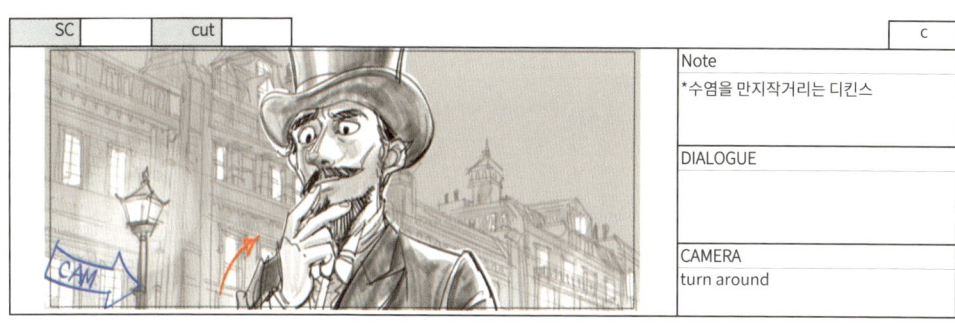

Note
*수염을 만지작거리는 디킨스

DIALOGUE

CAMERA
turn around

SC	cut		d

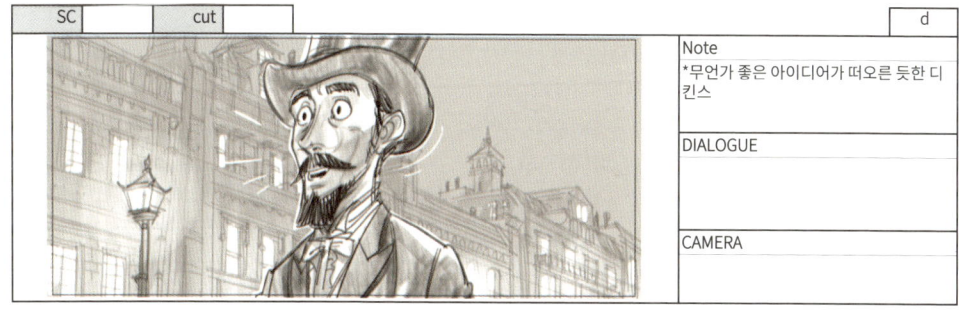

Note
*무언가 좋은 아이디어가 떠오른 듯한 디킨스

DIALOGUE

CAMERA

✦ 아들에게 왕 중의 왕인 예수님의 이야기를 들려주는 디킨스 ✦

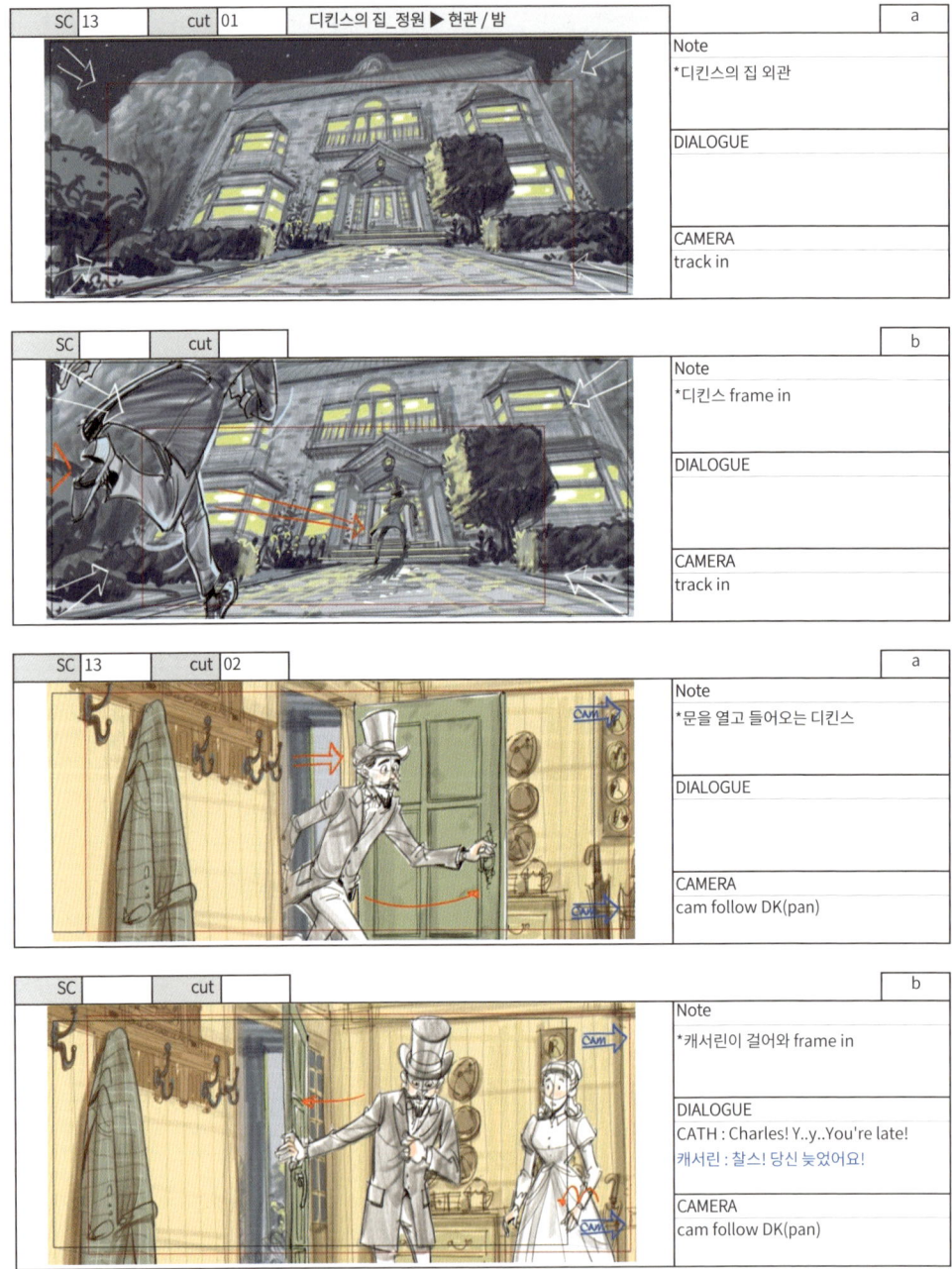

SC	13	cut	01	디킨스의 집_정원 ▶ 현관 / 밤	a

Note
*디킨스의 집 외관

DIALOGUE

CAMERA
track in

SC		cut			b

Note
*디킨스 frame in

DIALOGUE

CAMERA
track in

SC	13	cut	02		a

Note
*문을 열고 들어오는 디킨스

DIALOGUE

CAMERA
cam follow DK(pan)

SC		cut			b

Note
*캐서린이 걸어와 frame in

DIALOGUE
CATH : Charles! Y..y..You're late!
캐서린 : 찰스! 당신 늦었어요!

CAMERA
cam follow DK(pan)

SC	13	cut	02		c

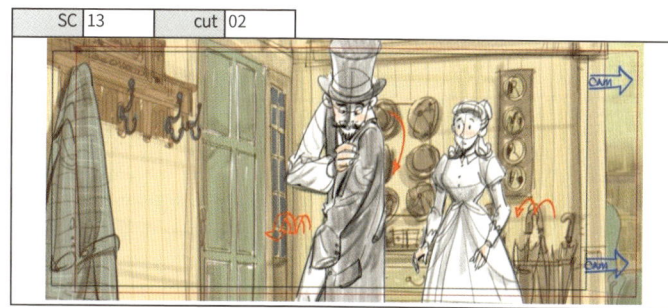

Note
*디킨스는 허겁지겁 옷을 벗으려 함.
*디킨스에게 좀 더 다가가는 캐서린

DIALOGUE
CATH : What's kept you?
캐서린 : 무슨 일 있었어요?

CAMERA
cam follow DK(pan)

SC		cut			d

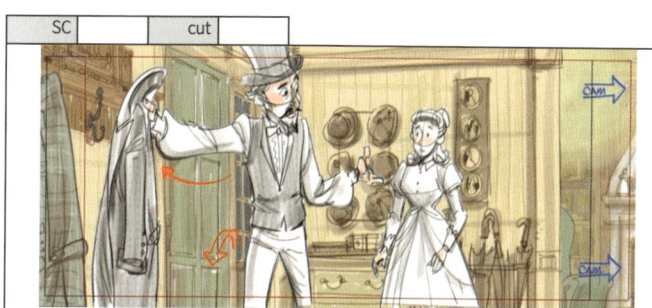

Note
*디킨스가 보지 않고 옷을 걸려고 함.

DIALOGUE

CAMERA
cam follow DK(pan)

SC		cut			e

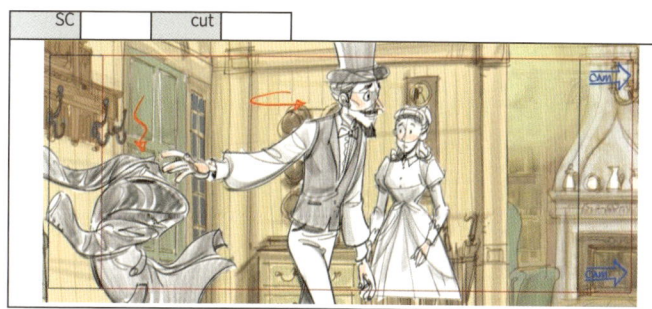

Note
*디킨스가 옷이 벽에 걸린 줄 알고 떨어
  트림.
*그 광경을 보는 캐서린

DIALOGUE

CAMERA
cam follow DK(pan)

SC	13	cut			f

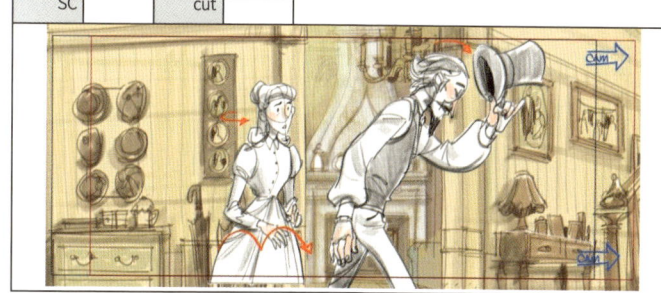

Note
*걸어가며 모자를 벗는 디킨스

DIALOGUE
CATH : Charles! I put the children
down to…
캐서린 : 칠스! 아이들을 재웠….

CAMERA
cam follow DK(pan)

SC	13	cut	02		g

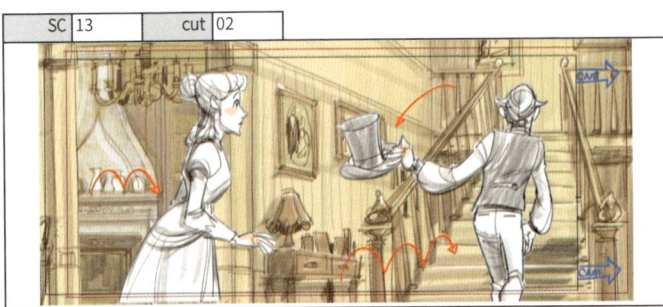

Note
*모자를 벗어 계단 기둥에 올려두려는 디킨스

DIALOGUE
CATH : Charles! They are sleeping.
캐서린 : 아이들이 자고 있다구요.

CAMERA
cam follow DK(pan)

SC		cut			h

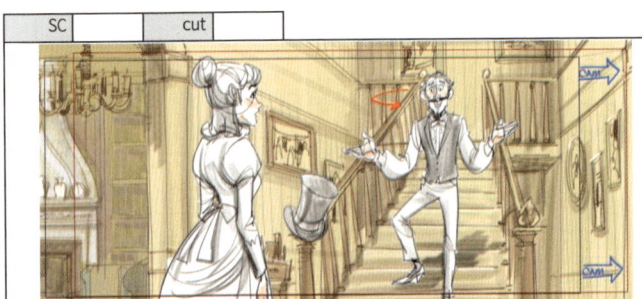

Note
*디킨스가 계단을 올라가던 중 몸을 돌려 캐서린에게 말함

DIALOGUE
DK : I know what I have to do for Walter.
디킨스 : 월터에게 뭘 해줘야 할지 알았소.

CAMERA
cam follow DK(pan) end follow

SC		cut			i

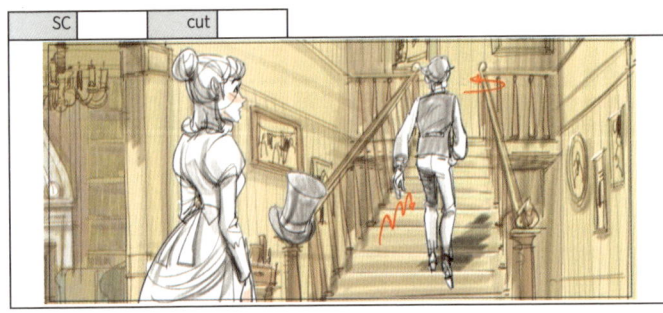

Note
*다시 몸을 돌려 계단을 올라가는 디킨스

DIALOGUE

CAMERA
cam follow

SC	13	cut	03		a

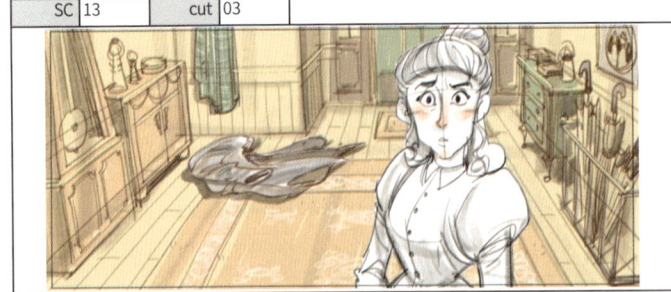

Note
*알 수 없다는 표정으로 디킨스를 쳐다보는 캐서린

DIALOGUE

CAMERA

| SC | 15 | cut | 01 | 디킨스의 집_거실 / 밤 | | a |

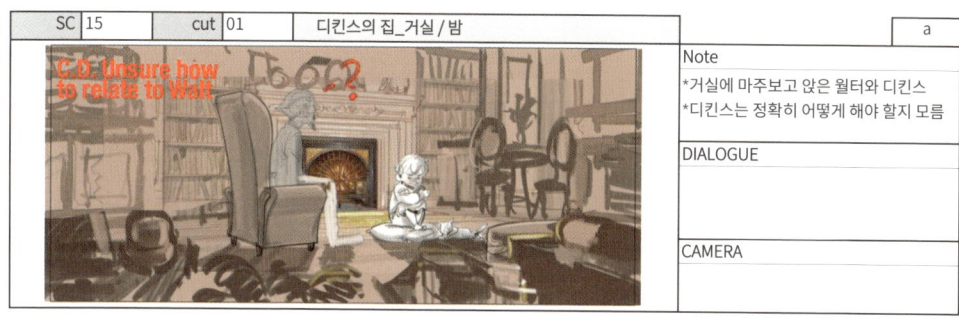

Note
*거실에 마주보고 앉은 월터와 디킨스
*디킨스는 정확히 어떻게 해야 할지 모름

DIALOGUE

CAMERA

| SC | | cut | | | | b |

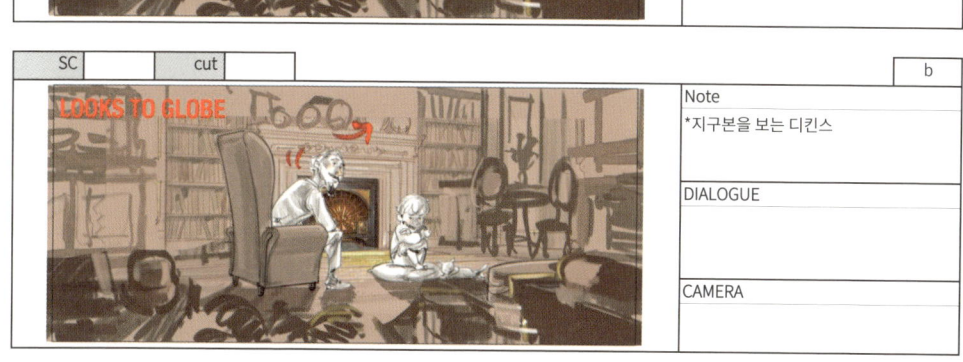

Note
*지구본을 보는 디킨스

DIALOGUE

CAMERA

| SC | | cut | | | | c |

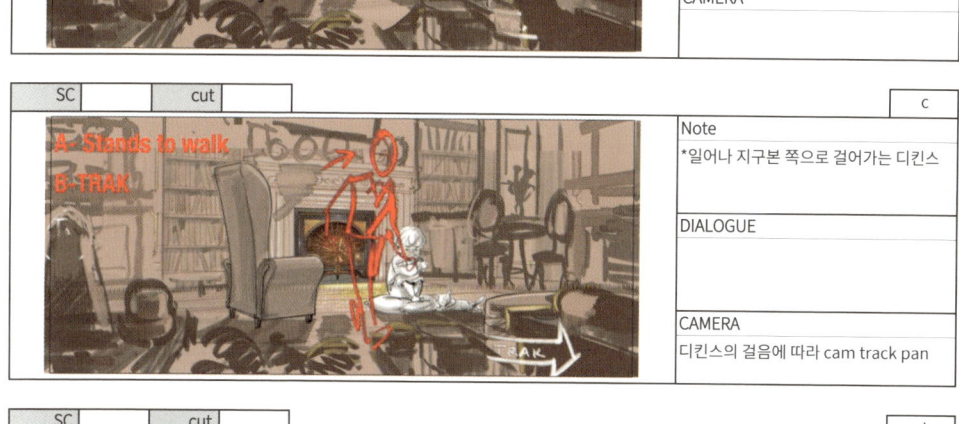

Note
*일어나 지구본 쪽으로 걸어가는 디킨스

DIALOGUE

CAMERA
디킨스의 걸음에 따라 cam track pan

| SC | | cut | | | | d |

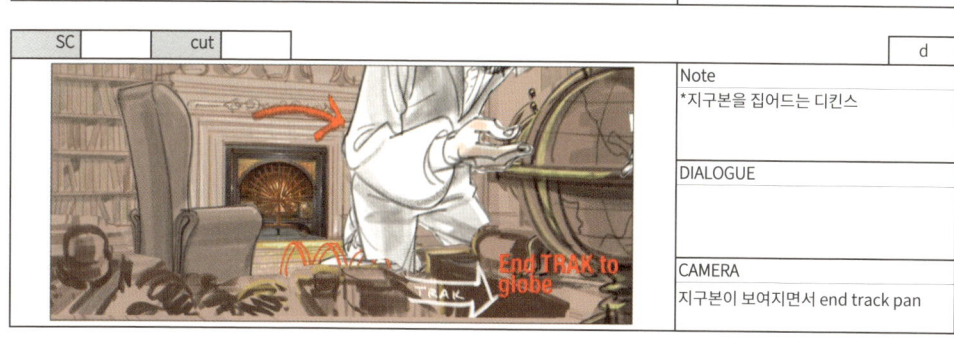

Note
*지구본을 집어드는 디킨스

DIALOGUE

CAMERA
지구본이 보여지면서 end track pan

SC 15	cut 01		e

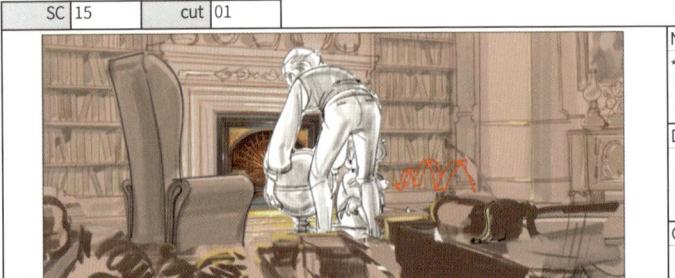

Note
*지구본을 가져와 월터와 자신 사이에 둠.

DIALOGUE

CAMERA

SC	cut		f

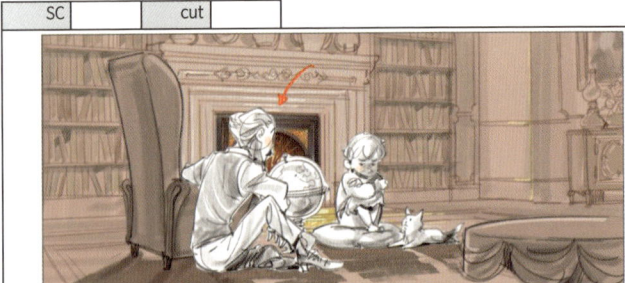

Note
*바닥에 앉는 디킨스

DIALOGUE

CAMERA

SC 15	cut 02		a

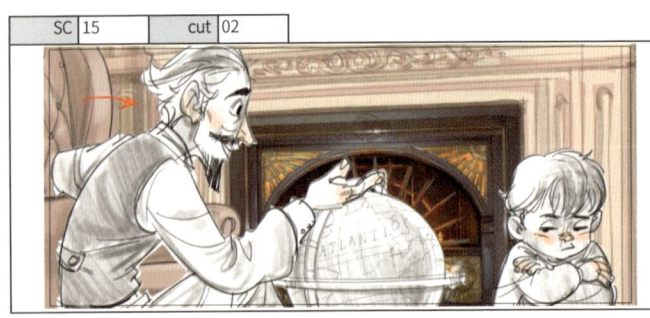

Note
*몸을 앞으로 살짝 숙여 월터에게 말하는
디킨스

DIALOGUE
 DK : See this, Walter?
 디킨스 : 이것 봐, 월터?

CAMERA

SC	cut		b

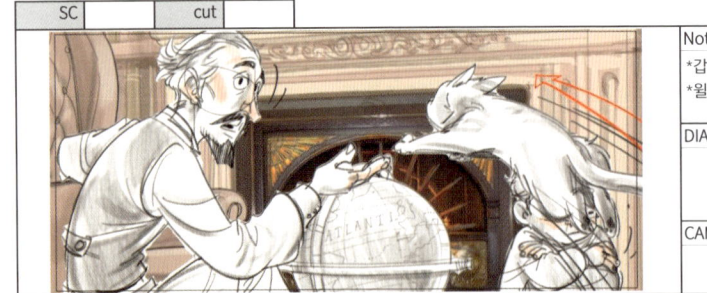

Note
*갑자기 윌리아가 frame in
*윌리아를 쳐다보는 디킨스

DIALOGUE

CAMERA

SC 15	cut 02		c

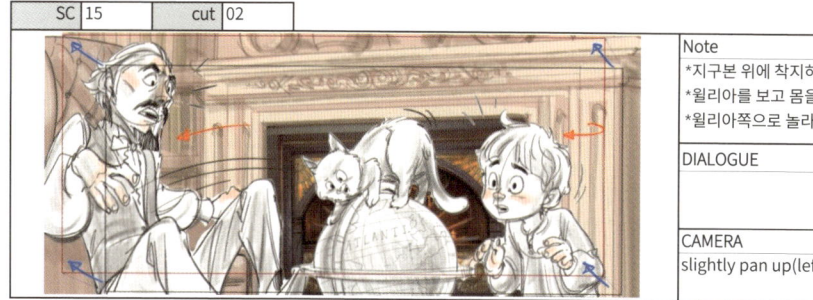

Note
*지구본 위에 착지하는 윌리아
*윌리아를 보고 몸을 뒤로 빼는 디킨스
*윌리아쪽으로 놀라 몸을 돌려보는 월터

DIALOGUE

CAMERA
slightly pan up(left)

SC	cut		d

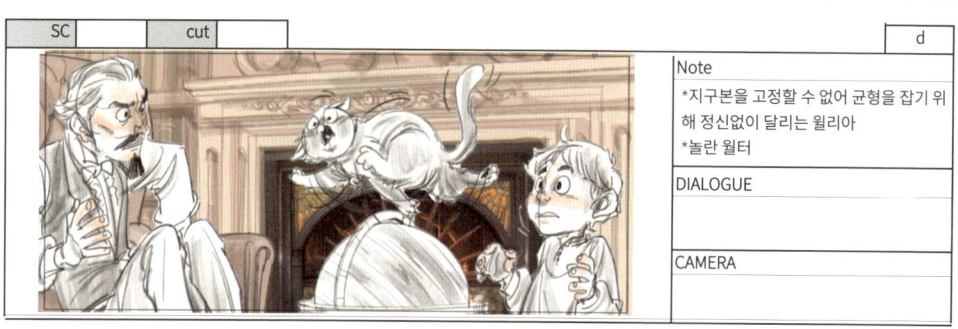

Note
*지구본을 고정할 수 없어 균형을 잡기 위해 정신없이 달리는 윌리아
*놀란 월터

DIALOGUE

CAMERA

SC 15	cut 03		a

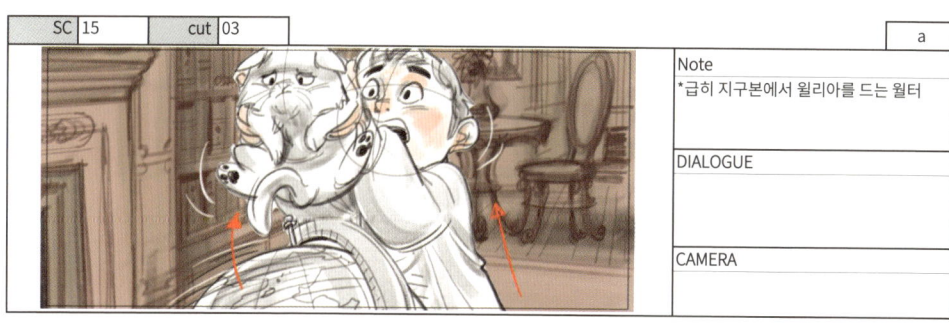

Note
*급히 지구본에서 윌리아를 드는 월터

DIALOGUE

CAMERA

SC	cut		b

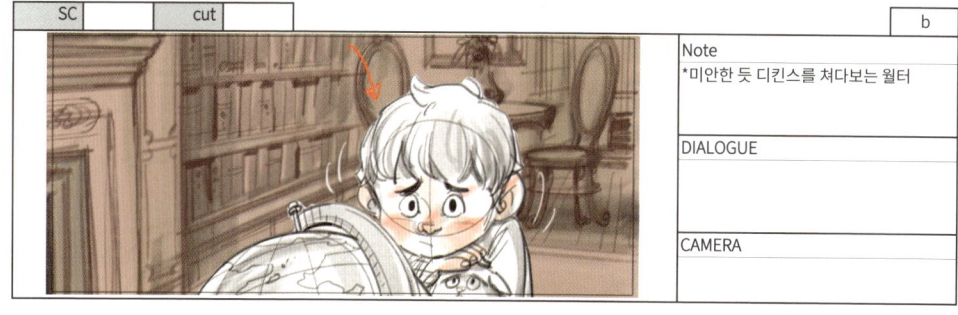

Note
*미안한 듯 디킨스를 쳐다보는 월터

DIALOGUE

CAMERA

SC	15	cut	04		a

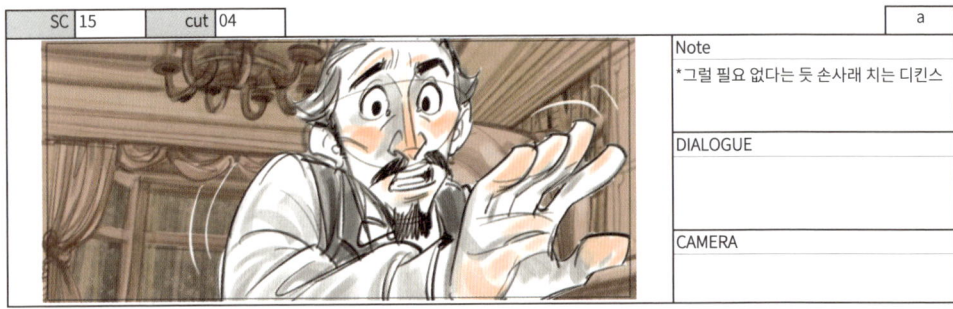

Note
*그럴 필요 없다는 듯 손사래 치는 디킨스

DIALOGUE

CAMERA

SC		cut			b

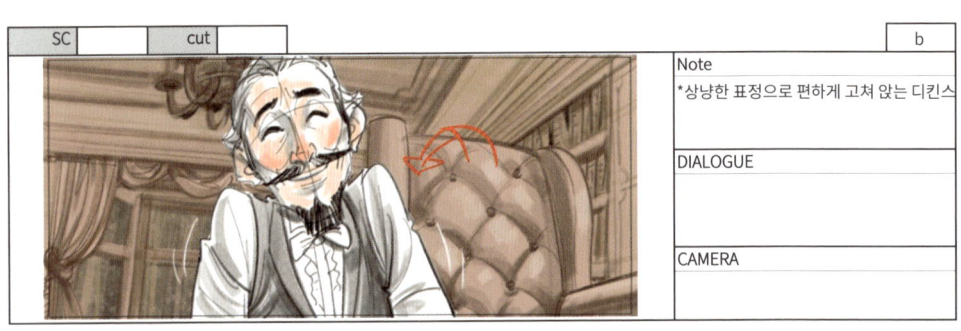

Note
*상냥한 표정으로 편하게 고쳐 앉는 디킨스

DIALOGUE

CAMERA

SC	15	cut	05		a

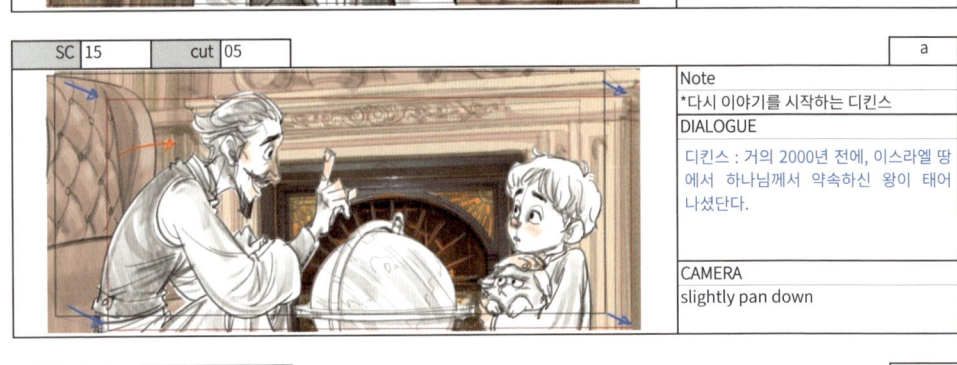

Note
*다시 이야기를 시작하는 디킨스

DIALOGUE
디킨스 : 거의 2000년 전에, 이스라엘 땅에서 하나님께서 약속하신 왕이 태어나셨단다.

CAMERA
slightly pan down

SC		cut			b

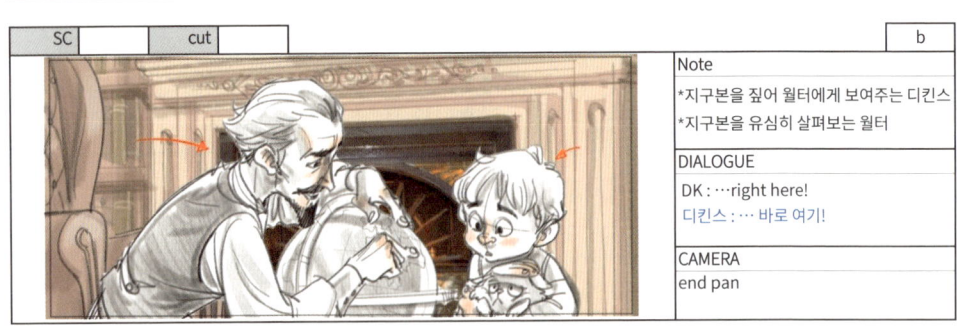

Note
*지구본을 짚어 월터에게 보여주는 디킨스
*지구본을 유심히 살펴보는 월터

DIALOGUE
DK : ⋯right here!
디킨스 : ⋯ 바로 여기!

CAMERA
end pan

SC 15	cut 06		a

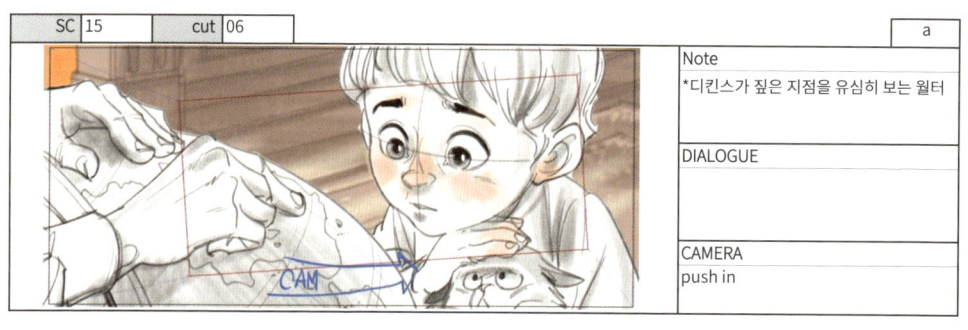

Note
*디킨스가 짚은 지점을 유심히 보는 월터

DIALOGUE

CAMERA
push in

SC	cut		b

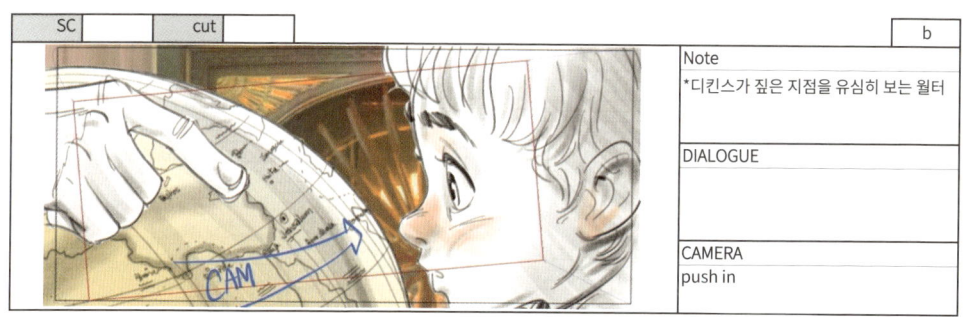

Note
*디킨스가 짚은 지점을 유심히 보는 월터

DIALOGUE

CAMERA
push in

SC	cut		c

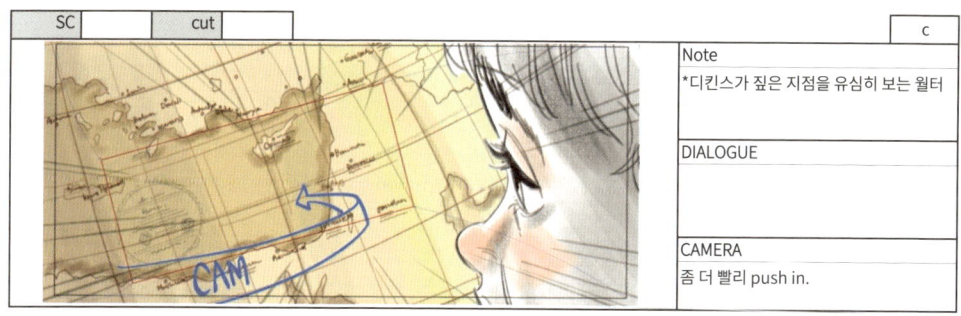

Note
*디킨스가 짚은 지점을 유심히 보는 월터

DIALOGUE

CAMERA
좀 더 빨리 push in.

SC	cut		d

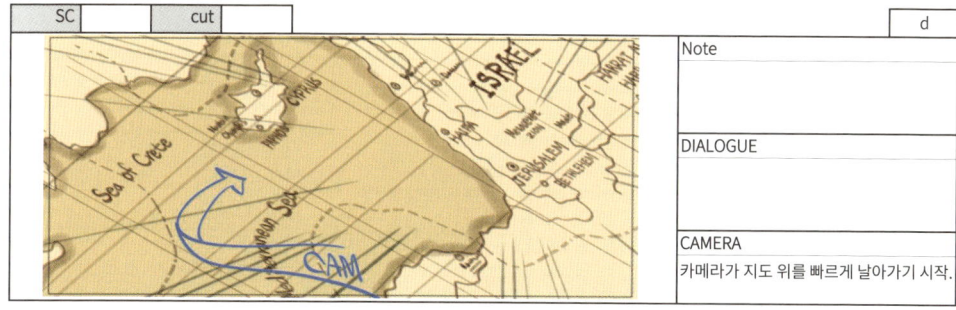

Note

DIALOGUE

CAMERA
카메라가 지도 위를 빠르게 날아가기 시작.

✦ 베들레헴을 배경으로 만삭의 마리아 등장 ✦

SC	16	cut	01		u

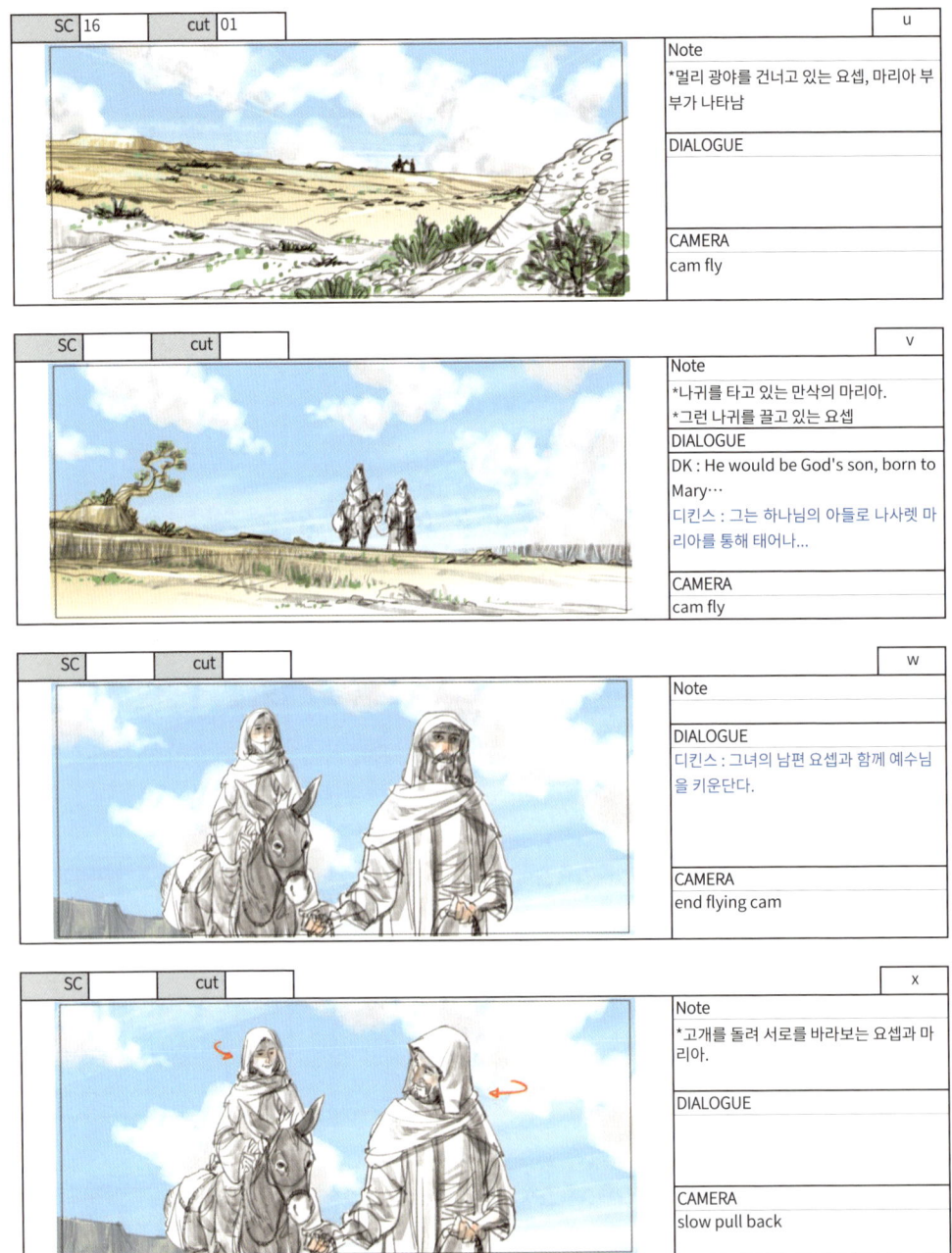

Note
*멀리 광야를 건너고 있는 요셉, 마리아 부부가 나타남

DIALOGUE

CAMERA
cam fly

SC		cut			v

Note
*나귀를 타고 있는 만삭의 마리아.
*그런 나귀를 끌고 있는 요셉

DIALOGUE
DK : He would be God's son, born to Mary…
디킨스 : 그는 하나님의 아들로 나사렛 마리아를 통해 태어나...

CAMERA
cam fly

SC		cut			w

Note

DIALOGUE
디킨스 : 그녀의 남편 요셉과 함께 예수님을 키운단다.

CAMERA
end flying cam

SC		cut			x

Note
*고개를 돌려 서로를 바라보는 요셉과 마리아.

DIALOGUE

CAMERA
slow pull back

SC 16	cut 02		a

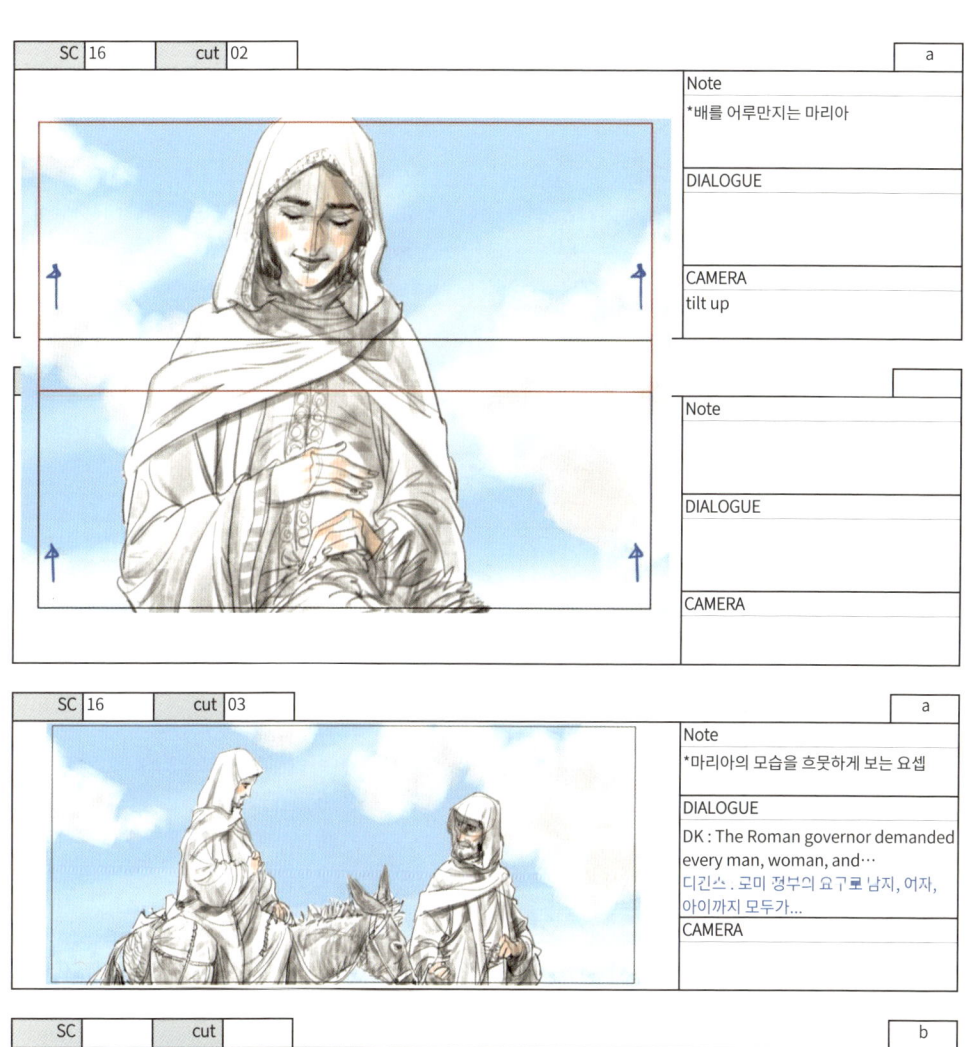

Note
*배를 어루만지는 마리아

DIALOGUE

CAMERA
tilt up

Note

DIALOGUE

CAMERA

SC 16	cut 03		a

Note
*마리아의 모습을 흐뭇하게 보는 요셉

DIALOGUE
DK : The Roman governor demanded every man, woman, and…
디킨스 . 로미 정부의 요구로 남자, 여자, 아이까지 모두가...

CAMERA

SC	cut		b

Note
*다시 갈 길을 리드하는 요셉

DIALOGUE
DK : … child return to their hometown to be accounted for.
디킨스 : 인구조사를 받으러 그들의 고향으로 갔단다.

CAMERA

✦ 천사의 도움으로 아기 예수님을 보호하며 탈출 ✦

SC	31	cut	01	마구간 내부 / 밤		a

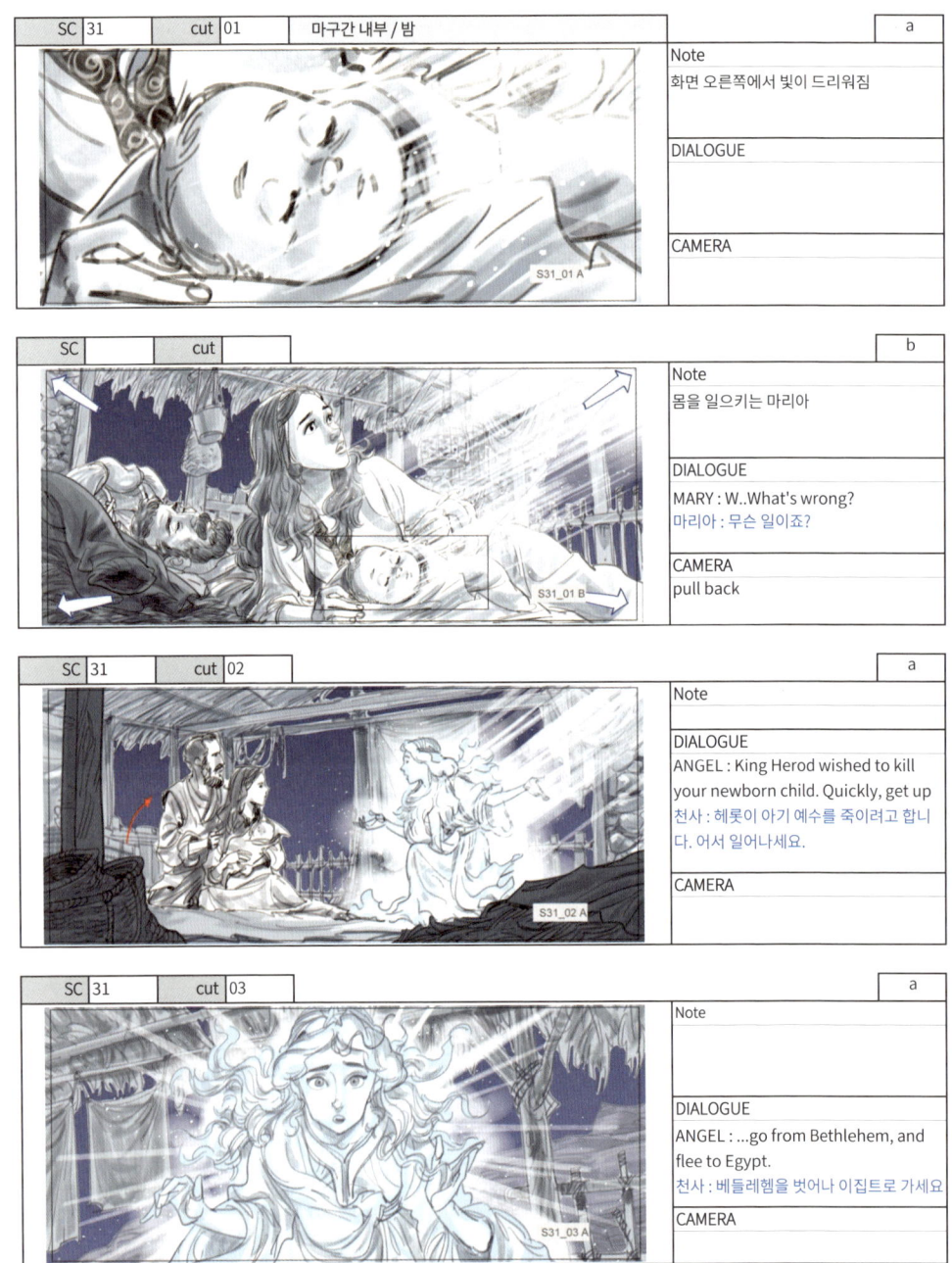

Note
화면 오른쪽에서 빛이 드리워짐

DIALOGUE

CAMERA

S31_01 A

SC		cut				b

Note
몸을 일으키는 마리아

DIALOGUE
MARY : W..What's wrong?
마리아 : 무슨 일이죠?

CAMERA
pull back

S31_01 B

SC	31	cut	02			a

Note

DIALOGUE
ANGEL : King Herod wished to kill your newborn child. Quickly, get up
천사 : 헤롯이 아기 예수를 죽이려고 합니다. 어서 일어나세요.

CAMERA

S31_02 A

SC	31	cut	03			a

Note

DIALOGUE
ANGEL : ...go from Bethlehem, and flee to Egypt.
천사 : 베들레헴을 벗어나 이집트로 가세요

CAMERA

S31_03 A

SC	31	cut	03		b

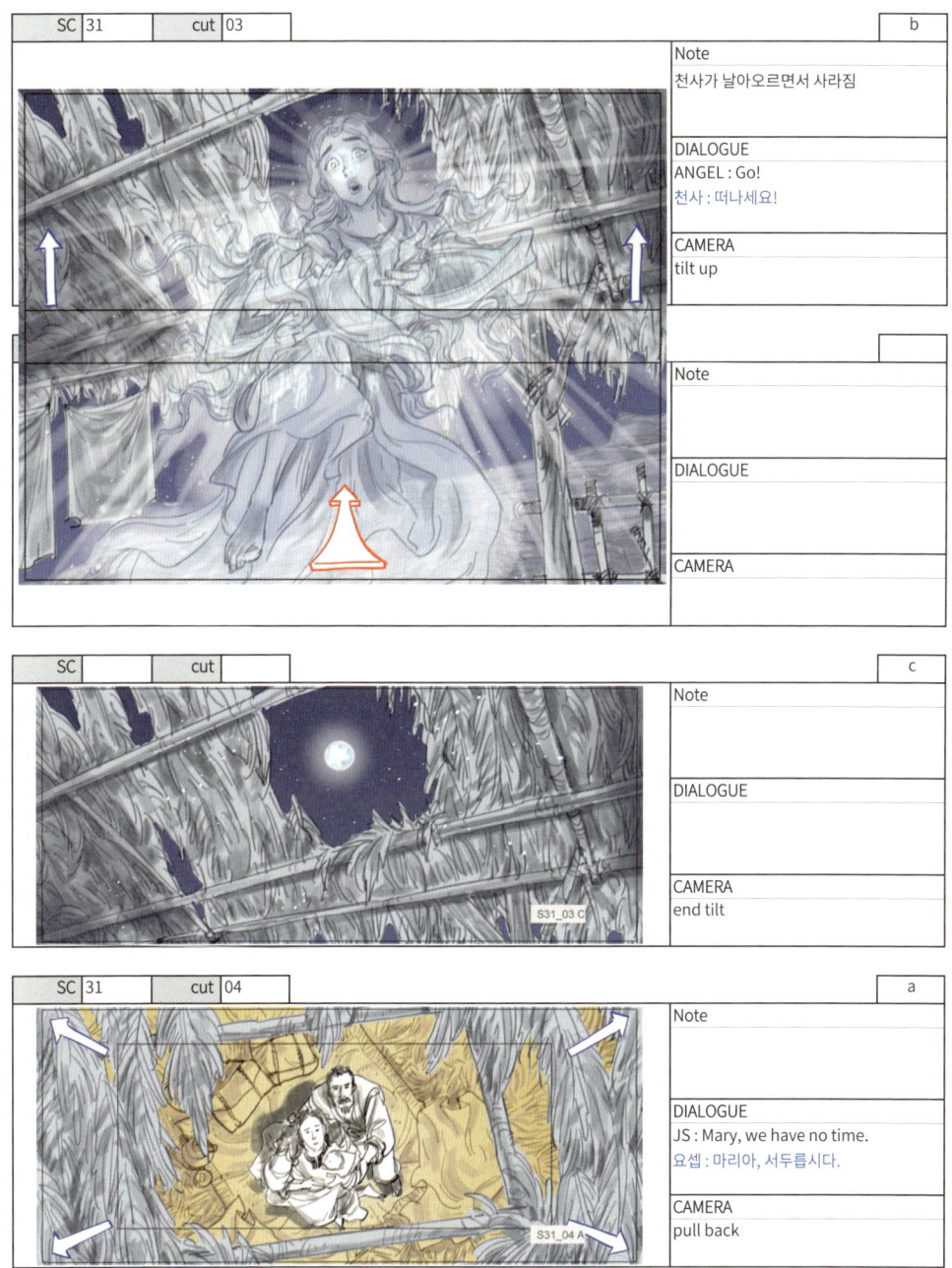

Note
천사가 날아오르면서 사라짐

DIALOGUE
ANGEL : Go!
천사 : 떠나세요!

CAMERA
tilt up

Note

DIALOGUE

CAMERA

SC		cut			c

Note

DIALOGUE

CAMERA
end tilt

S31_03 C

SC	31	cut	04		a

Note

DIALOGUE
JS : Mary, we have no time.
요셉 : 마리아, 서두릅시다.

CAMERA
pull back

S31_04 A

SC	32	cut	05		d

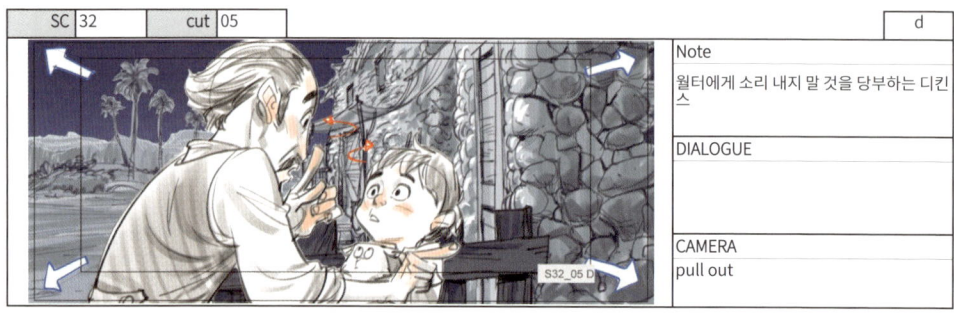

Note

월터에게 소리 내지 말 것을 당부하는 디킨스

DIALOGUE

CAMERA

pull out

SC		cut			e

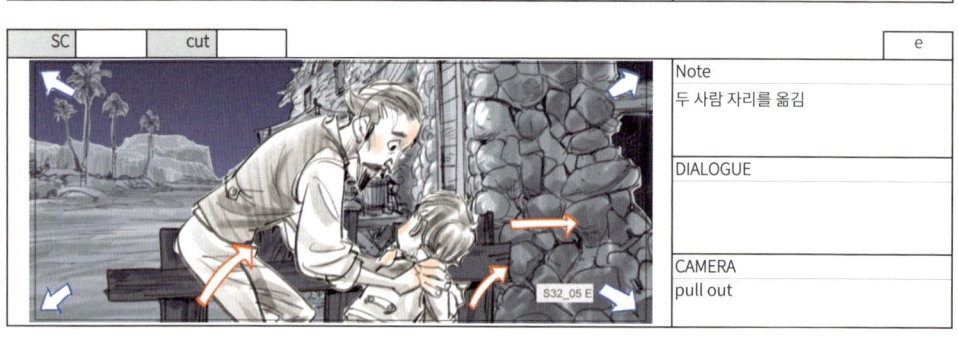

Note

두 사람 자리를 옮김

DIALOGUE

CAMERA

pull out

SC		cut			f

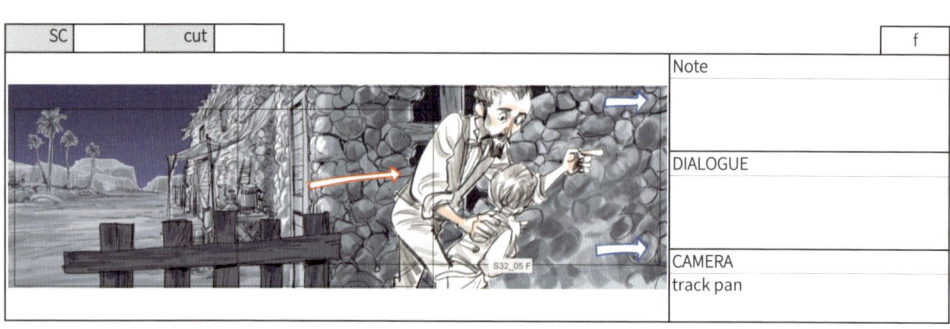

Note

DIALOGUE

CAMERA

track pan

SC		cut			g

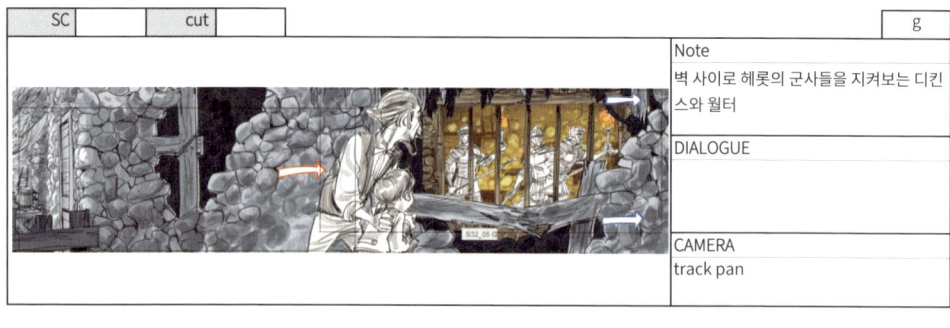

Note

벽 사이로 헤롯의 군사들을 지켜보는 디킨스와 월터

DIALOGUE

CAMERA

track pan

SC	32	cut	05		h

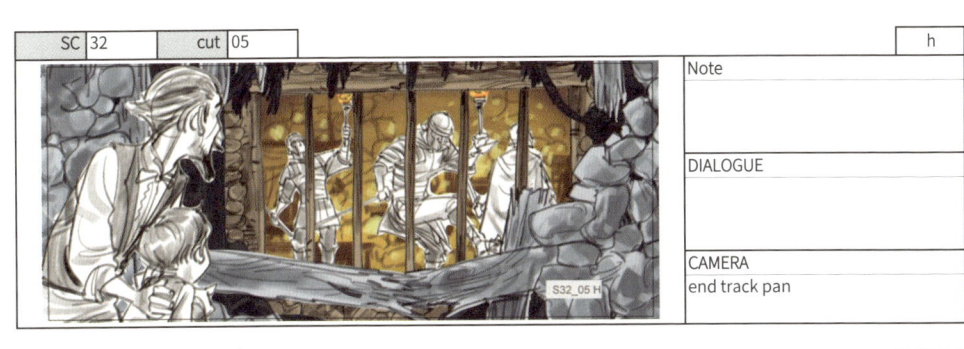

Note

DIALOGUE

CAMERA
end track pan

SC		cut			i

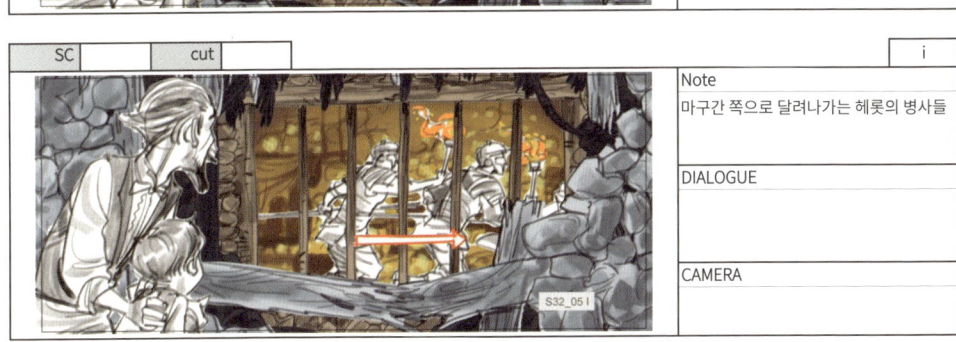

Note
마구간 쪽으로 달려나가는 헤롯의 병사들

DIALOGUE

CAMERA

SC		cut			j

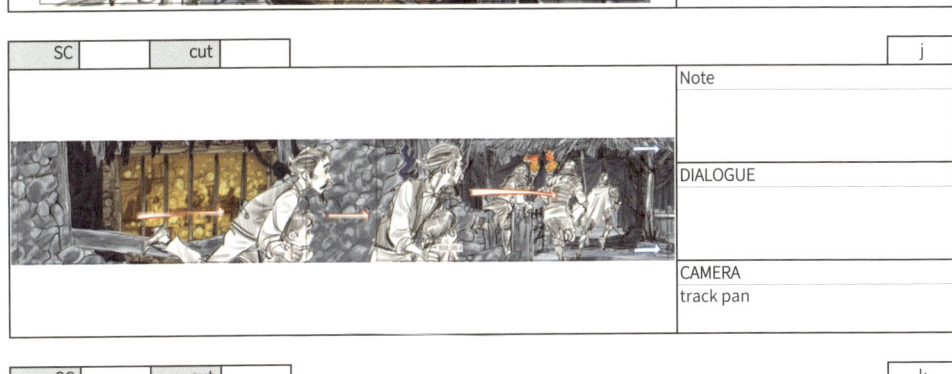

Note

DIALOGUE

CAMERA
track pan

SC		cut			k

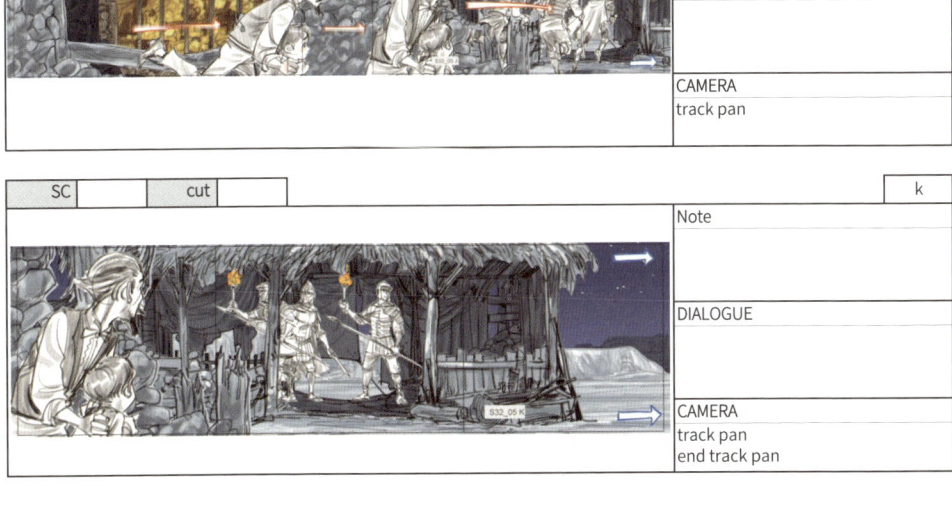

Note

DIALOGUE

CAMERA
track pan
end track pan

SC 32	cut 05		l

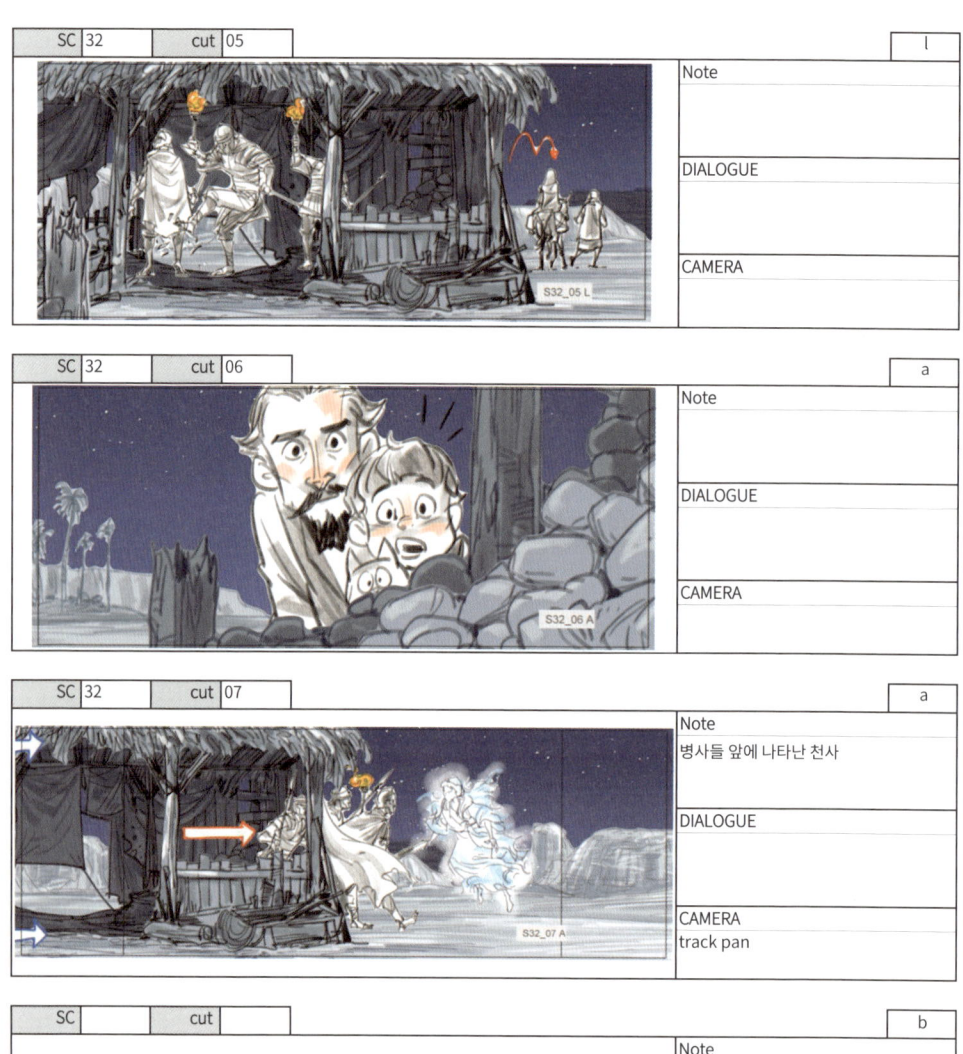

Note

DIALOGUE

CAMERA

SC 32	cut 06		a

Note

DIALOGUE

CAMERA

SC 32	cut 07		a

Note
병사들 앞에 나타난 천사

DIALOGUE

CAMERA
track pan

SC	cut		b

Note
천사의 형체가 퍼지면서 짙은 안개 구름이 됨. 카메라가 이동하면서 떠나는 요셉 가족의 모습이 보임

DIALOGUE

CAMERA
track pan

SC	32	cut	07		c

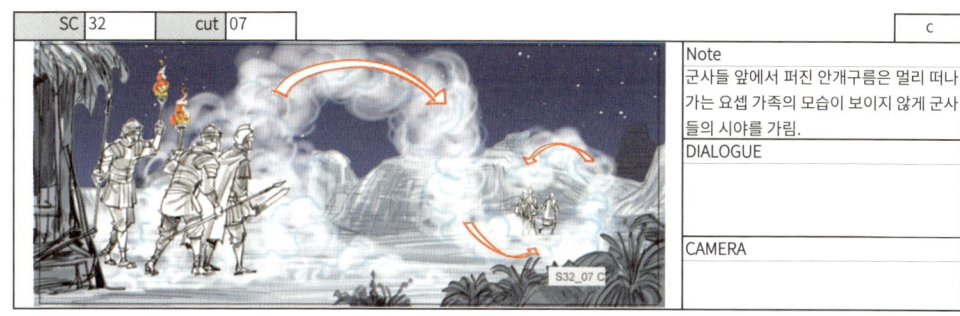

Note
군사들 앞에서 퍼진 안개구름은 멀리 떠나가는 요셉 가족의 모습이 보이지 않게 군사들의 시야를 가림.

DIALOGUE

CAMERA

SC		cut			d

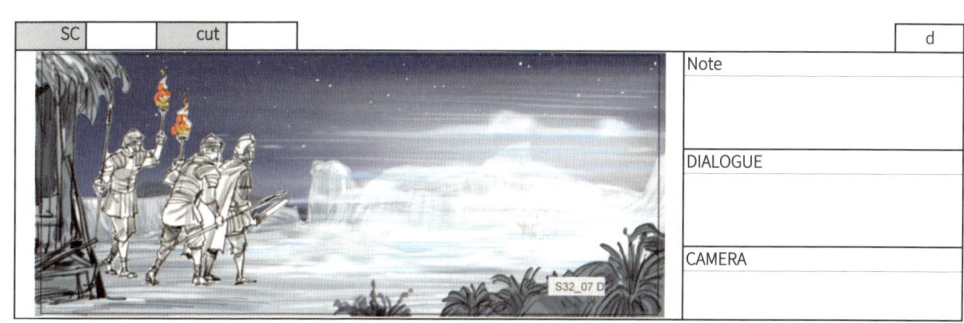

Note

DIALOGUE

CAMERA

SC	32	cut	08		a

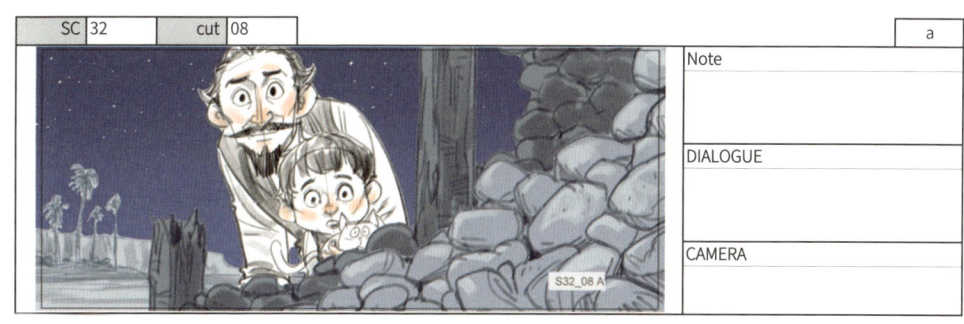

Note

DIALOGUE

CAMERA

SC		cut			b

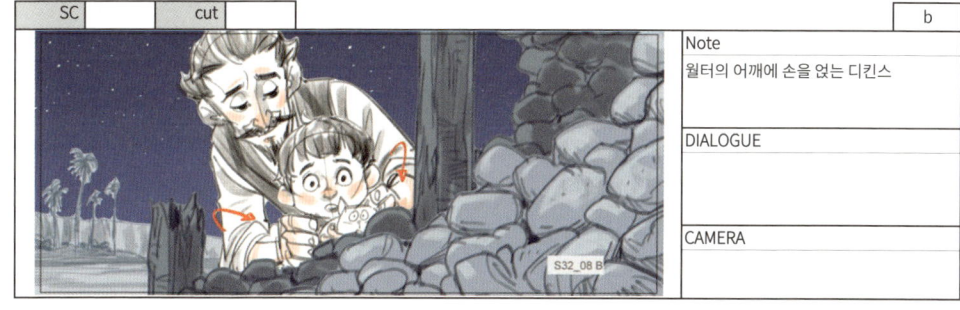

Note
월터의 어깨에 손을 얹는 디킨스

DIALOGUE

CAMERA

✦ 점점 이야기에 빠져드는 월터 ✦

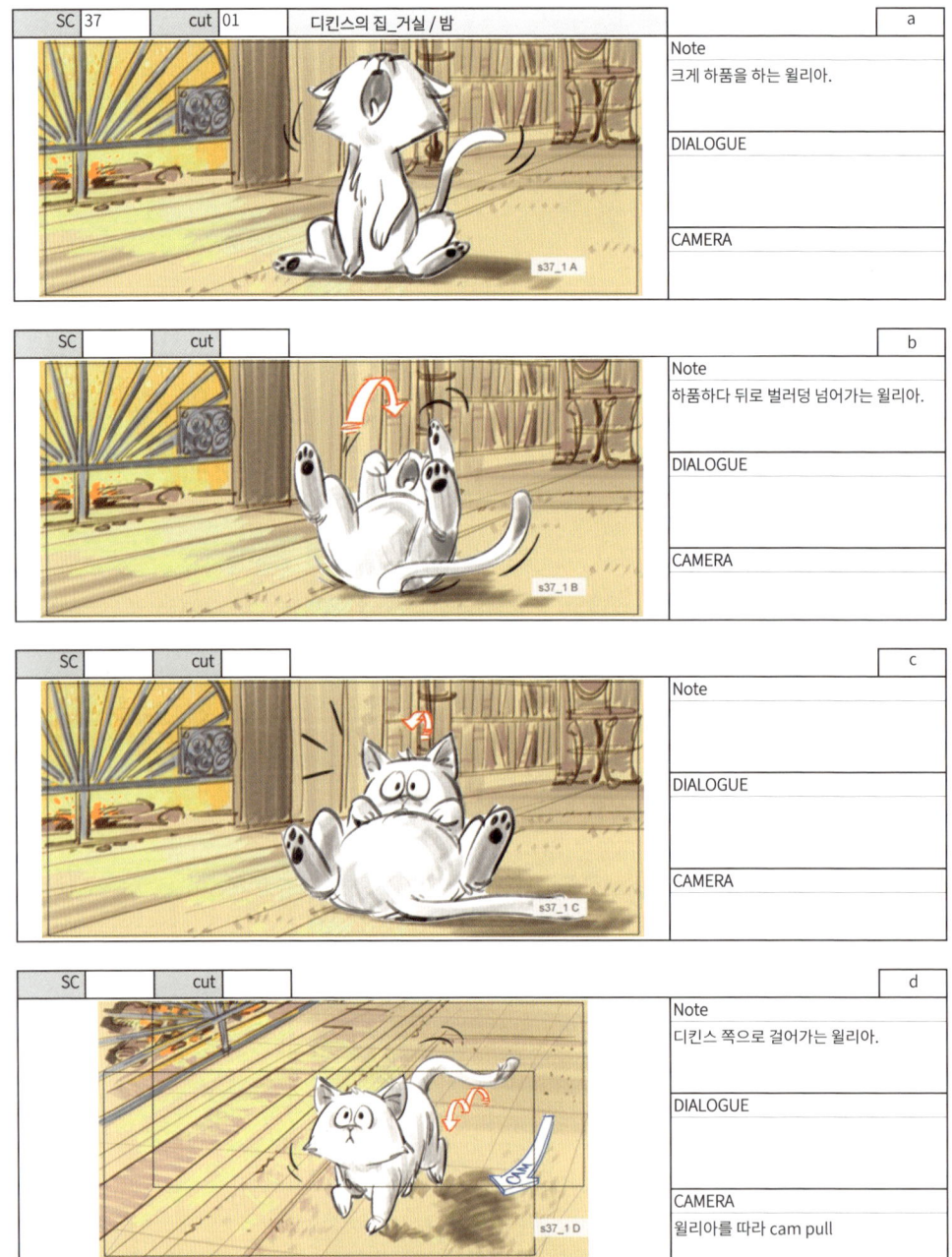

SC	37		cut	01	디킨스의 집_거실 / 밤		a

Note
크게 하품을 하는 윌리아.

DIALOGUE

CAMERA

s37_1 A

SC			cut				b

Note
하품하다 뒤로 벌러덩 넘어가는 윌리아.

DIALOGUE

CAMERA

s37_1 B

SC			cut				c

Note

DIALOGUE

CAMERA

s37_1 C

SC			cut				d

Note
디킨스 쪽으로 걸어가는 윌리아.

DIALOGUE

CAMERA
윌리아를 따라 cam pull

s37_1 D

SC	37	cut	03		a

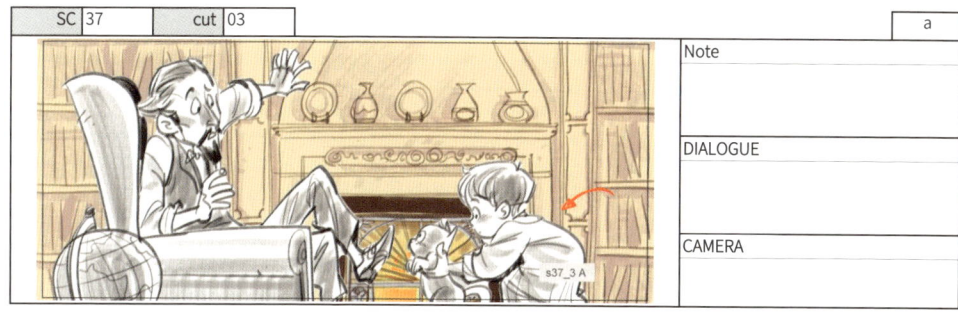

Note

DIALOGUE

CAMERA

SC		cut			b

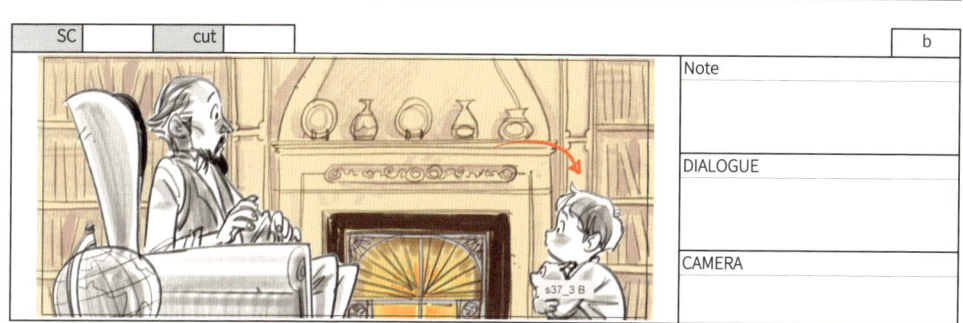

Note

DIALOGUE

CAMERA

SC	37	cut	04		a

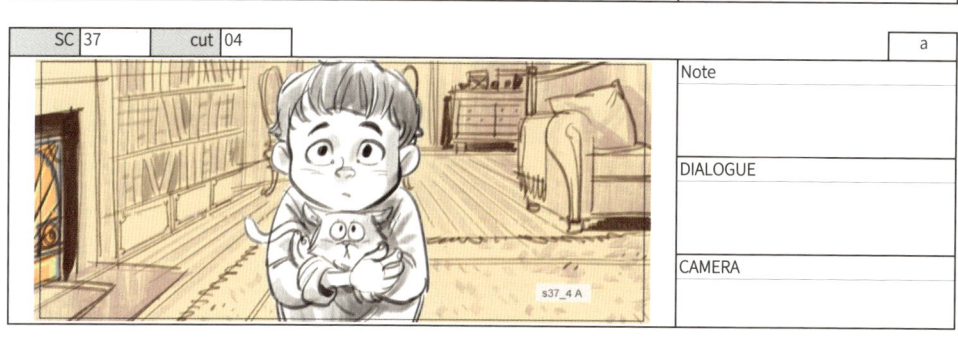

Note

DIALOGUE

CAMERA

SC	37	cut	05		a

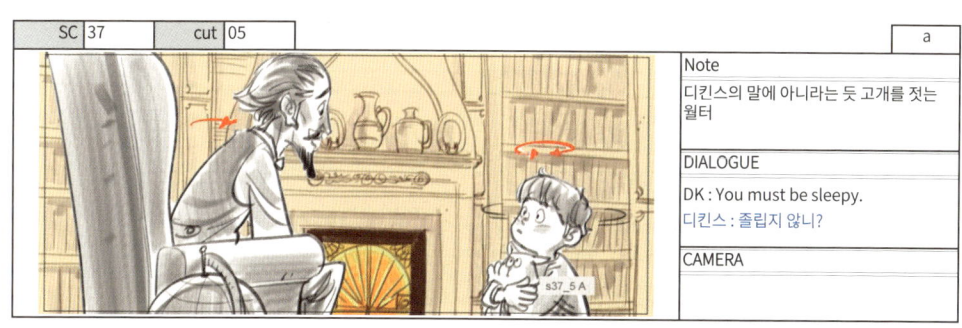

Note
디킨스의 말에 아니라는 듯 고개를 젓는
월터

DIALOGUE
DK : You must be sleepy.
디킨스 : 졸립지 않니?

CAMERA

SC 37	cut 06		a

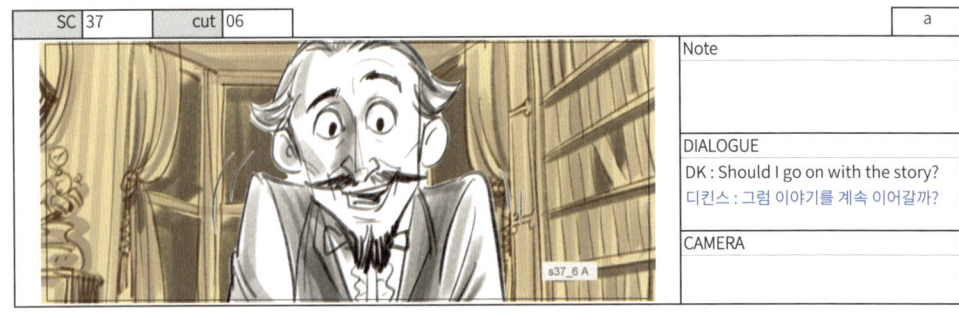

Note

DIALOGUE
DK : Should I go on with the story?
디킨스 : 그럼 이야기를 계속 이어갈까?

CAMERA

SC 37	cut 07		a

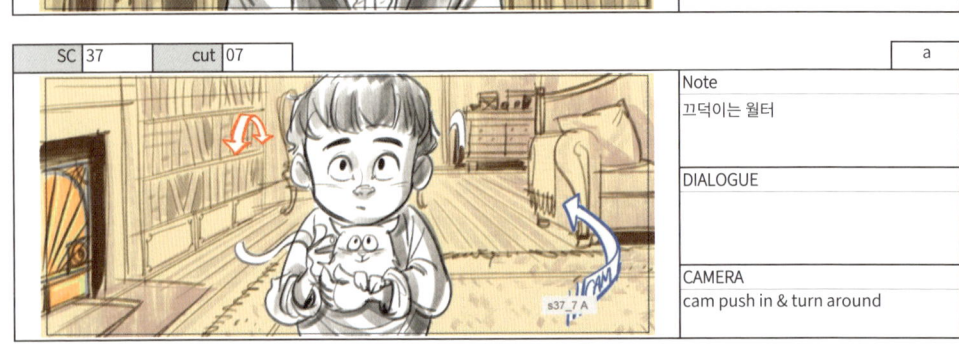

Note
끄덕이는 월터

DIALOGUE

CAMERA
cam push in & turn around

SC	cut		b

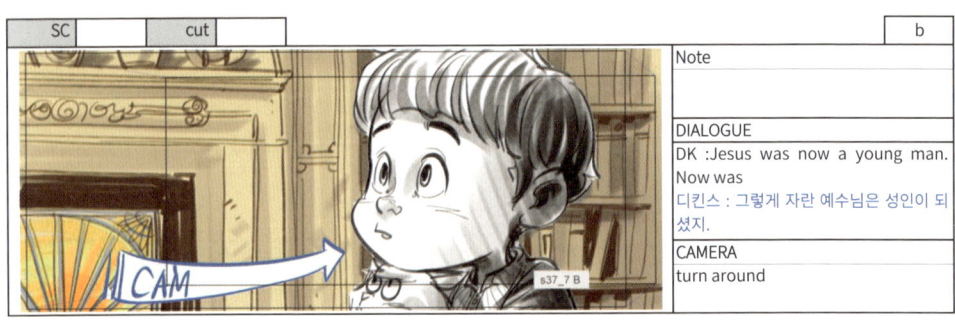

Note

DIALOGUE
DK :Jesus was now a young man.
Now was
디킨스 : 그렇게 자란 예수님은 성인이 되셨지.

CAMERA
turn around

SC	cut		c

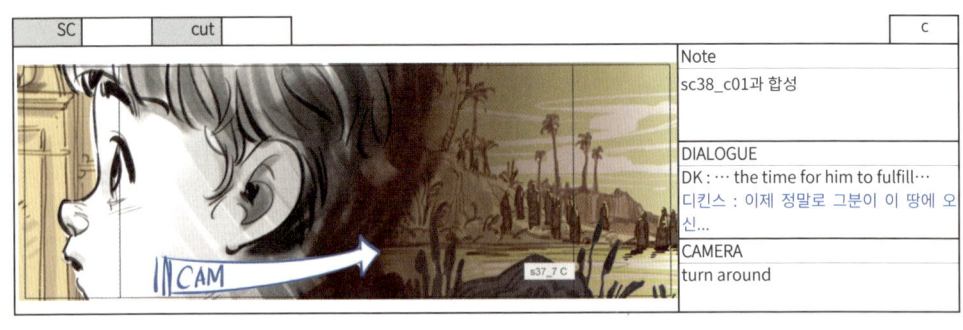

Note
sc38_c01과 합성

DIALOGUE
DK : … the time for him to fulfill…
디킨스 : 이제 정말로 그분이 이 땅에 오신...

CAMERA
turn around

SC	38	cut	01	요단강 / 낮		a

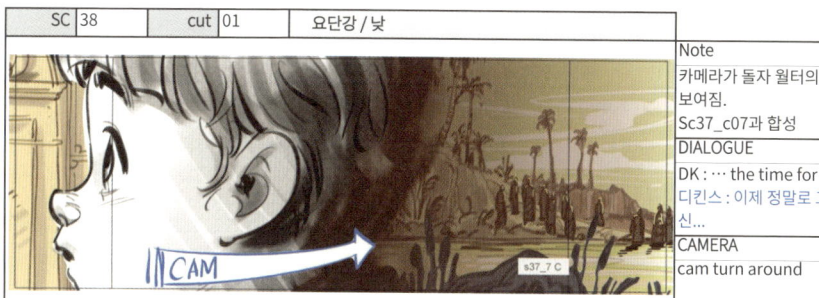

	Note 카메라가 돌자 월터의 머리 뒤로 요단강이 보여짐. Sc37_c07과 합성
	DIALOGUE DK : … the time for him to fulfill… 디킨스 : 이제 정말로 그분이 이 땅에 오신...
	CAMERA cam turn around

SC		cut			b

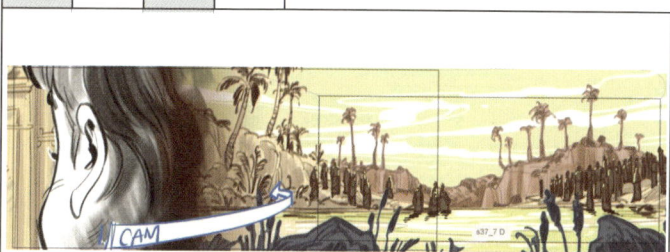

	Note 카메라가 돌자 월터의 머리 뒤로 요단강이 보여짐.
	DIALOGUE DK : … Purpose for which he had come… 디킨스 : … 목적을 이루기 위해 일을 시작하실 때가…
	CAMERA cam turn around

SC		cut			c

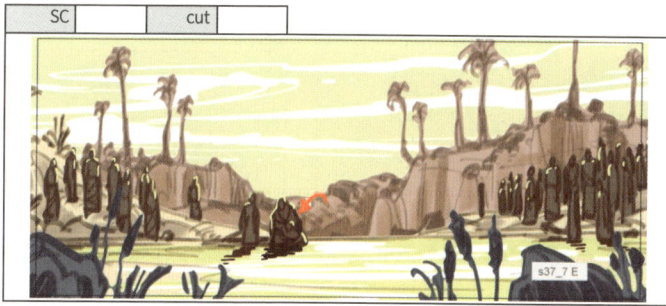

	Note 강 중심엔 세례 요한 세례식을 하고 있음. 주변에 그 모습을 지켜보는 수십 명.
	DIALOGUE DK : … into this world. 디킨스 : 틴 기간다.
	CAMERA end turn around

SC		cut			

	Note
	DIALOGUE
	CAMERA

✦ 세례를 받고 하나님의 음성을 들은 예수님 ✦

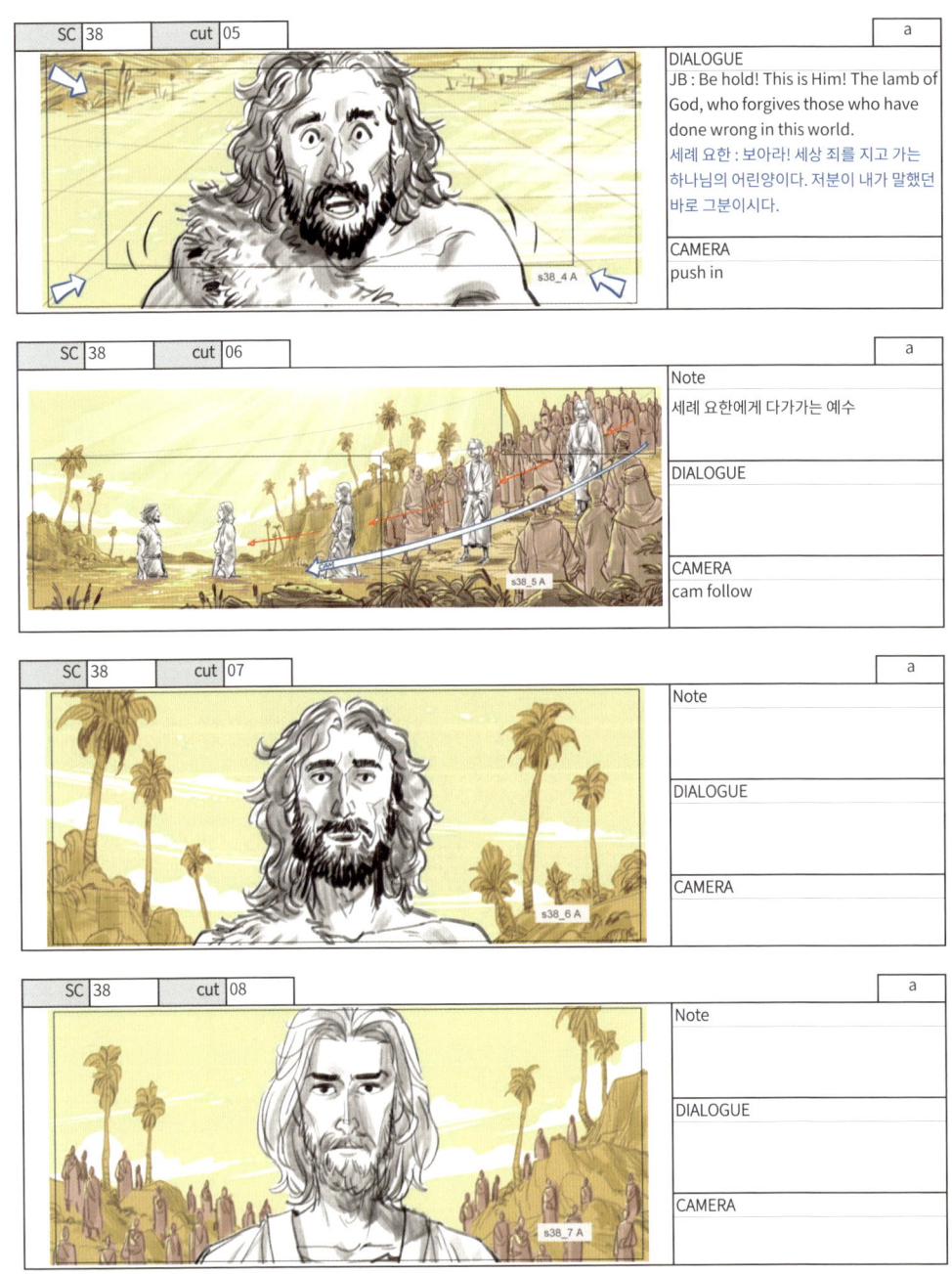

| SC 38 | cut 05 | a |

DIALOGUE
JB : Be hold! This is Him! The lamb of God, who forgives those who have done wrong in this world.
세례 요한 : 보아라! 세상 죄를 지고 가는 하나님의 어린양이다. 저분이 내가 말했던 바로 그분이시다.

CAMERA
push in

s38_4 A

| SC 38 | cut 06 | a |

Note
세례 요한에게 다가가는 예수

DIALOGUE

CAMERA
cam follow

s38_5 A

| SC 38 | cut 07 | a |

Note

DIALOGUE

CAMERA

s38_6 A

| SC 38 | cut 08 | a |

Note

DIALOGUE

CAMERA

s38_7 A

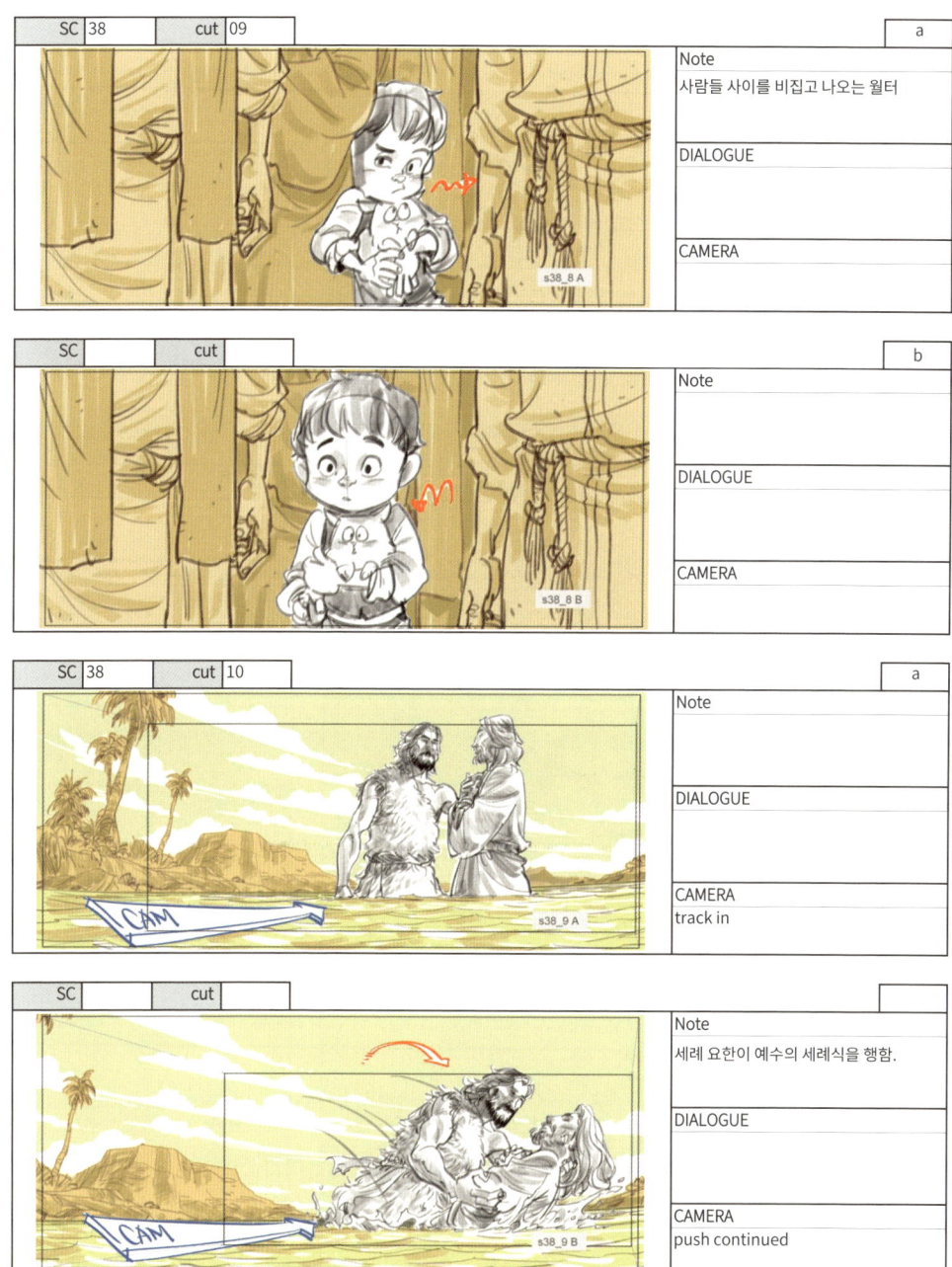

SC 38	cut 09		a
		Note	
		사람들 사이를 비집고 나오는 월터	
		DIALOGUE	
		CAMERA	

SC	cut		b
		Note	
		DIALOGUE	
		CAMERA	

SC 38	cut 10		a
		Note	
		DIALOGUE	
		CAMERA	
		track in	

SC	cut		
		Note	
		세례 요한이 예수의 세례식을 행함.	
		DIALOGUE	
		CAMERA	
		push continued	

| SC | 38 | cut | 10 | | c |

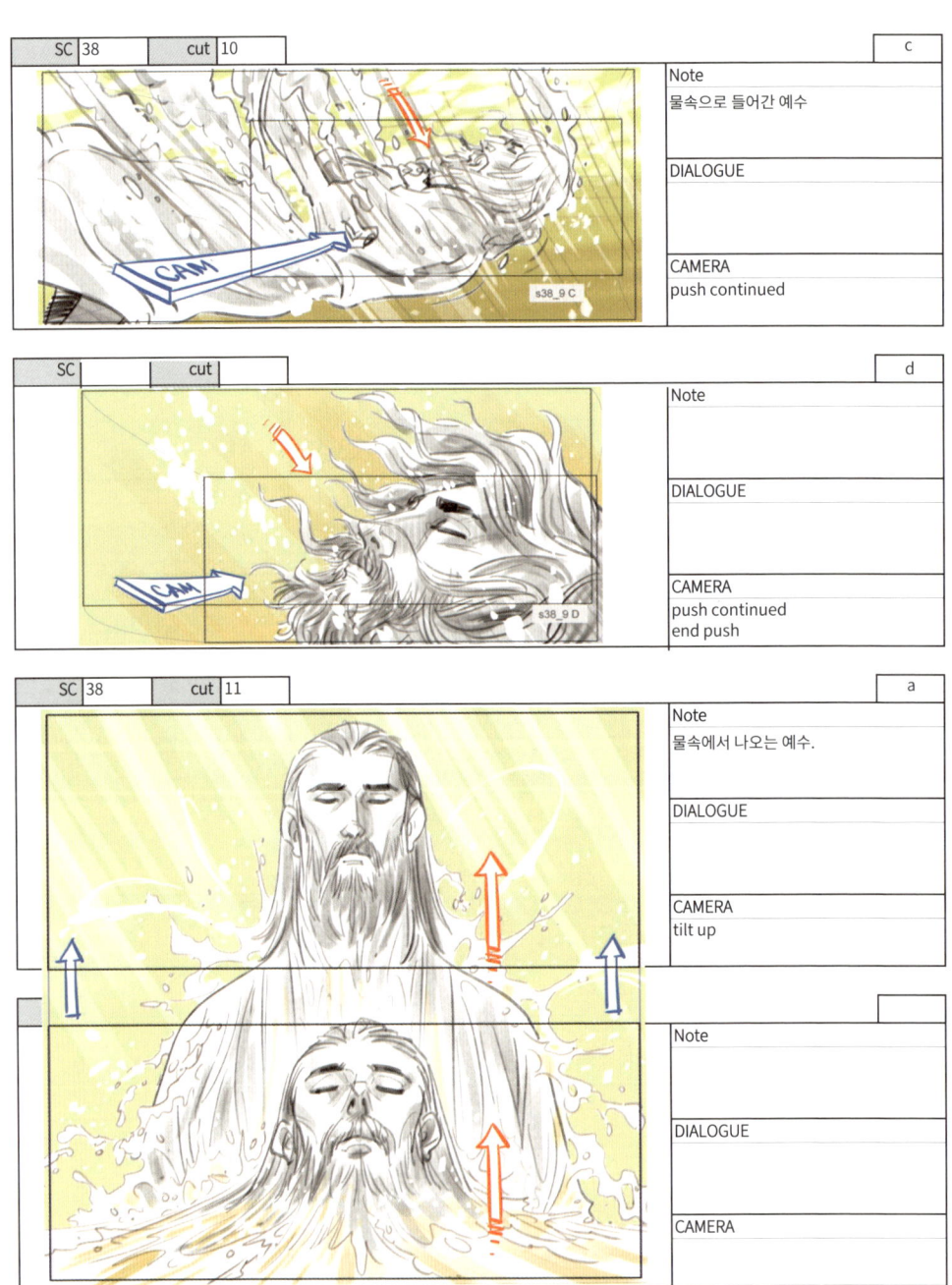

Note
물속으로 들어간 예수

DIALOGUE

CAMERA
push continued

s38_9 C

| SC | | cut | | | d |

Note

DIALOGUE

CAMERA
push continued
end push

s38_9 D

| SC | 38 | cut | 11 | | a |

Note
물속에서 나오는 예수.

DIALOGUE

CAMERA
tilt up

Note

DIALOGUE

CAMERA

SC	38	cut	12		a

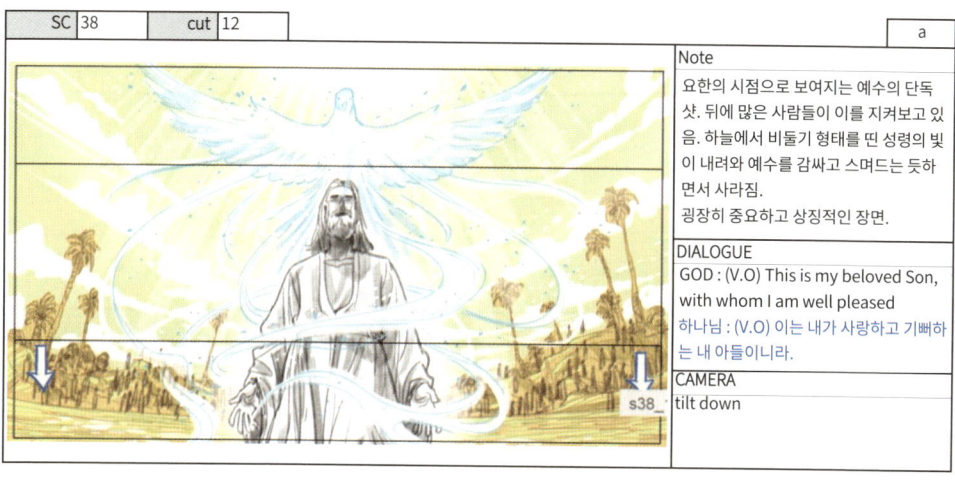

Note

요한의 시점으로 보여지는 예수의 단독
샷. 뒤에 많은 사람들이 이를 지켜보고 있
음. 하늘에서 비둘기 형태를 띤 성령의 빛
이 내려와 예수를 감싸고 스며드는 듯하
면서 사라짐.
굉장히 중요하고 상징적인 장면.

DIALOGUE

GOD : (V.O) This is my beloved Son,
with whom I am well pleased
하나님 : (V.O) 이는 내가 사랑하고 기뻐하
는 내 아들이니라.

CAMERA

tilt down

s38_

SC		cut			b

s38_11 B

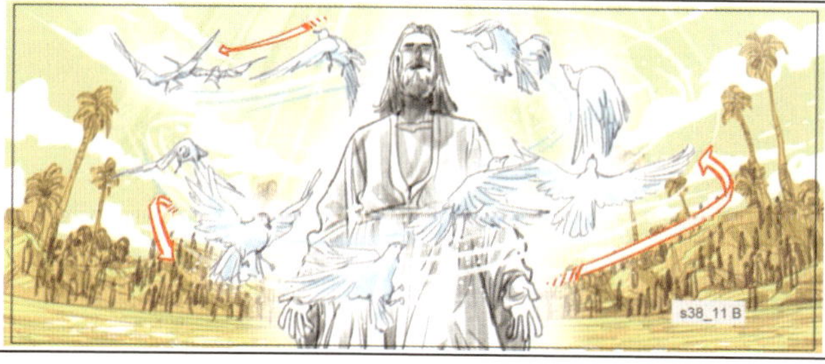

Note

실제의 비둘기들이 나타나 예수 주변을
에워싼 후 날아감.

DIALOGUE

CAMERA

SC		cut			

Note

DIALOGUE

CAMERA

✦ 예수님, 그리고 열두 제자 ✦

SC	42	cut	02	갈릴리 바닷가 / 낮		a

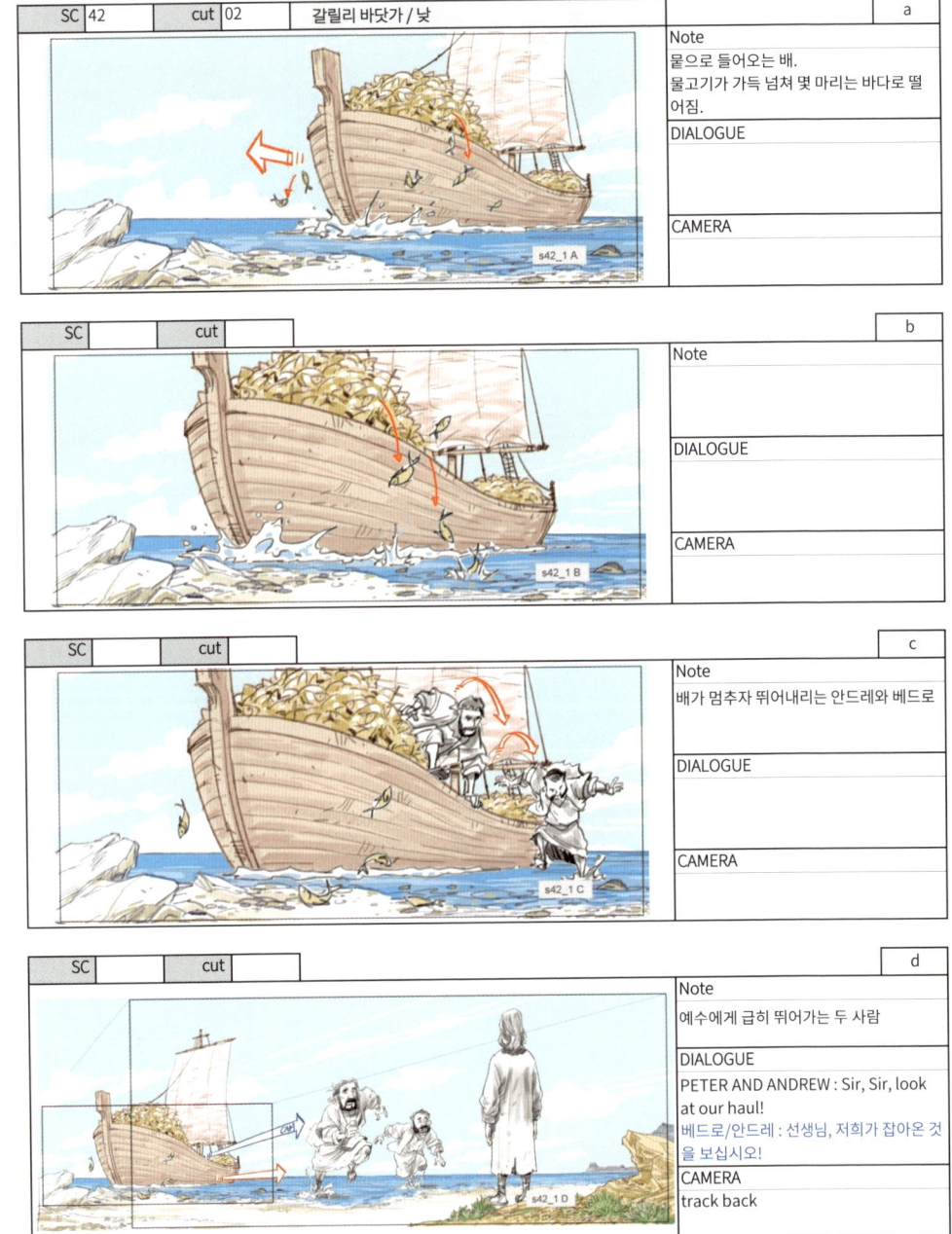

Note
묻으로 들어오는 배.
물고기가 가득 넘쳐 몇 마리는 바다로 떨어짐.

DIALOGUE

CAMERA

SC		cut			b

Note

DIALOGUE

CAMERA

SC		cut			c

Note
배가 멈추자 뛰어내리는 안드레와 베드로

DIALOGUE

CAMERA

SC		cut			d

Note
예수에게 급히 뛰어가는 두 사람

DIALOGUE
PETER AND ANDREW : Sir, Sir, look at our haul!
베드로/안드레 : 선생님, 저희가 잡아온 것을 보십시오!

CAMERA
track back

SC	42	cut	02		a

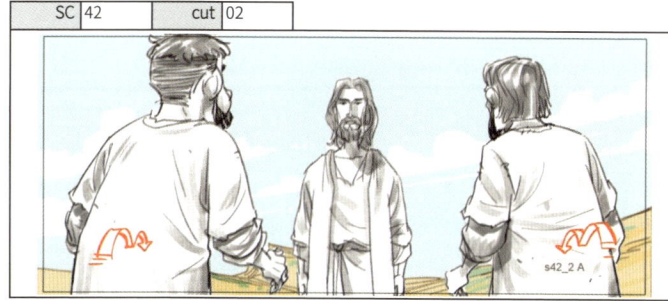

Note

DIALOGUE
PETER : We caught fish so big our net is torn!
베드로 : 물고기를 너무 많이 잡아서 그물이 찢어졌습니다!
JESUS : Peter, Andrew…
예수 : 베드로야, 안드레야…

CAMERA

SC	42	cut	03		a

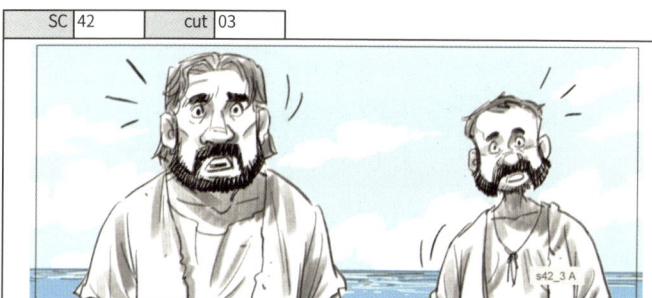

Note
말한 적 없는 자신들의 이름을 예수가 말하자 깜짝 놀라는 두 사람

DIALOGUE
ANDREW : Who are you?
안드레 : 당신은 누구십니까?

CAMERA

SC	42	cut	04		a

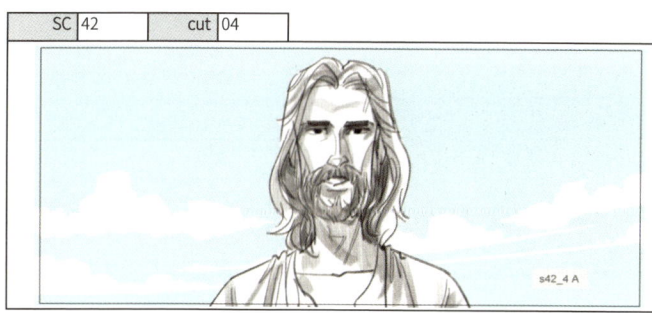

Note

DIALOGUE
JESUS : Follow me, and I will make you fishers of men.
예수 : 나를 따르라. 내가 너희로 하여금 사람 낚는 어부가 되게 하리라.

CAMERA

SC	42	cut	05		a

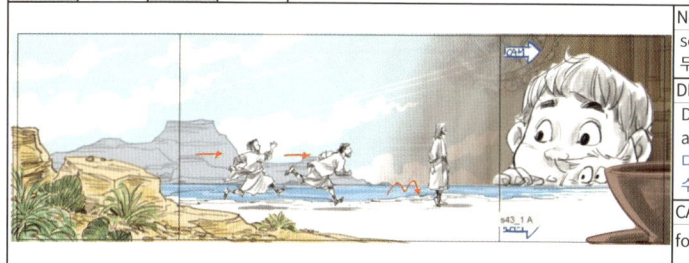

Note
sc43_c01과 합성.
두 사람이 예수를 쫓아감.

DIALOGUE
DK : From that moment on, Peter and Andrew were disciples of Jesus.
디킨스 : 저 때부터 베드로와 안드레는 예수님의 사도가 되었지.

CAMERA
follow pan

SC 43	cut 01	디킨스의 집_거실 ▶ 광야 / 밤 ▶ 낮	a

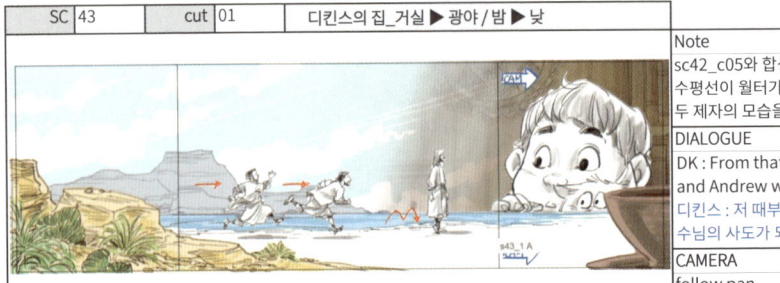

Note
sc42_c05와 합성
수평선이 월터가 쥐는 탁자가 됨. 예수와
두 제자의 모습을 바라보는 월터와 윌리아.

DIALOGUE
DK : From that moment on, Peter
and Andrew were disciples of Jesus.
디킨스 : 저 때부터 베드로와 안드레는 예
수님의 사도가 되었지.

CAMERA
follow pan

SC	cut		b

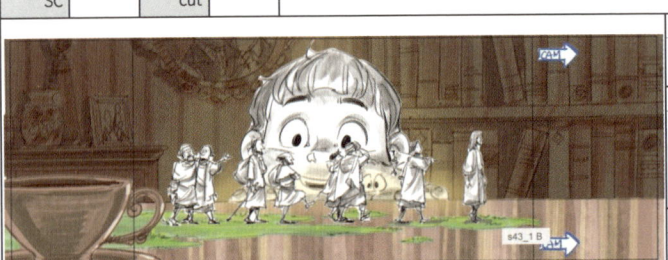

Note
탁자 위의 제자들이 하나 둘 늘어남.

DIALOGUE
DK : The apostles, twelve in total,
were Jesus' closest followers.
디킨스 : 예수님과 가장 가까이서 따른 사
도들은 열두 명이야.

CAMERA
follow pan

SC	cut		c

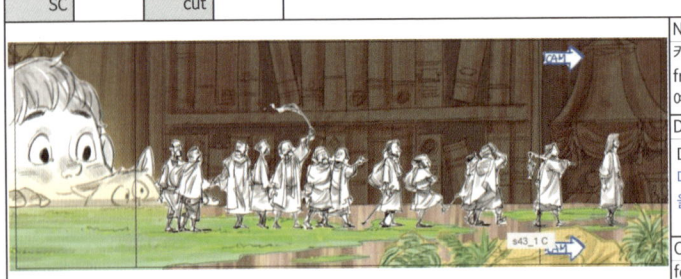

Note
카메라 움직임에 따라 월터와 윌리아는
frame out.
예수의 제자는 총 12명이 됨.

DIALOGUE
DK : They learned from Him,…
디킨스 : 그들은 예수님으로부터 가르침
을 얻었고…

CAMERA
follow pan

SC	cut		d

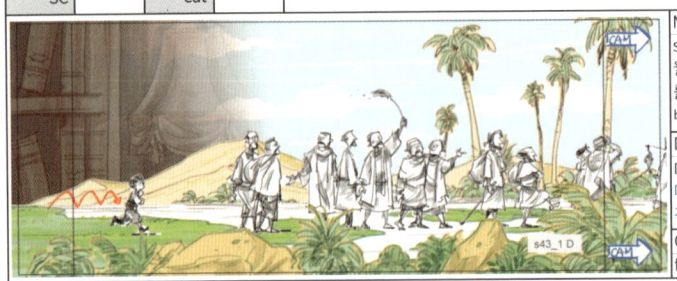

Note
sc43_c01과 합성.
월터와 윌리아가 완전히 out되자 윌리아
를 안고 12제자를 따라 뛰어가는 월터.
배경은 다시 예수 시대로 바뀜(합성)

DIALOGUE
DK : …and they witnessed His miracles.
디킨스 : …예수님이 행하시는 기적의 목
격자가 되었지.

CAMERA
follow pan

✦ 예수님의 가르침을 받기 위해 모여든 사람들 ✦

SC	50	cut	01	광야 / 낮		a

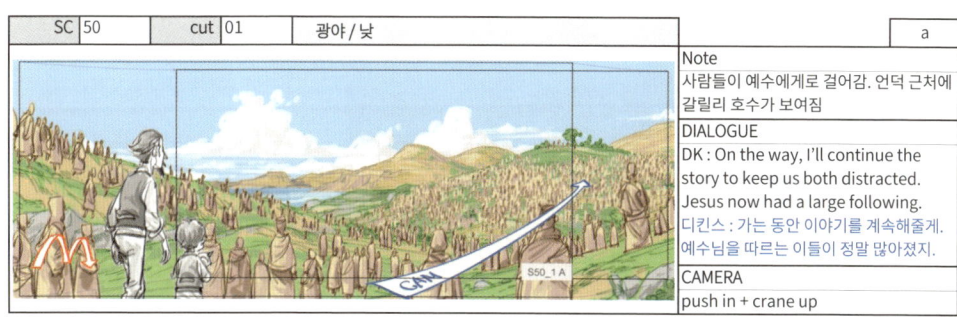

Note
사람들이 예수에게로 걸어감. 언덕 근처에 갈릴리 호수가 보여짐

DIALOGUE
DK : On the way, I'll continue the story to keep us both distracted. Jesus now had a large following.
디킨스 : 가는 동안 이야기를 계속해줄게. 예수님을 따르는 이들이 정말 많아졌어.

CAMERA
push in + crane up

SC		cut				b

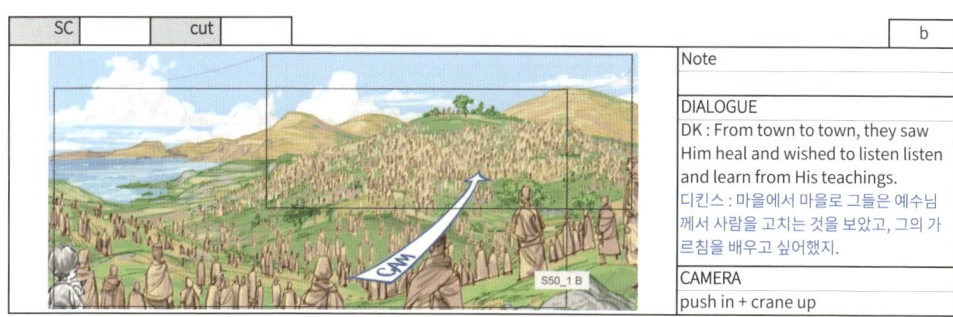

Note

DIALOGUE
DK : From town to town, they saw Him heal and wished to listen listen and learn from His teachings.
디킨스 : 마을에서 마을로 그들은 예수님께서 사람을 고치는 것을 보았고, 그의 가르침을 배우고 싶어했지.

CAMERA
push in + crane up

SC	50	cut	02			a

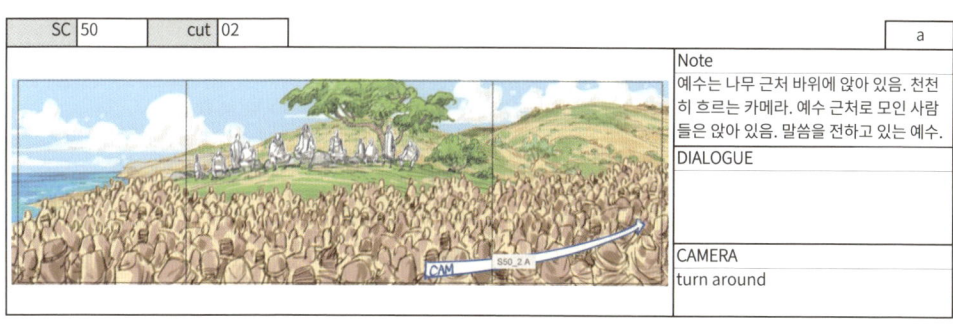

Note
예수는 나무 근처 바위에 앉아 있음. 천천히 흐르는 카메라. 예수 근처로 모인 사람들은 앉아 있음. 말씀을 전하고 있는 예수.

DIALOGUE

CAMERA
turn around

SC	50	cut	03			a

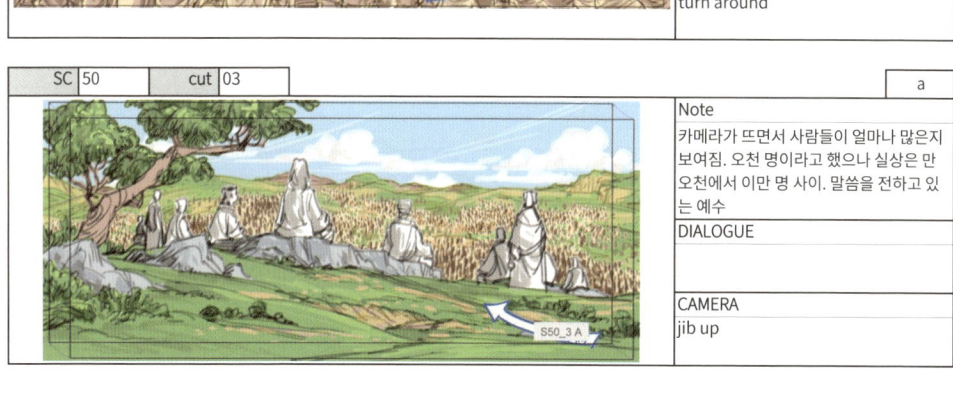

Note
카메라가 뜨면서 사람들이 얼마나 많은지 보여짐. 오천 명이라고 했으나 실상은 만오천에서 이만 명 사이. 말씀을 전하고 있는 예수

DIALOGUE

CAMERA
jib up

SC	50	cut	03		b

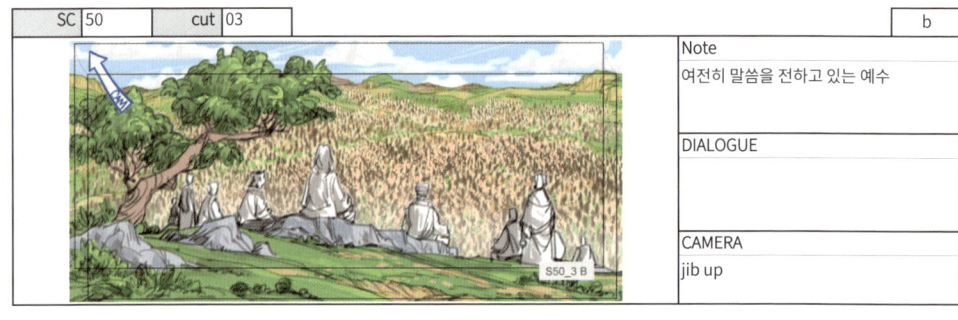

Note
여전히 말씀을 전하고 있는 예수

DIALOGUE

CAMERA
jib up

SC	50	cut	04		a

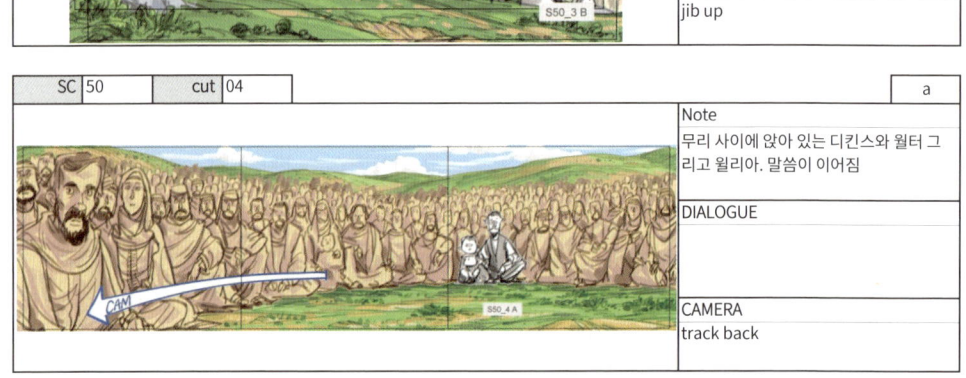

Note
무리 사이에 앉아 있는 디킨스와 월터 그리고 윌리아. 말씀이 이어짐

DIALOGUE

CAMERA
track back

SC	50	cut	05		a

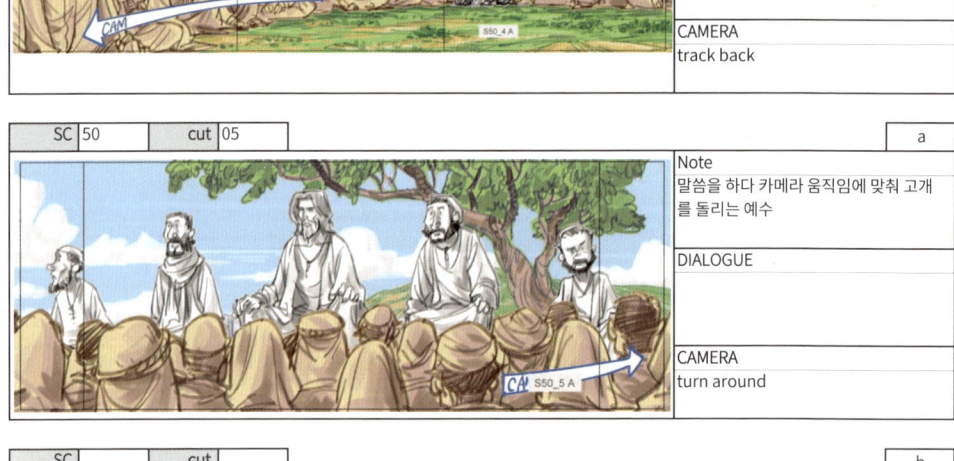

Note
말씀을 하다 카메라 움직임에 맞춰 고개를 돌리는 예수

DIALOGUE

CAMERA
turn around

SC		cut			b

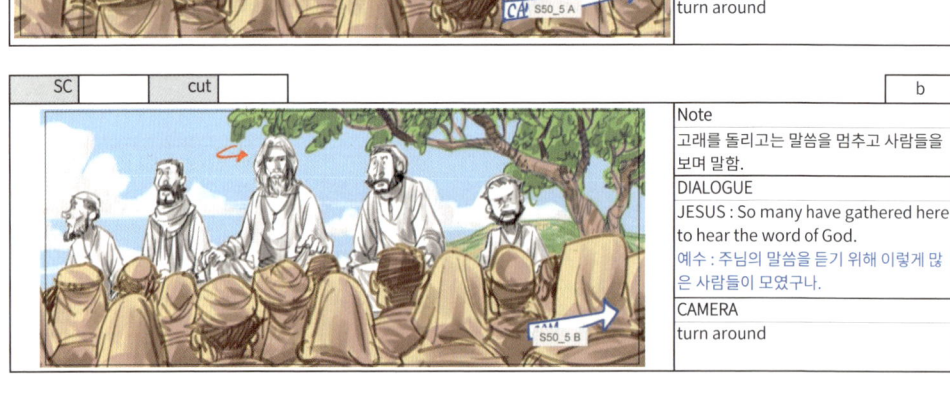

Note
고래를 돌리고는 말씀을 멈추고 사람들을 보며 말함.

DIALOGUE
JESUS : So many have gathered here to hear the word of God.
예수 : 주님의 말씀을 듣기 위해 이렇게 많은 사람들이 모였구나.

CAMERA
turn around

SC	50	cut	06		a

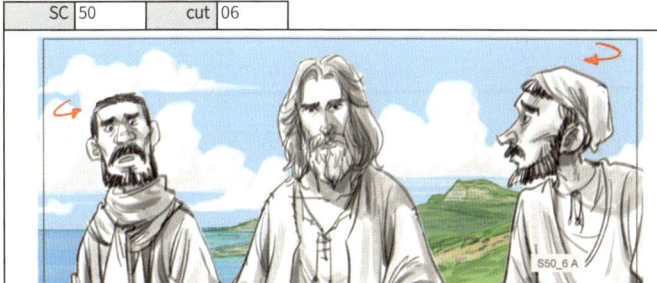

Note
예수를 보며 말하는 제자.

DIALOGUE
JESUS : They're tired, and they're hungry. We must feed them.
예수 : 지치고 배고파 보이는구나. 내가 이들을 먹여야겠다.
PETER : Lord, it's impossible.
베드로 : 주님, 그건 불가능합니다.

CAMERA

SC		cut			b

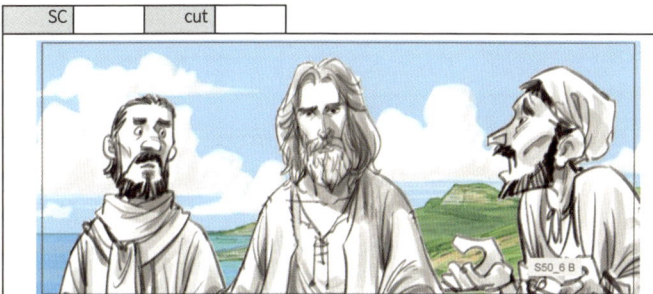

Note

DIALOGUE
JUDAS : We cannot possibly feed them all.
유다 : 이들을 다 먹이는 것은 불가능합니다.

CAMERA

SC		cut			c

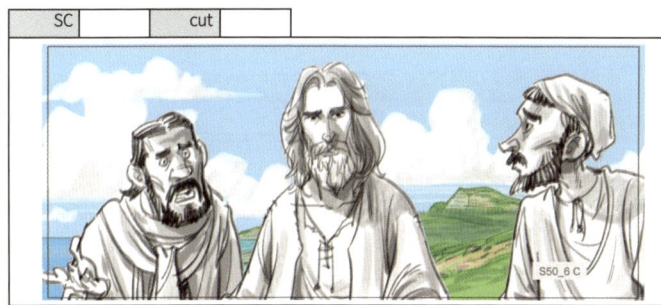

Note

DIALOGUE
PETER : We'll send them back to their villages.
베드로 : 그들의 집으로 돌려보내야 할 것 같습니다.

CAMERA

SC	50	cut	07		a

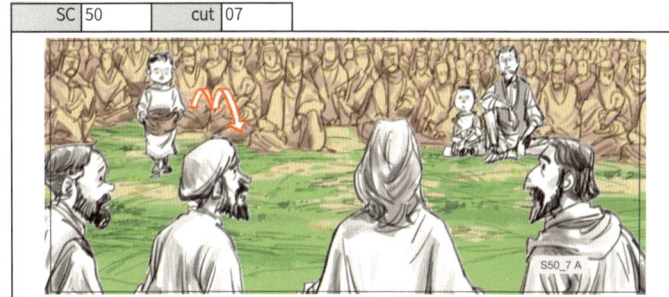

Note
아이가 광주리를 들고 예수에게 다가감.

DIALOGUE
예수 : 무엇이 있느냐?

CAMERA

SC	50	cut	07		b

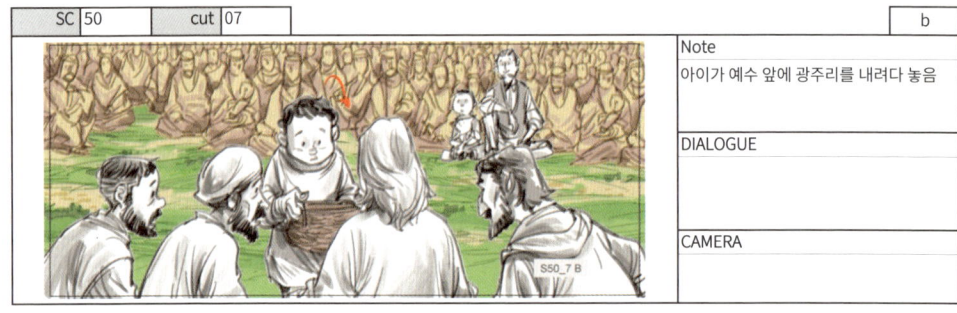

Note
아이가 예수 앞에 광주리를 내려다 놓음

DIALOGUE

CAMERA

SC	50	cut	08		a

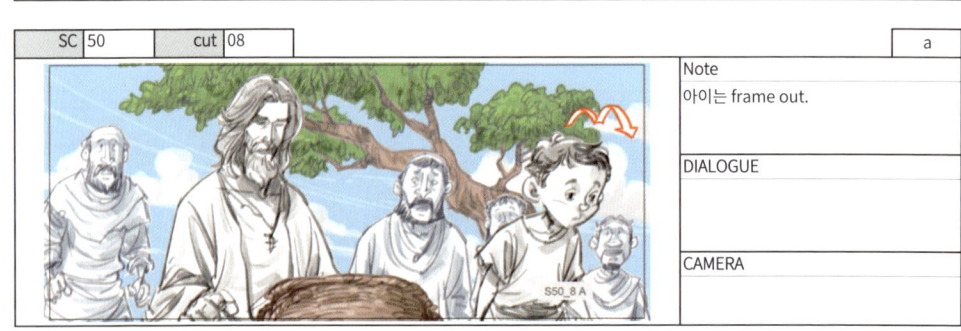

Note
아이는 frame out.

DIALOGUE

CAMERA

SC		cut			b

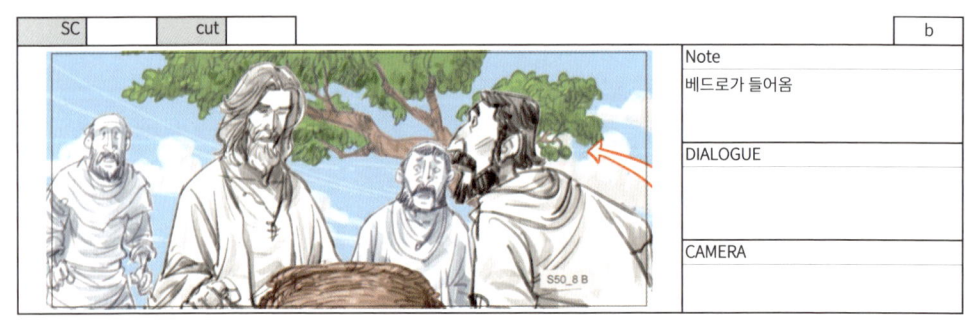

Note
베드로가 들어옴

DIALOGUE

CAMERA

SC		cut			c

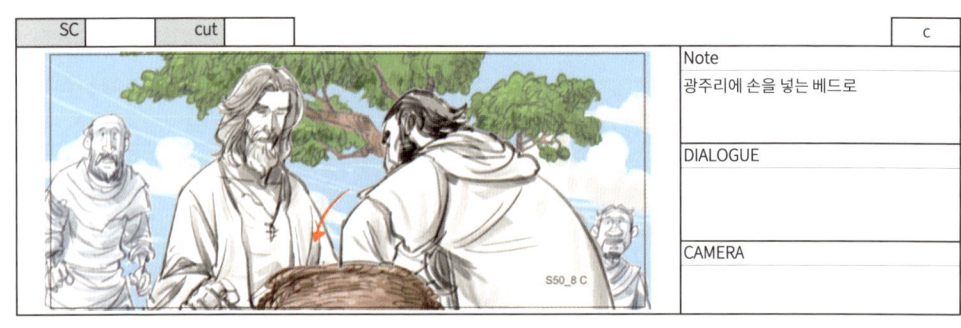

Note
광주리에 손을 넣는 베드로

DIALOGUE

CAMERA

SC	50	cut	08		d

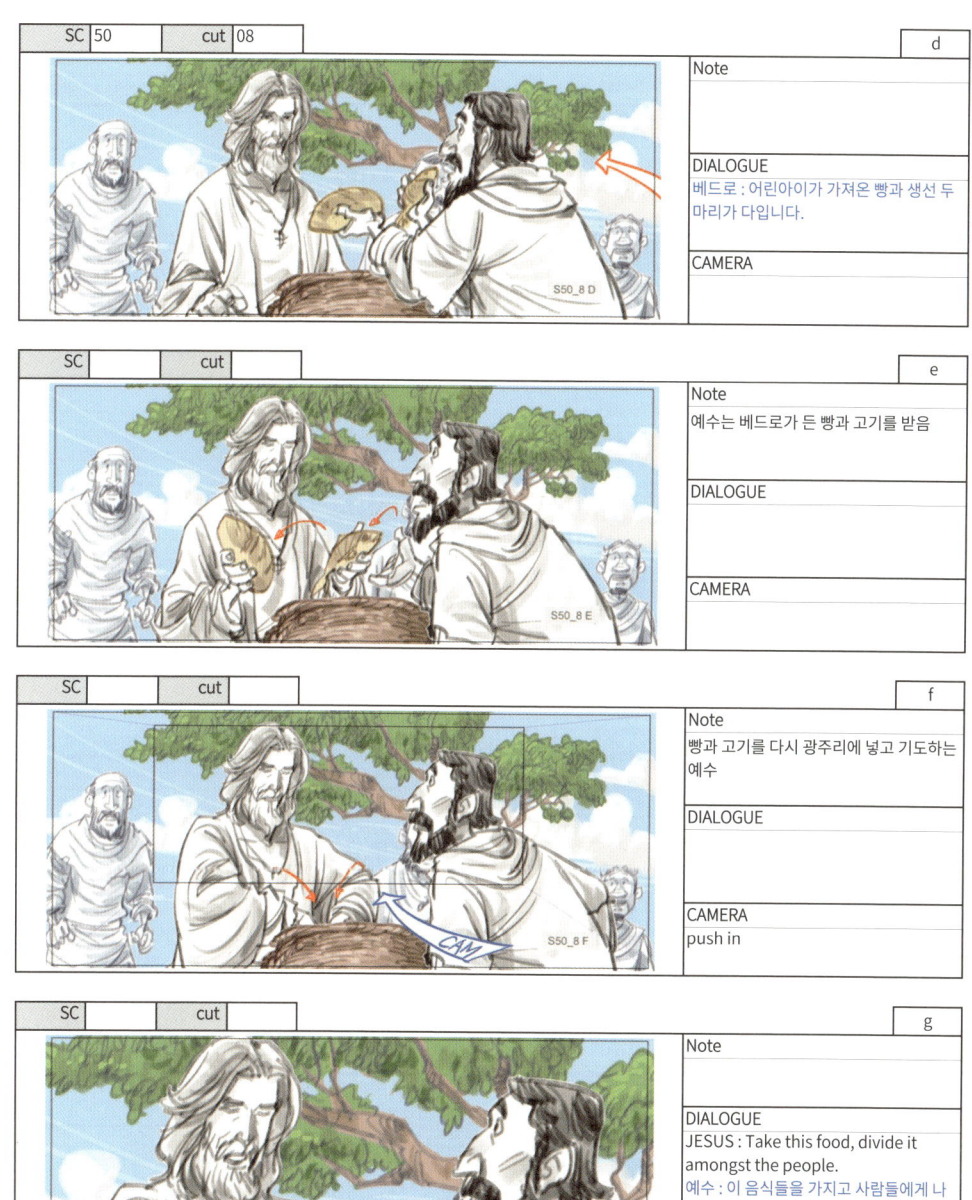

Note

DIALOGUE
베드로 : 어린아이가 가져온 빵과 생선 두
마리가 다입니다.

CAMERA

SC		cut			e

Note
예수는 베드로가 든 빵과 고기를 받음

DIALOGUE

CAMERA

SC		cut			f

Note
빵과 고기를 다시 광주리에 넣고 기도하는
예수

DIALOGUE

CAMERA
push in

SC		cut			g

Note

DIALOGUE
JESUS : Take this food, divide it
amongst the people.
예수 : 이 음식들을 가지고 사람들에게 나
누어라.

CAMERA

SC	50	cut	10		a

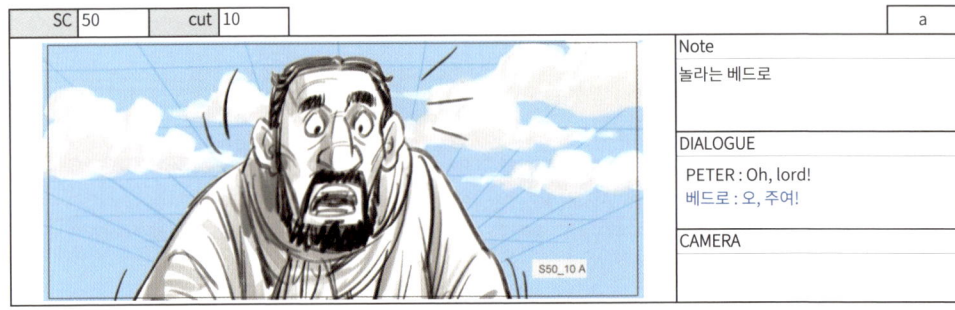

Note
놀라는 베드로

DIALOGUE
PETER : Oh, lord!
베드로 : 오, 주여!

CAMERA

SC		cut			b

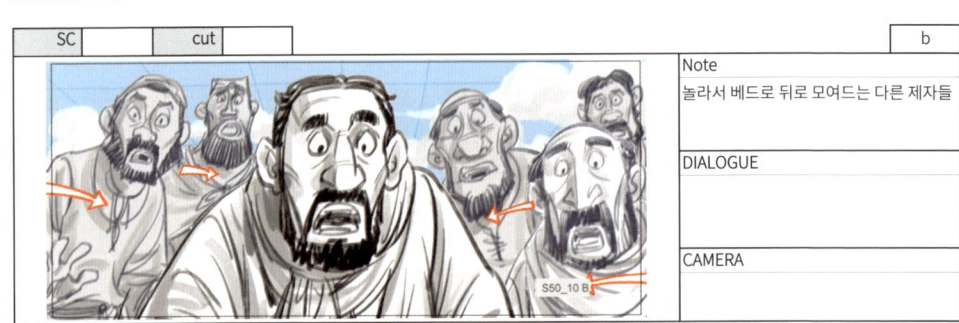

Note
놀라서 베드로 뒤로 모여드는 다른 제자들

DIALOGUE

CAMERA

SC		cut			c

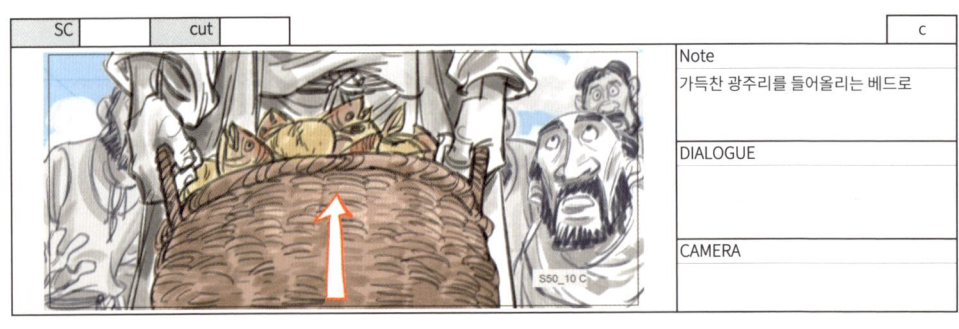

Note
가득찬 광주리를 들어올리는 베드로

DIALOGUE

CAMERA

SC	50	cut	11		a

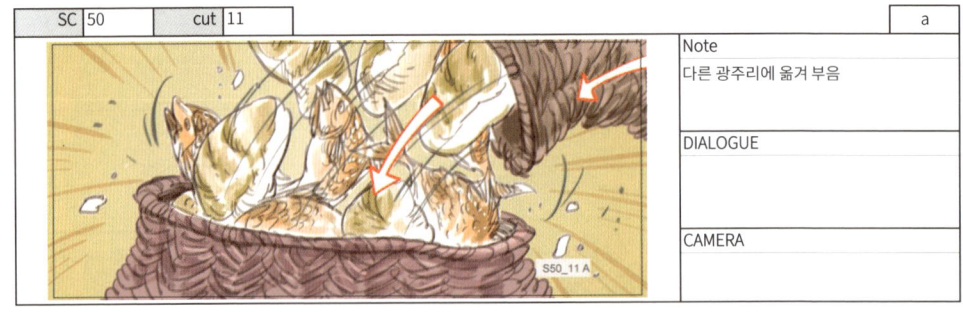

Note
다른 광주리에 옮겨 부음

DIALOGUE

CAMERA

SC	50	cut	12		a

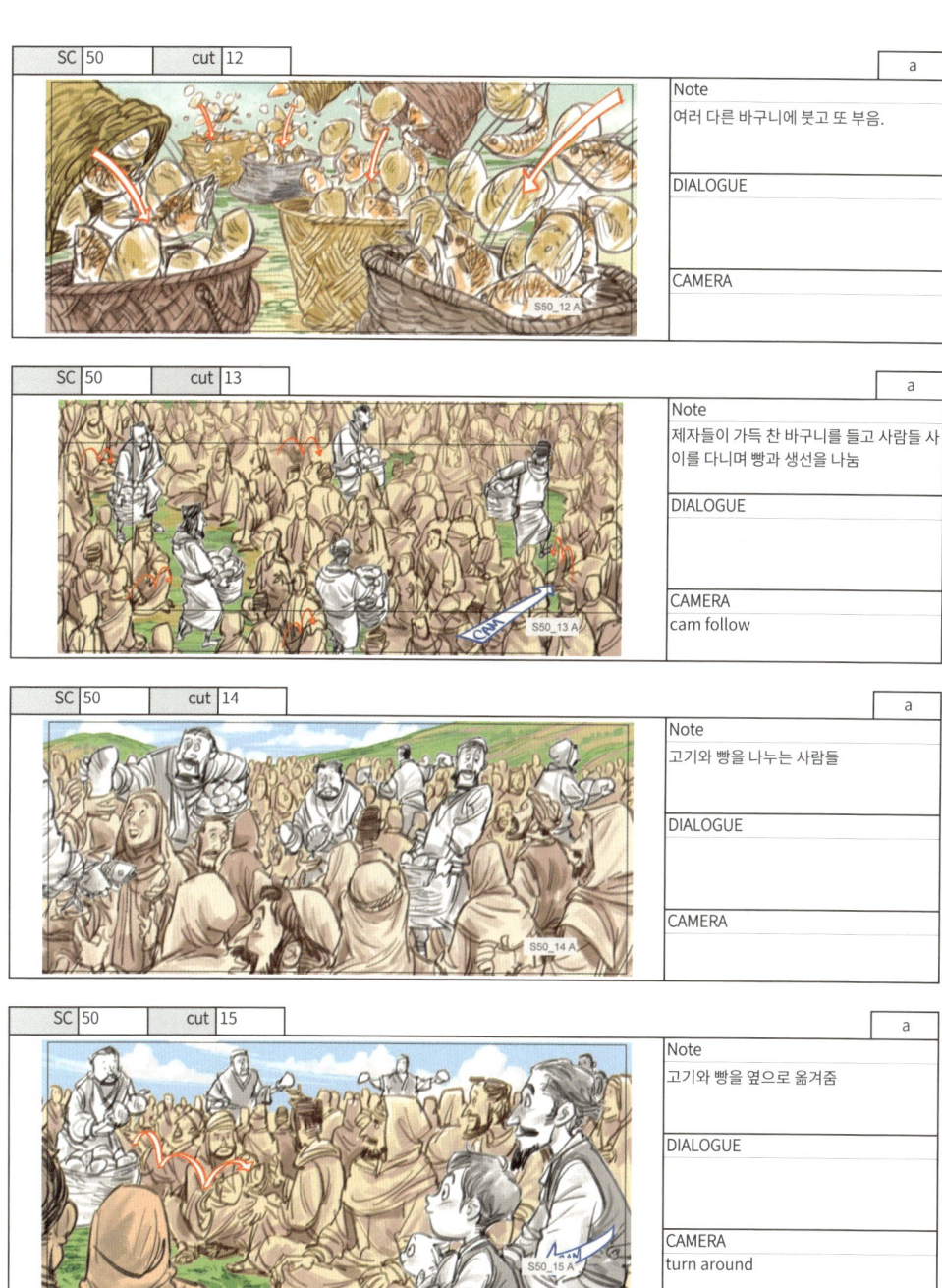

Note
여러 다른 바구니에 붓고 또 부음.

DIALOGUE

CAMERA

SC	50	cut	13		a

Note
제자들이 가득 찬 바구니를 들고 사람들 사이를 다니며 빵과 생선을 나눔

DIALOGUE

CAMERA
cam follow

SC	50	cut	14		a

Note
고기와 빵을 나누는 사람들

DIALOGUE

CAMERA

SC	50	cut	15		a

Note
고기와 빵을 옆으로 옮겨줌

DIALOGUE

CAMERA
turn around

✦ 유다의 배신으로 병사들에게 끌려가는 예수님 ✦

SC 65	cut 03		g

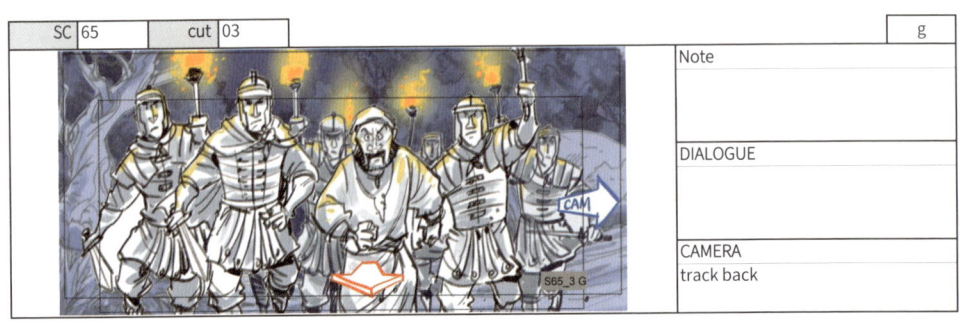

Note

DIALOGUE

CAMERA
track back

SC	cut		h

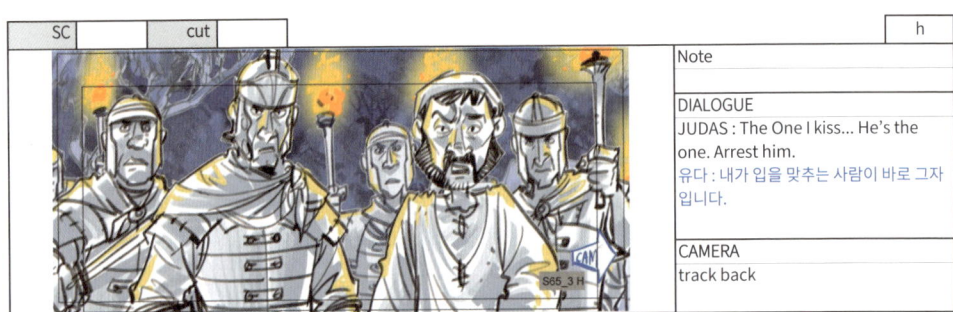

Note

DIALOGUE
JUDAS : The One I kiss... He's the one. Arrest him.
유다 : 내가 입을 맞추는 사람이 바로 그자입니다.

CAMERA
track back

SC	cut		i

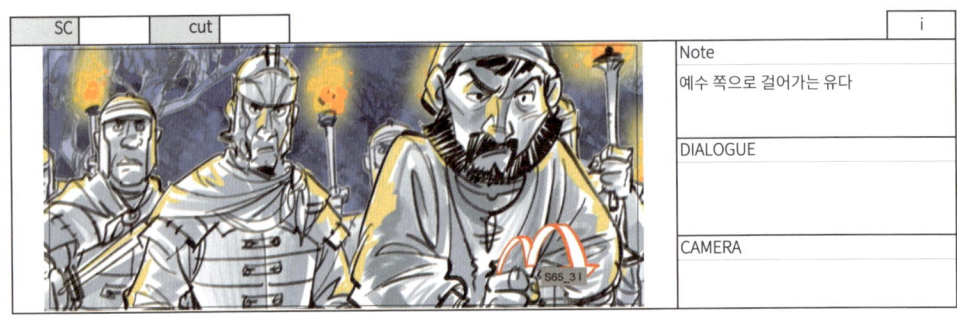

Note
예수 쪽으로 걸어가는 유다

DIALOGUE

CAMERA

SC 65	cut 04		a

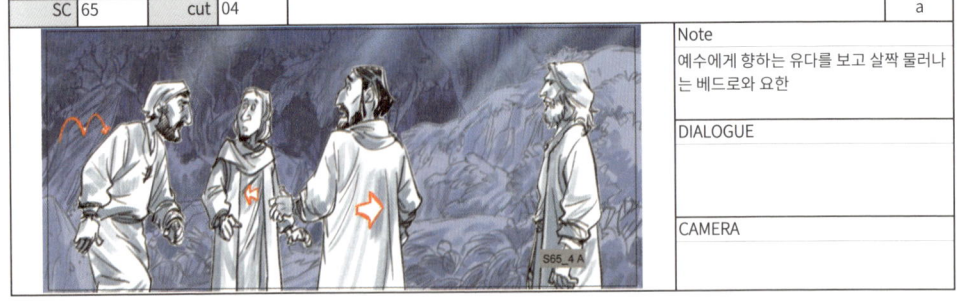

Note
예수에게 향하는 유다를 보고 살짝 물러나는 베드로와 요한

DIALOGUE

CAMERA

SC	65	cut	04		b

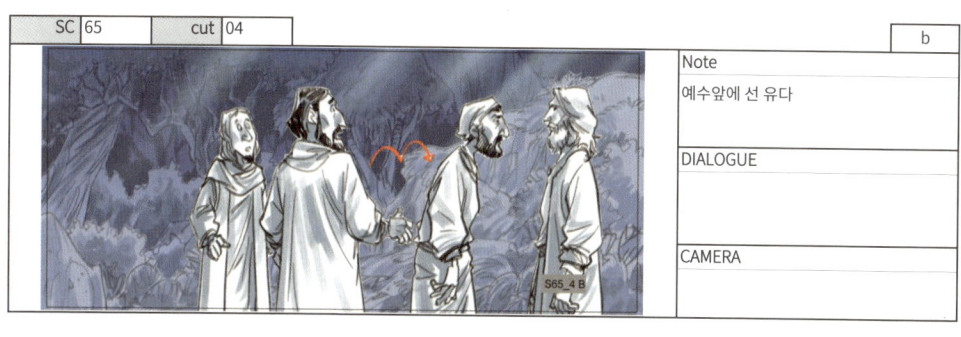

Note
예수앞에 선 유다

DIALOGUE

CAMERA

SC	65	cut	05		a

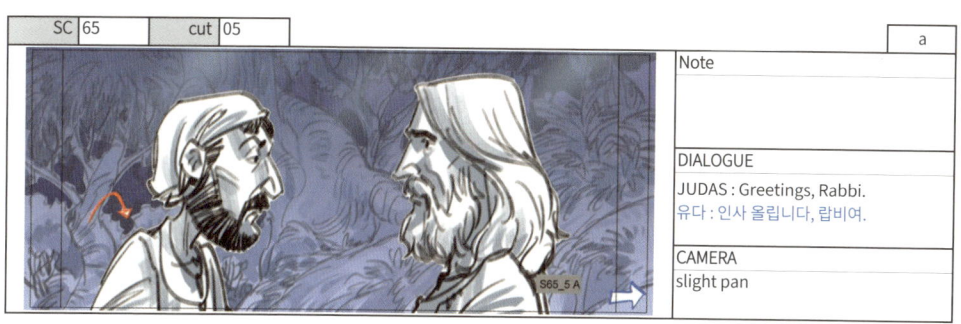

Note

DIALOGUE
JUDAS : Greetings, Rabbi.
유다 : 인사 올립니다, 랍비여.

CAMERA
slight pan

SC		cut			b

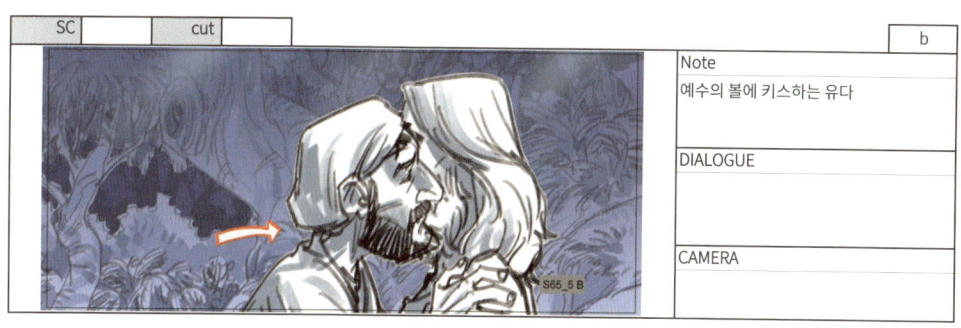

Note
예수의 볼에 키스하는 유다

DIALOGUE

CAMERA

SC		cut			c

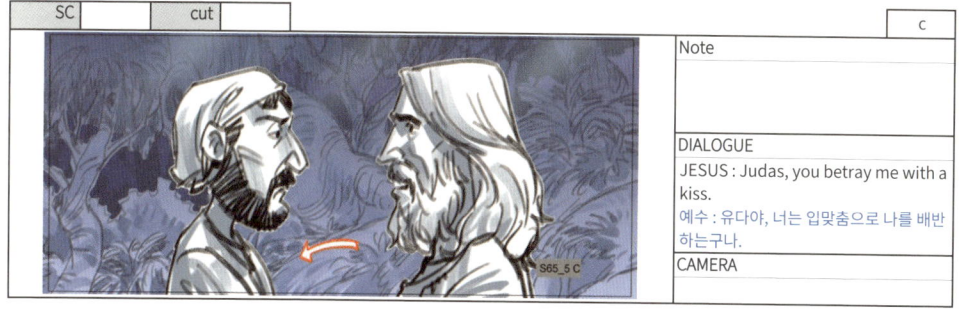

Note

DIALOGUE
JESUS : Judas, you betray me with a kiss.
예수 : 유다야, 너는 입맞춤으로 나를 배반하는구나.

CAMERA

SC	65	cut	06		a

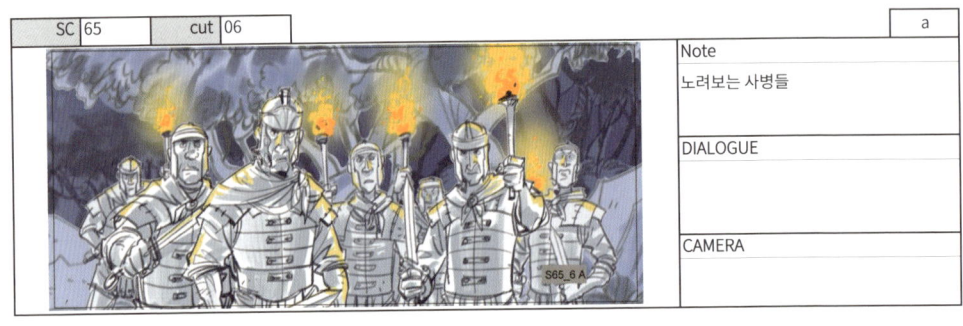

Note
노려보는 사병들

DIALOGUE

CAMERA

SC		cut			b

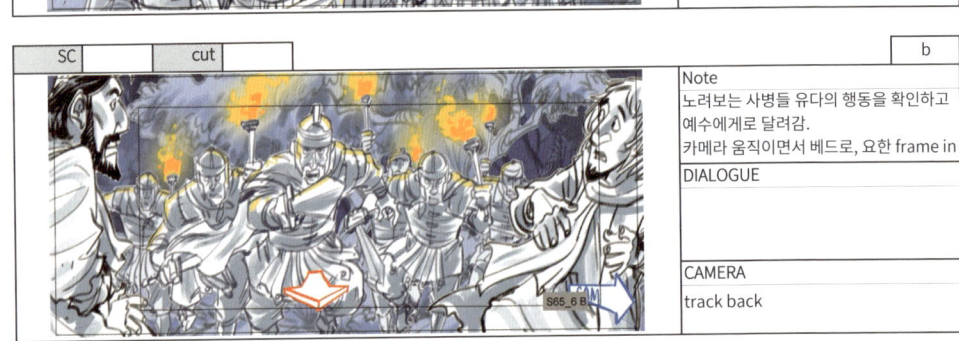

Note
노려보는 사병들 유다의 행동을 확인하고
예수에게로 달려감.
카메라 움직이면서 베드로, 요한 frame in

DIALOGUE

CAMERA
track back

SC		cut			c

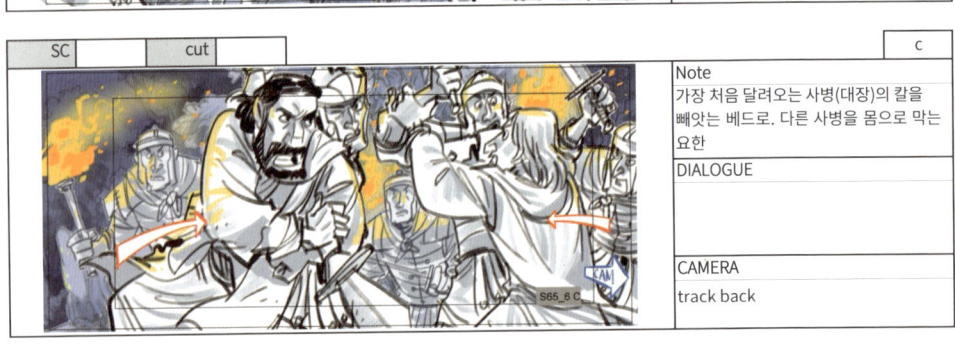

Note
가장 처음 달려오는 사병(대장)의 칼을
빼앗는 베드로. 다른 사병을 몸으로 막는
요한

DIALOGUE

CAMERA
track back

SC		cut			d

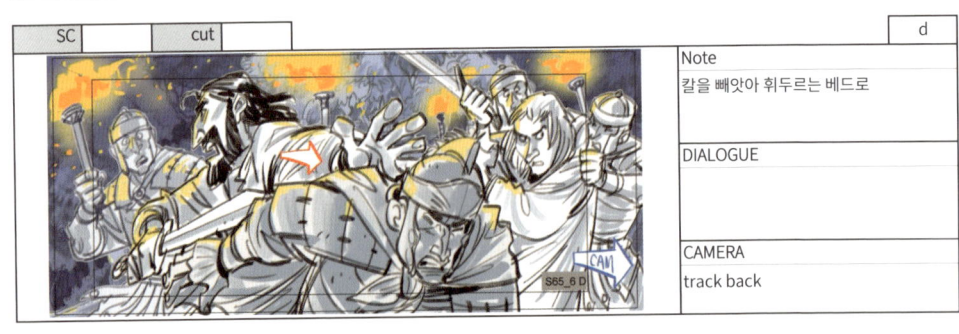

Note
칼을 빼앗아 휘두르는 베드로

DIALOGUE

CAMERA
track back

SC	65	cut	06		e

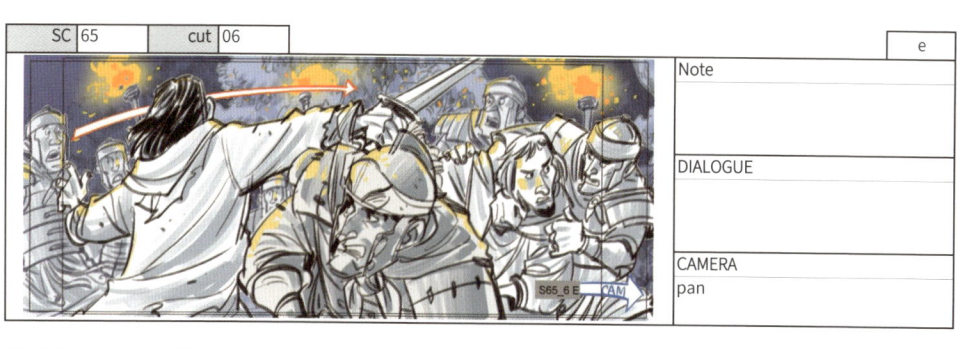

Note

DIALOGUE

CAMERA
pan

SC		cut			f

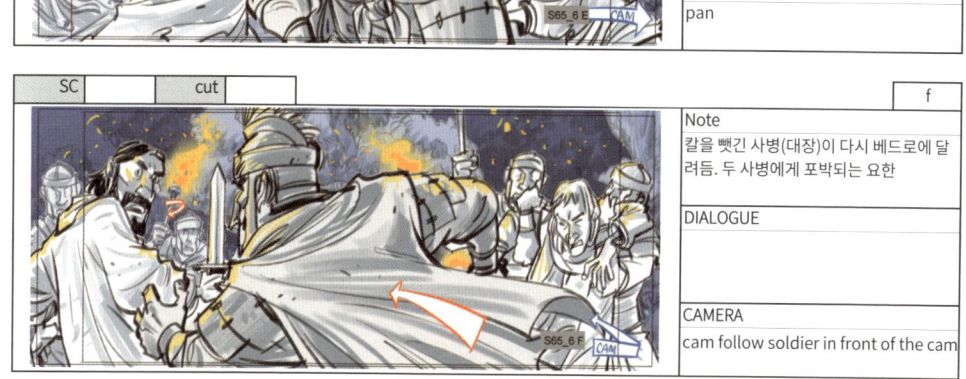

Note
칼을 뺏긴 사병(대장)이 다시 베드로에 달려듬. 두 사병에게 포박되는 요한

DIALOGUE

CAMERA
cam follow soldier in front of the cam

SC		cut			g

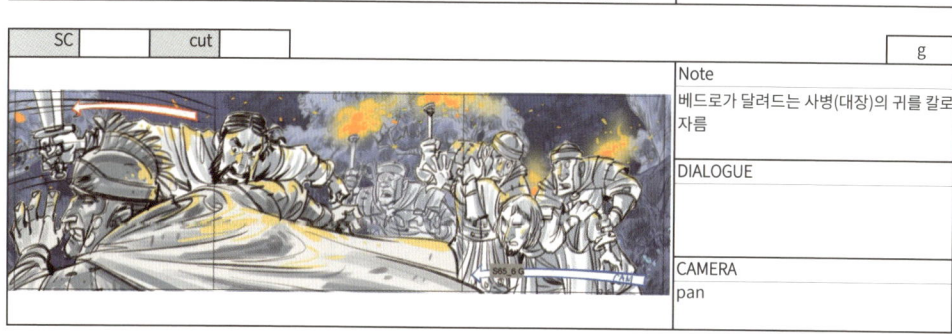

Note
베드로가 달려드는 사병(대장)의 귀를 칼로 자름

DIALOGUE

CAMERA
pan

SC	65	cut	07		a

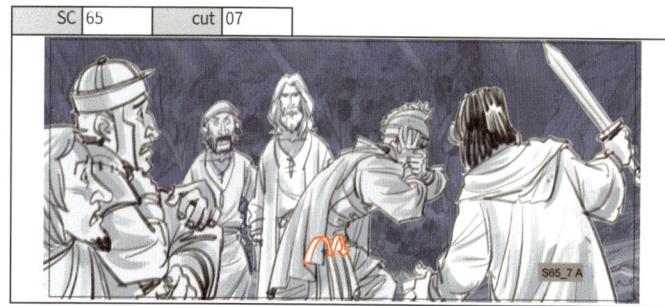

Note
고통에 괴로워하는 사병(대장). 중재시키는 예수. 행동을 멈추는 베드로와 다른 사병들

DIALOGUE
예수 : 네 칼을 도로 칼집에 꽂으라. 칼을 가지는 자는 다 칼로 망하느니라

CAMERA

SC 65	cut 07		b

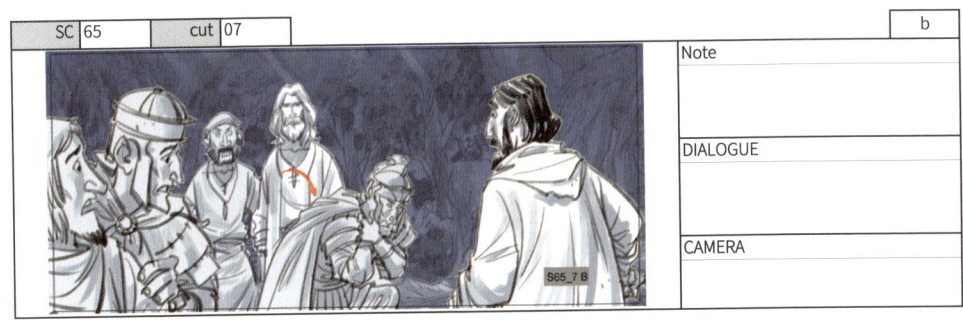

Note

DIALOGUE

CAMERA

SC	cut		c

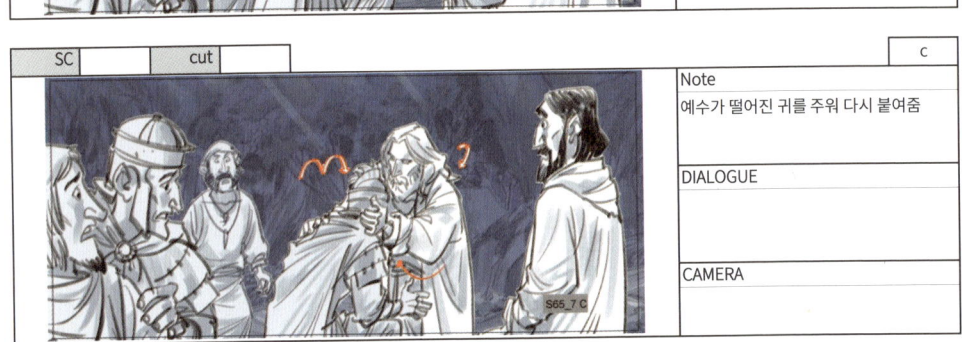

Note
예수가 떨어진 귀를 주워 다시 붙여줌

DIALOGUE

CAMERA

SC	cut		d

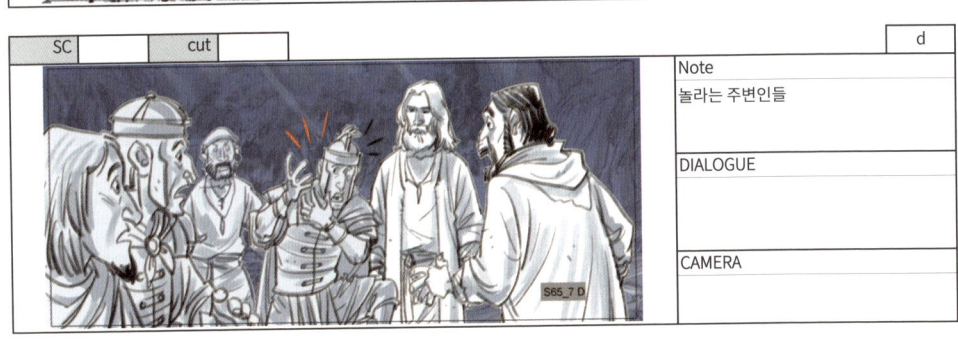

Note
놀라는 주변인들

DIALOGUE

CAMERA

SC	cut		e

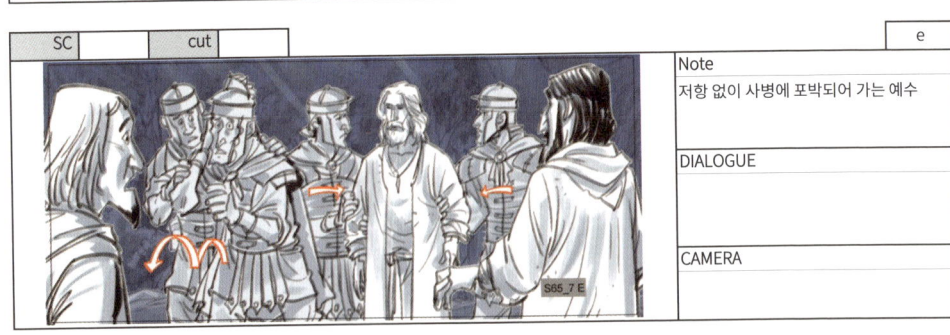

Note
저항 없이 사병에 포박되어 가는 예수

DIALOGUE

CAMERA

SC	65	cut	07		f

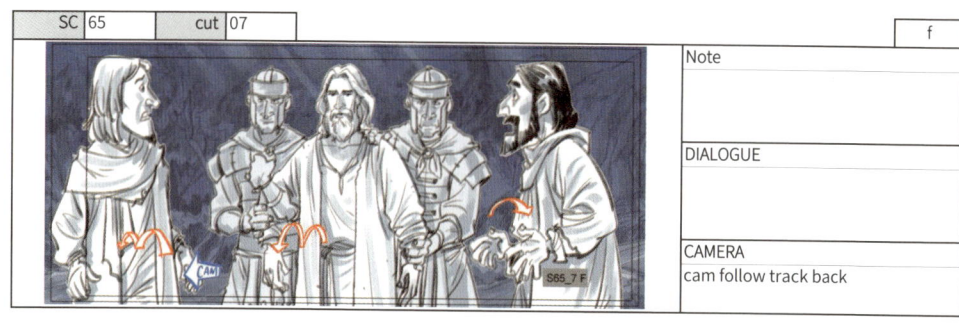

Note

DIALOGUE

CAMERA
cam follow track back

SC		cut			g

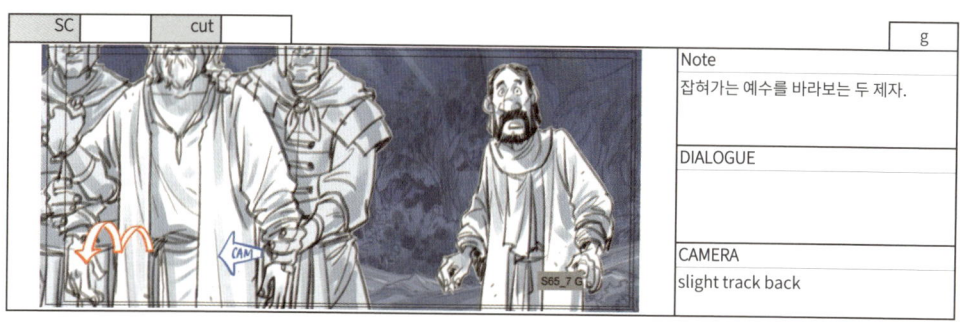

Note
잡혀가는 예수를 바라보는 두 제자.

DIALOGUE

CAMERA
slight track back

SC		cut			h

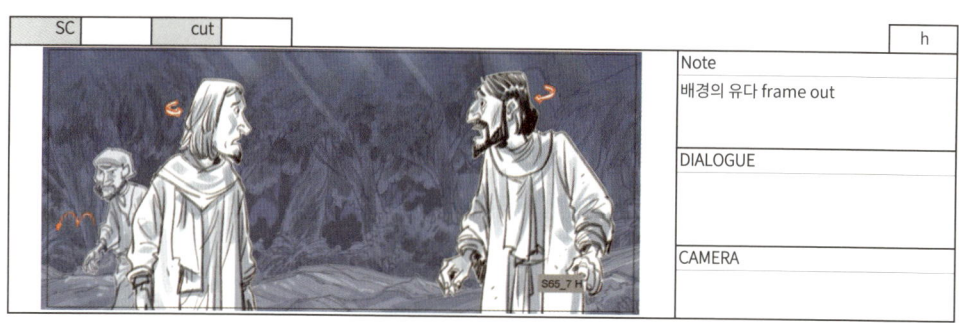

Note
배경의 유다 frame out

DIALOGUE

CAMERA

SC		cut			i

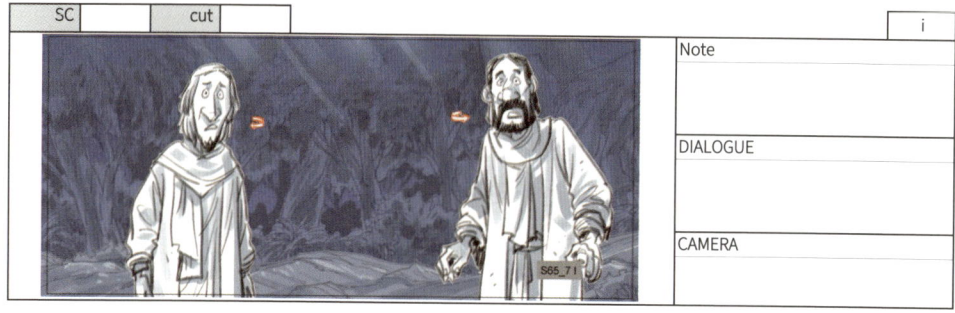

Note

DIALOGUE

CAMERA

✦ 법정에 선 예수님 ✦

SC 71	cut 01		e

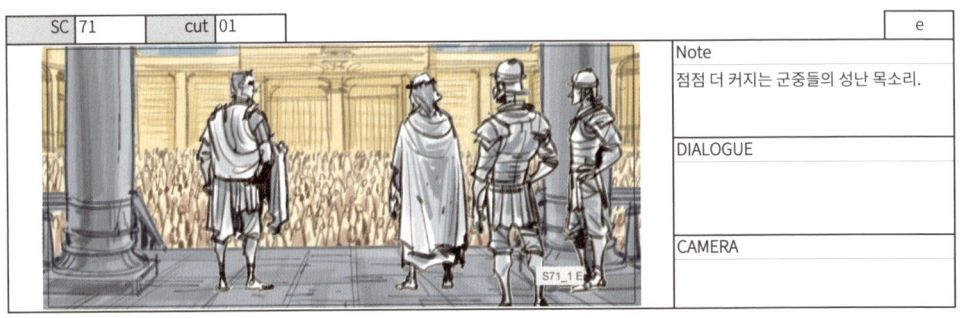

Note
점점 더 커지는 군중들의 성난 목소리.

DIALOGUE

CAMERA

SC 71	cut 02		a

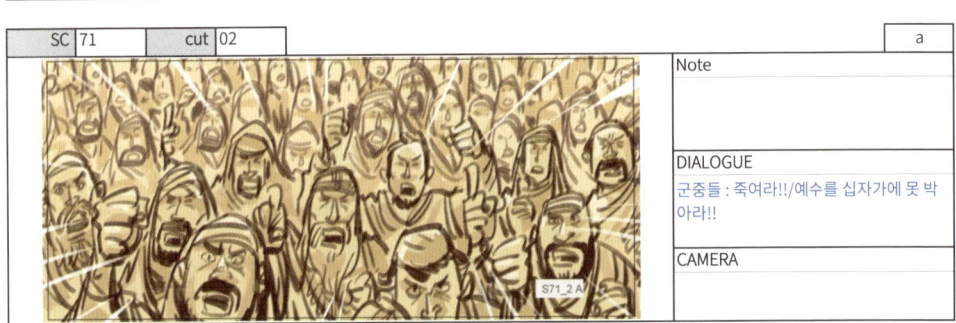

Note

DIALOGUE
군중들 : 죽여라!!/예수를 십자가에 못 박아라!!

CAMERA

SC 71	cut 03		a

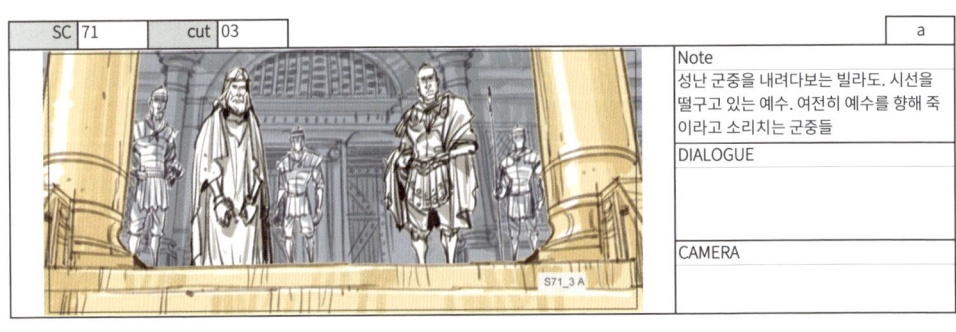

Note
성난 군중을 내려다보는 빌라도. 시선을 떨구고 있는 예수. 여전히 예수를 향해 죽이라고 소리치는 군중들

DIALOGUE

CAMERA

SC 71	cut 04		a

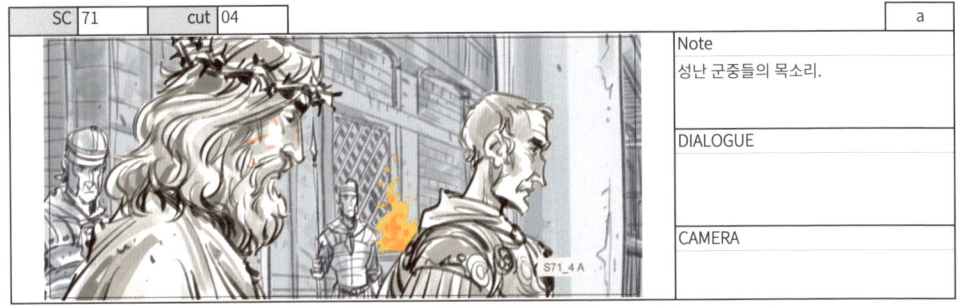

Note
성난 군중들의 목소리.

DIALOGUE

CAMERA

SC 71	cut 04		b

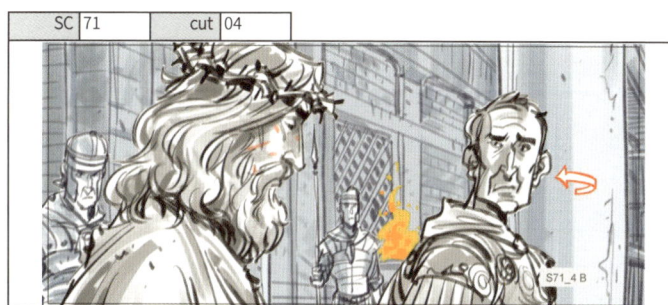

Note
다시 한 번 머리를 돌려 예수를 보는 빌라
도. 난감해하는 표정.

DIALOGUE
빌라도 : 이사람의 피에 대하여 나는 무죄
하니 너희가 당하라.

CAMERA

*빌라도 대사 - 마태복음 27:25 | 요한복음 18:38

SC 72	cut 05		a

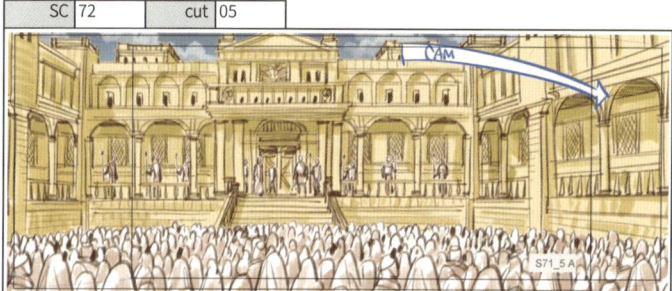

Note
성난 군중의 뒷모습이 보여짐. 원경에 법정
테라스에 서 있는 병사들과 빌라도, 예수.

DIALOGUE

CAMERA
cam turn around

SC	cut		b

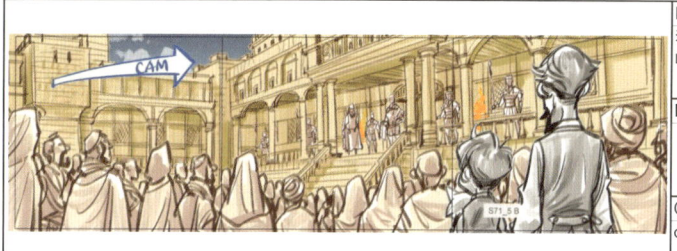

Note
카메라의 움직임에 따라 월터와 디킨스가
나타남.

DIALOGUE

CAMERA
cam turn around

SC	cut		c

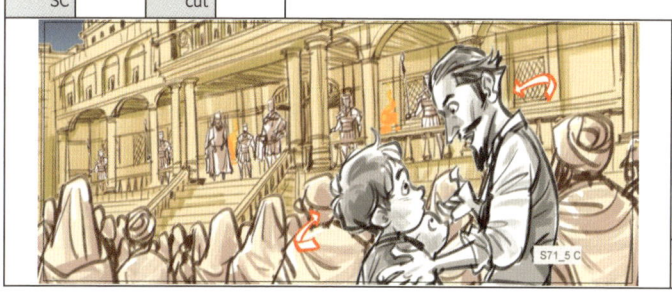

Note
슬픈 표정의 월터에게 차분히 설명해주는
디킨스

DIALOGUE
디킨스 : 월터야. 예수님은 이런 일이 일어
날 것을 이미 알고 계셨단다. 예수님께서
는 사람들에게 자신의 권능과 아버지 하나
님의 권능을 보여주기 위해 기꺼이 이 상황
을 받아들이고 계신 거란다.

CAMERA

SC	72	cut	01	골고다 언덕으로 가는 길		a

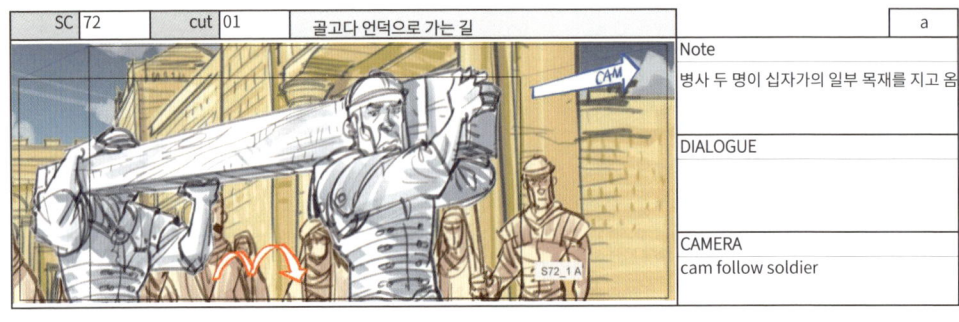

Note
병사 두 명이 십자가의 일부 목재를 지고 옴.

DIALOGUE

CAMERA
cam follow soldier

SC		cut				b

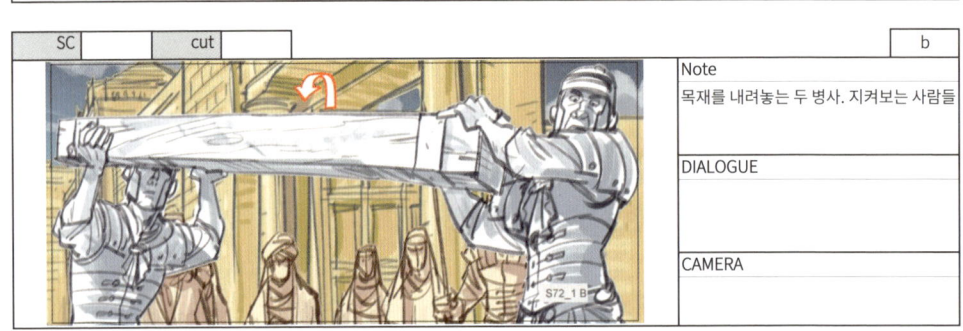

Note
목재를 내려놓는 두 병사. 지켜보는 사람들

DIALOGUE

CAMERA

SC		cut				c

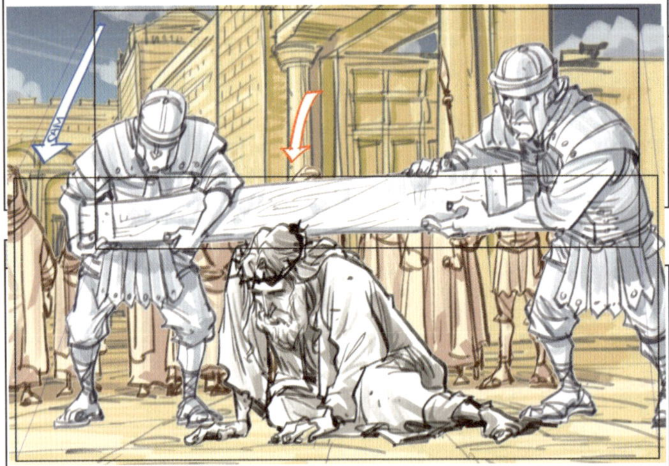

Note
카메라가 움직이자 만신창이가 된 예수가
보여짐. 예수의 어깨에 목재를 내려놓는 군
인들

DIALOGUE

CAMERA
tilt down

Note

DIALOGUE

CAMERA

SC	72	cut	01		d

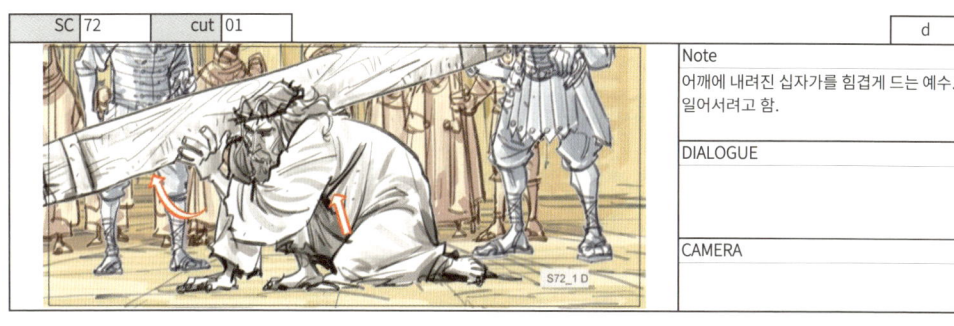

Note
어깨에 내려진 십자가를 힘겹게 드는 예수.
일어서려고 함.

DIALOGUE

CAMERA

SC		cut			e

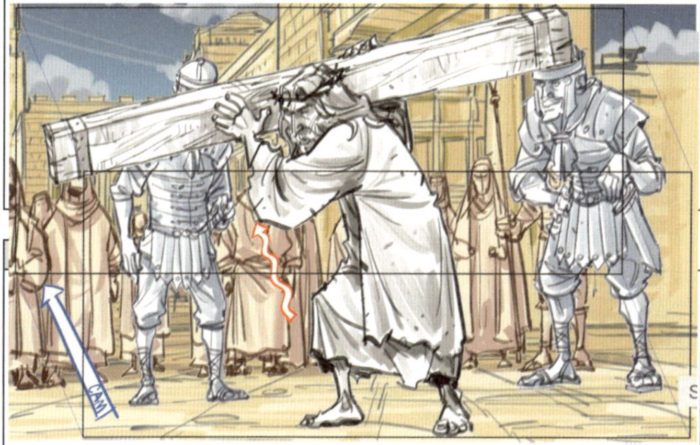

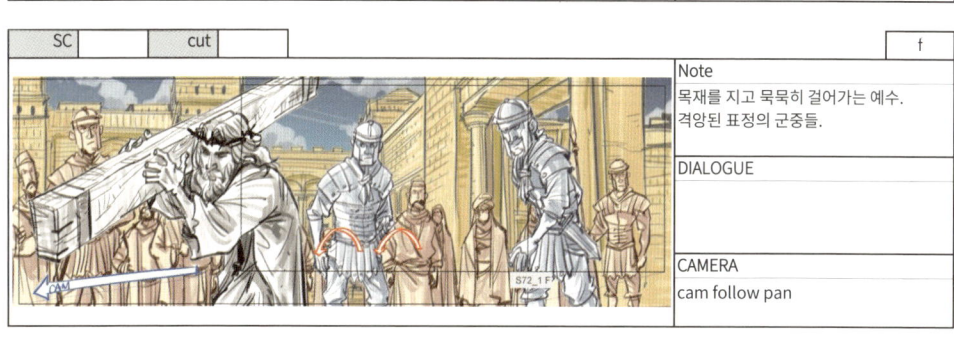

Note
매우 힘겹게 목재를 짊어지고 일어서는 예수. 그 뒤에 병사들은 예수를 조롱하는 듯한 표정으로 쳐다봄.

DIALOGUE

CAMERA
tilt up

Note

DIALOGUE

CAMERA

SC		cut			f

Note
목재를 지고 묵묵히 걸어가는 예수.
격양된 표정의 군중들.

DIALOGUE

CAMERA
cam follow pan

✦ 십자가에 못 박힌 예수님 ✦

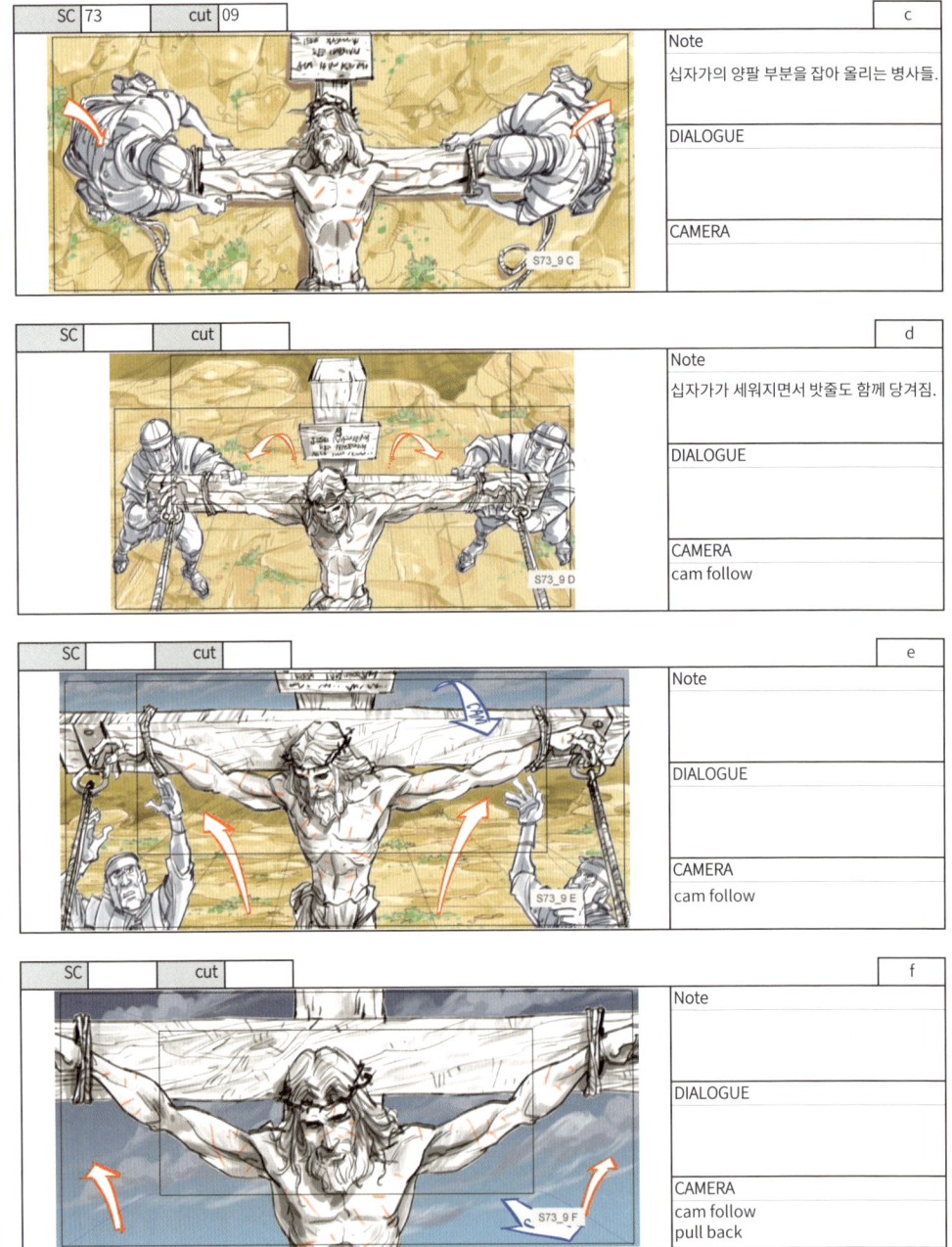

SC 73	cut 09		c

Note
십자가의 양팔 부분을 잡아 올리는 병사들.

DIALOGUE

CAMERA

SC	cut		d

Note
십자가가 세워지면서 밧줄도 함께 당겨짐.

DIALOGUE

CAMERA
cam follow

SC	cut		e

Note

DIALOGUE

CAMERA
cam follow

SC	cut		f

Note

DIALOGUE

CAMERA
cam follow
pull back

SC 73	cut 09		g

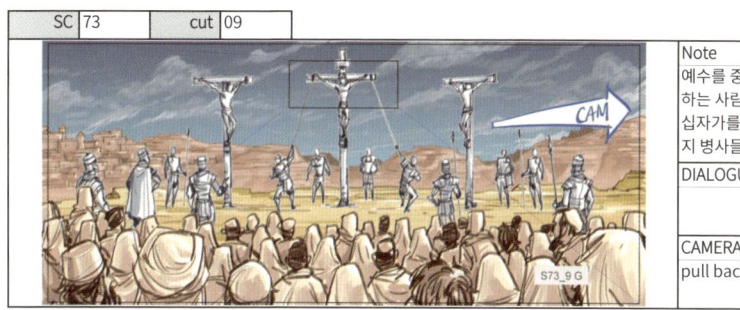

Note
예수를 중심으로 양옆의 죄인들, 이를 구경하는 사람들의 뒷모습이 보여짐. 줄을 당겨 십자가를 세우는 병사들과 조롱하는 나머지 병사들

DIALOGUE

CAMERA
pull back

SC 73	cut 10		a

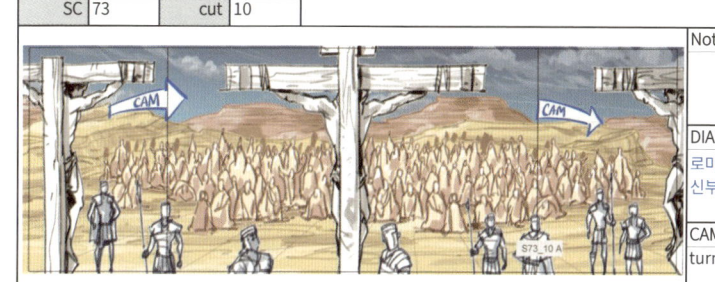

Note

DIALOGUE
로마 병사 : 네가 유대인의 왕이라면 네 자신부터 구해보시지 그래. 크큭큭

CAMERA
turn around

SC 73	cut 11		a

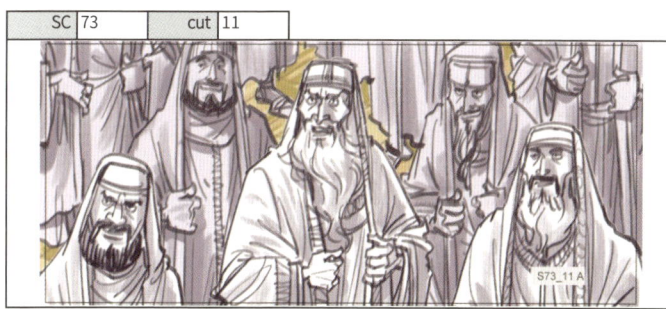

Note
예수의 모습을 조롱하는 대제사장의 무리

DIALOGUE
대제사장 : 저 사람이 죄인을 구하러 왔다는군 하하하

CAMERA

SC 73	cut 12		a

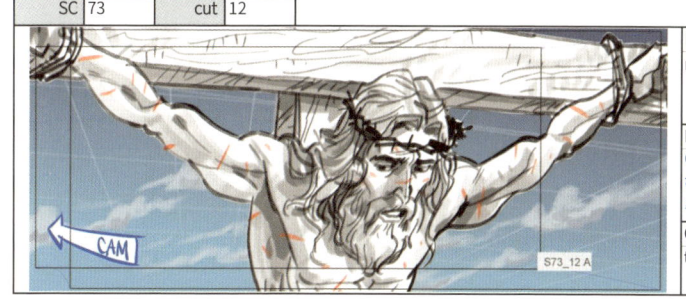

Note
나지막이 힘 없이 말하는 예수

DIALOGUE
예수 : 아버지.. 저들은 자신이 무슨 일을 하는지 모릅니다. 부디 저들을 용서하여 주소서!

CAMERA
turn around

SC 73	cut 14		a

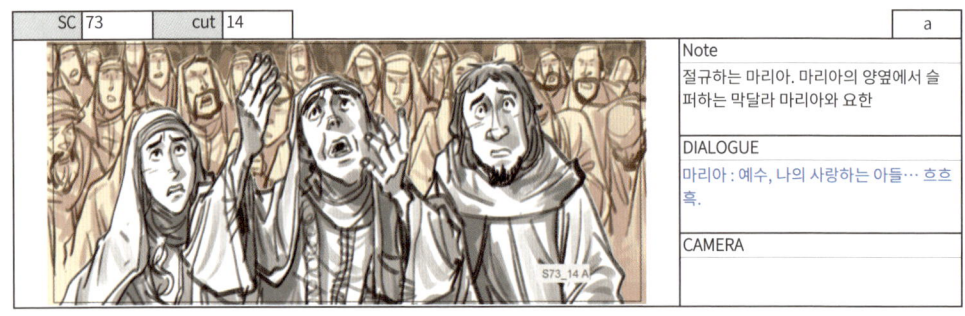

Note
절규하는 마리아. 마리아의 양옆에서 슬퍼하는 막달라 마리아와 요한

DIALOGUE
마리아 : 예수, 나의 사랑하는 아들… 흐흐흑.

CAMERA

SC 73	cut 15		a

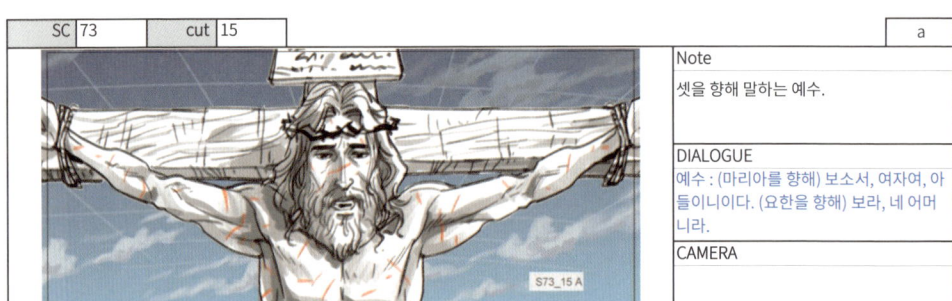

Note
셋을 향해 말하는 예수.

DIALOGUE
예수 : (마리아를 향해) 보소서, 여자여, 아들이니이다. (요한을 향해) 보라, 네 어머니라.

CAMERA

*예수 대사 - 요한복음 19:26~27

SC 73	cut 16		a

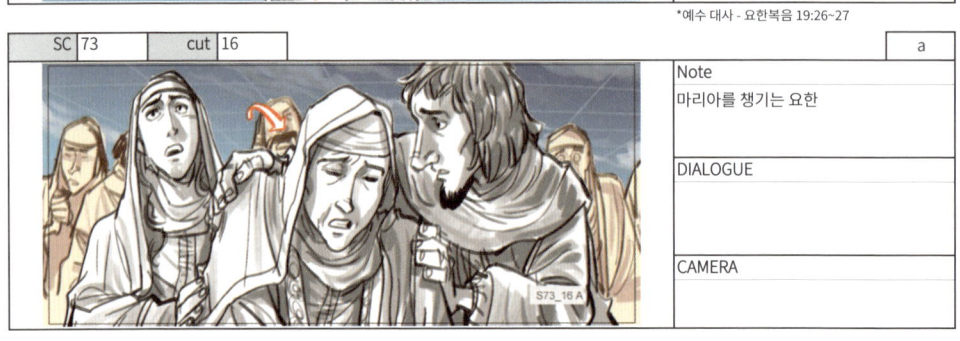

Note
마리아를 챙기는 요한

DIALOGUE

CAMERA

SC 73	cut 17		a

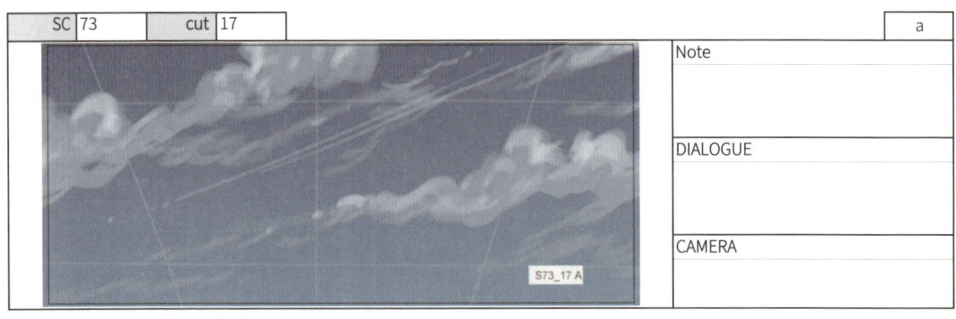

Note

DIALOGUE

CAMERA

SC	73	cut	17		b

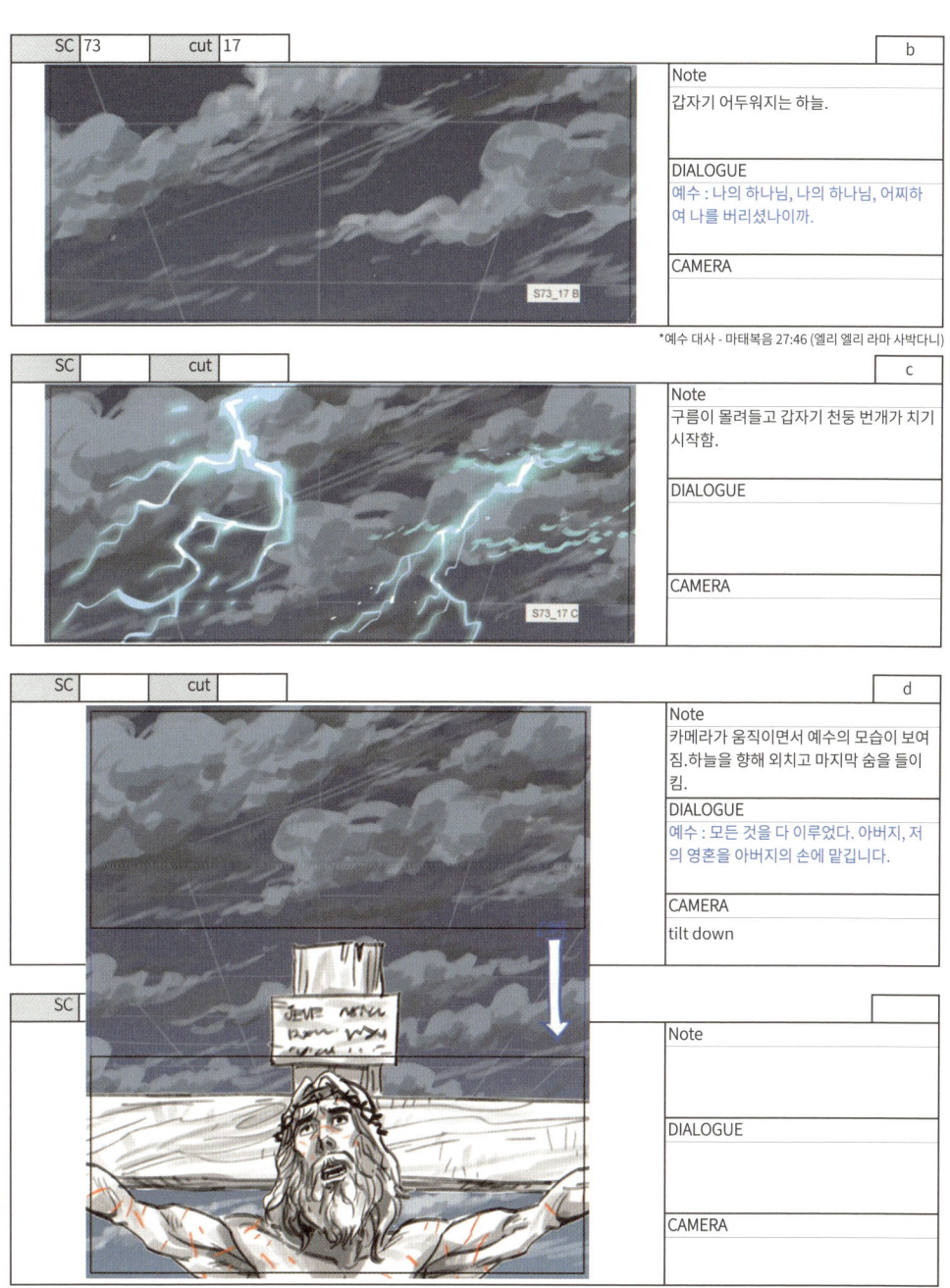

Note
갑자기 어두워지는 하늘.

DIALOGUE
예수 : 나의 하나님, 나의 하나님, 어찌하여 나를 버리셨나이까.

CAMERA

*예수 대사 - 마태복음 27:46 (엘리 엘리 라마 사박다니)

SC		cut			c

Note
구름이 몰려들고 갑자기 천둥 번개가 치기 시작함.

DIALOGUE

CAMERA

SC		cut			d

Note
카메라가 움직이면서 예수의 모습이 보여짐.하늘을 향해 외치고 마지막 숨을 들이킴.

DIALOGUE
예수 : 모든 것을 다 이루었다. 아버지, 저의 영혼을 아버지의 손에 맡깁니다.

CAMERA
tilt down

SC					

Note

DIALOGUE

CAMERA

✦ 예수님의 죽음, 그리고 부활 ✦

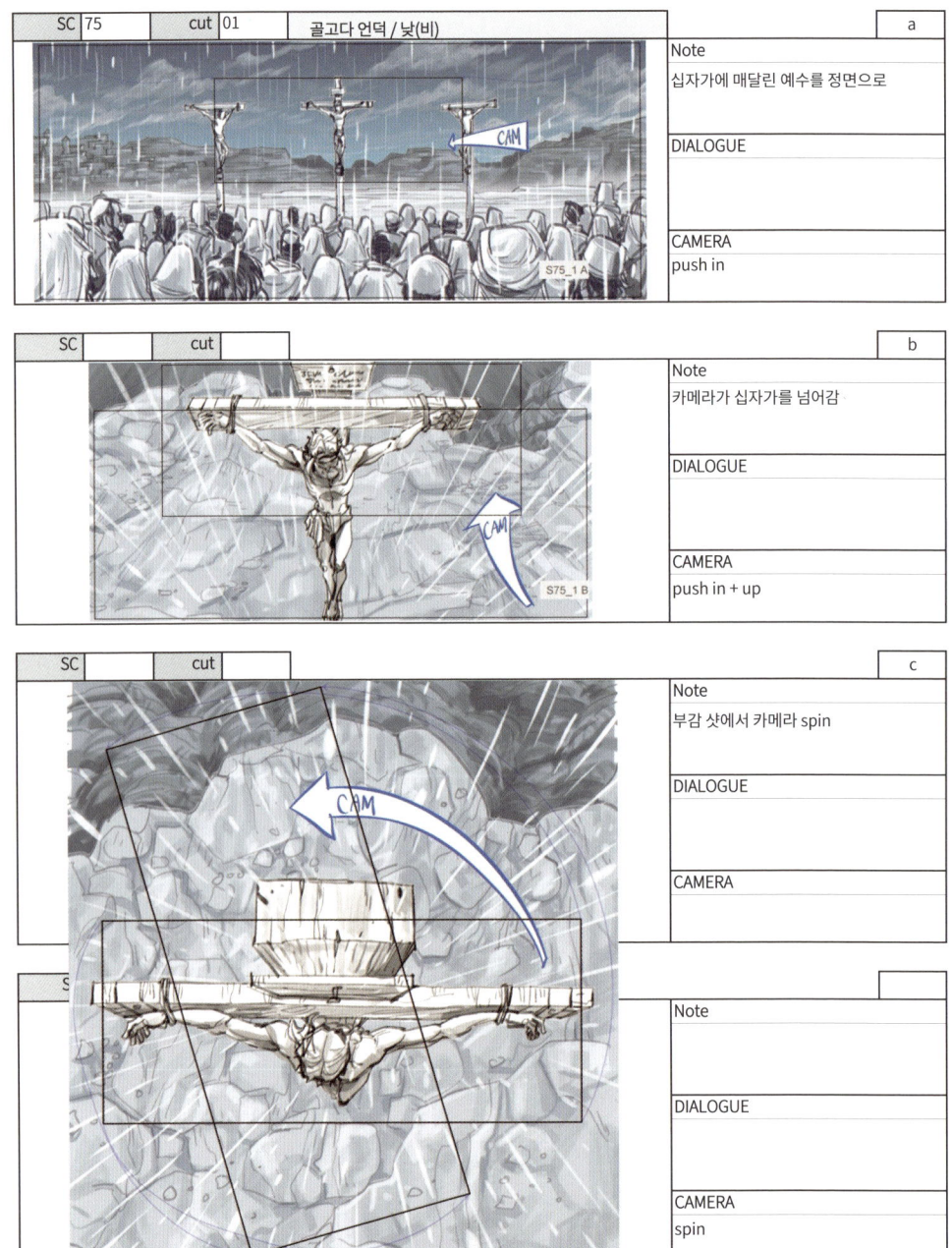

SC 75	cut 01	골고다 언덕 / 낮(비)	a

Note
십자가에 매달린 예수를 정면으로

DIALOGUE

CAMERA
push in

SC	cut		b

Note
카메라가 십자가를 넘어감

DIALOGUE

CAMERA
push in + up

SC	cut		c

Note
부감 샷에서 카메라 spin

DIALOGUE

CAMERA

Note

DIALOGUE

CAMERA
spin

SC	75	cut	01		d

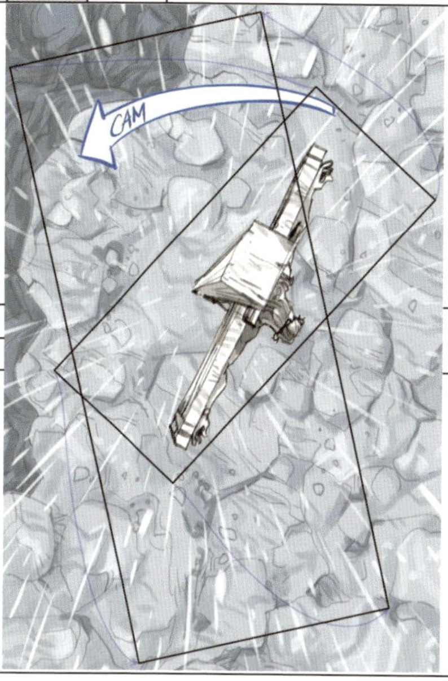

Note

DIALOGUE

CAMERA
spin

SC					

Note

DIALOGUE

CAMERA

SC		cut			e

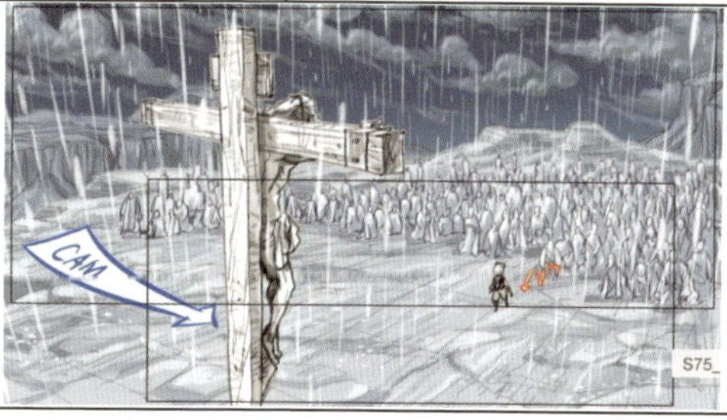

Note
군중 속에 있던 월터가 나와 예수 앞으로 다가감.

DIALOGUE

CAMERA
crane down

SC		cut			f

Note
예수를 바라보며 예수에게 계속해서 다가가는 월터

DIALOGUE

CAMERA
crane down

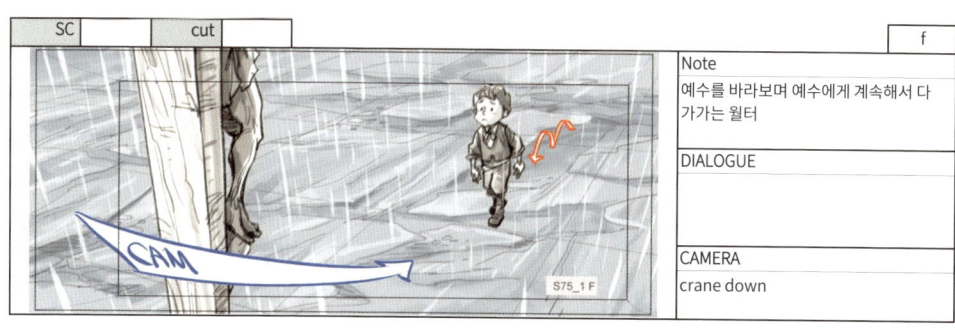

SC 75	cut 01		g

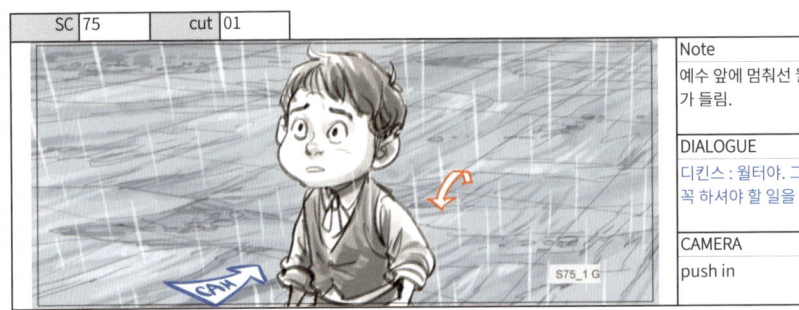

Note
예수 앞에 멈춰선 월터. 디킨스의 목소리가 들림.

DIALOGUE
디킨스 : 월터야. 그만 슬퍼하렴. 그분은 꼭 하셔야 할 일을 하신 거란다.

CAMERA
push in

SC	cut		h

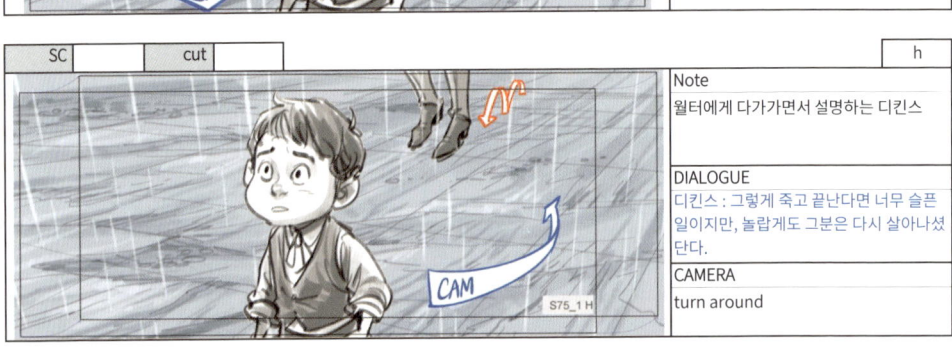

Note
월터에게 다가가면서 설명하는 디킨스

DIALOGUE
디킨스 : 그렇게 죽고 끝난다면 너무 슬픈 일이지만, 놀랍게도 그분은 다시 살아나셨단다.

CAMERA
turn around

SC	cut		i

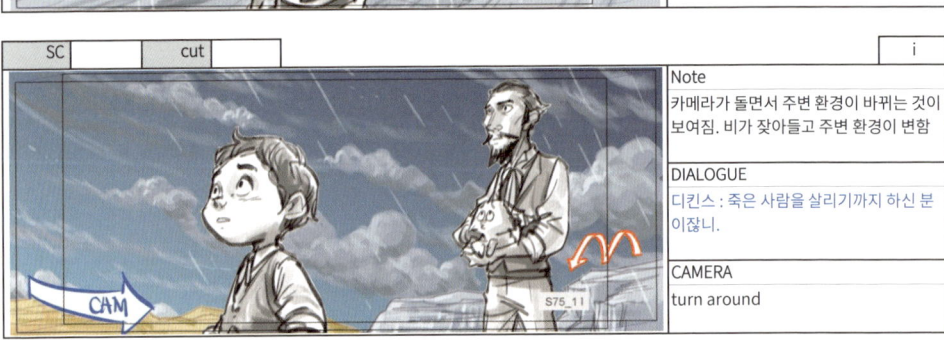

Note
카메라가 돌면서 주변 환경이 바뀌는 것이 보여짐. 비가 잦아들고 주변 환경이 변함

DIALOGUE
디킨스 : 죽은 사람을 살리기까지 하신 분이잖니.

CAMERA
turn around

SC	cut		j

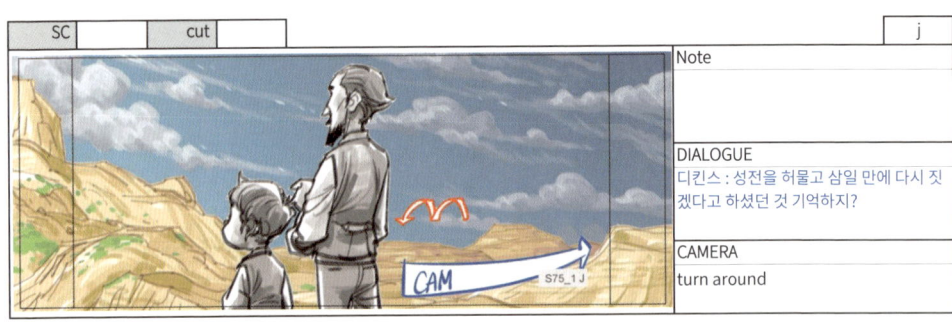

Note

DIALOGUE
디킨스 : 성전을 허물고 삼일 만에 다시 짓겠다고 하셨던 것 기억하지?

CAMERA
turn around

SC	75	cut	01	예수의 무덤 / 새벽		k

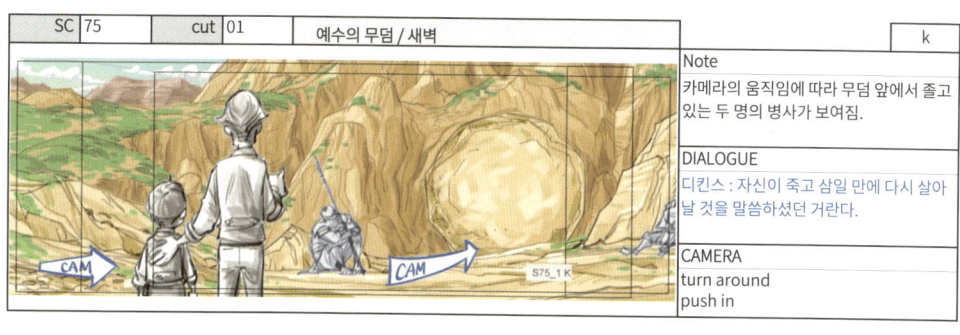

Note
카메라의 움직임에 따라 무덤 앞에서 졸고 있는 두 명의 병사가 보여짐.

DIALOGUE
디킨스 : 자신이 죽고 삼일 만에 다시 살아날 것을 말씀하셨던 거란다.

CAMERA
turn around
push in

SC		cut				l

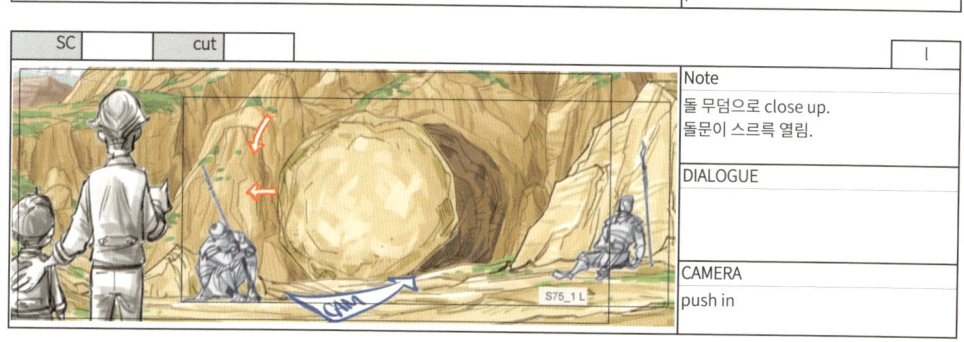

Note
돌 무덤으로 close up.
돌문이 스르륵 열림.

DIALOGUE

CAMERA
push in

SC		cut				m

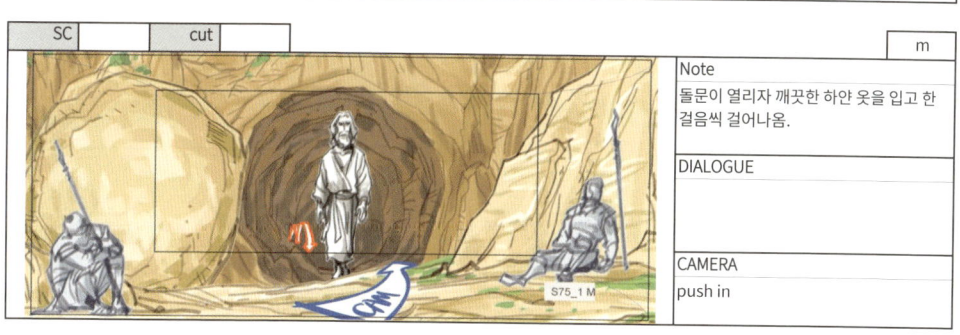

Note
돌문이 열리자 깨끗한 하얀 옷을 입고 한 걸음씩 걸어나옴.

DIALOGUE

CAMERA
push in

SC		cut				n

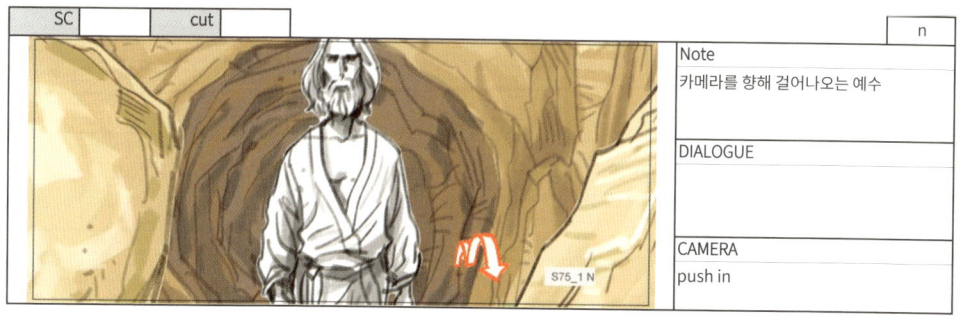

Note
카메라를 향해 걸어나오는 예수

DIALOGUE

CAMERA
push in

SC	75	cut	02		a

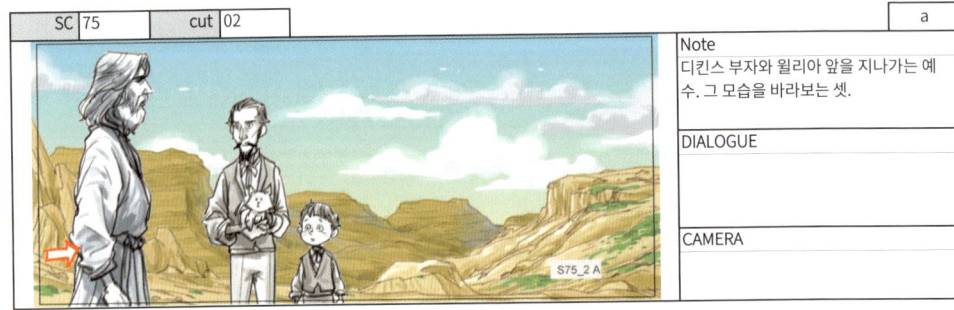

Note
디킨스 부자와 윌리아 앞을 지나가는 예수. 그 모습을 바라보는 셋.

DIALOGUE

CAMERA

SC		cut			b

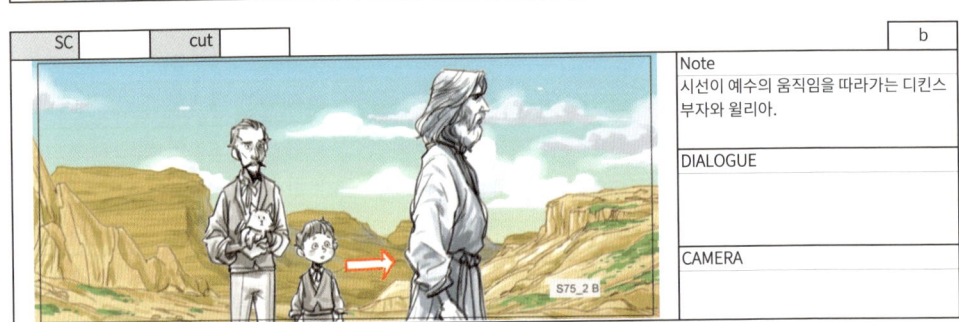

Note
시선이 예수의 움직임을 따라가는 디킨스 부자와 윌리아.

DIALOGUE

CAMERA

SC	75	cut	03		a

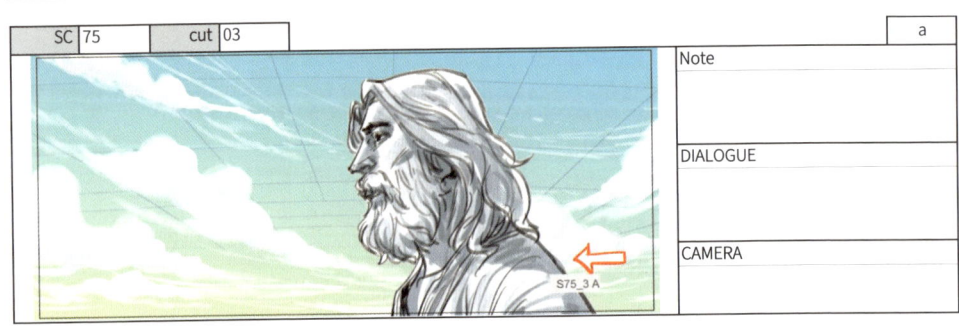

Note

DIALOGUE

CAMERA

SC		cut			b

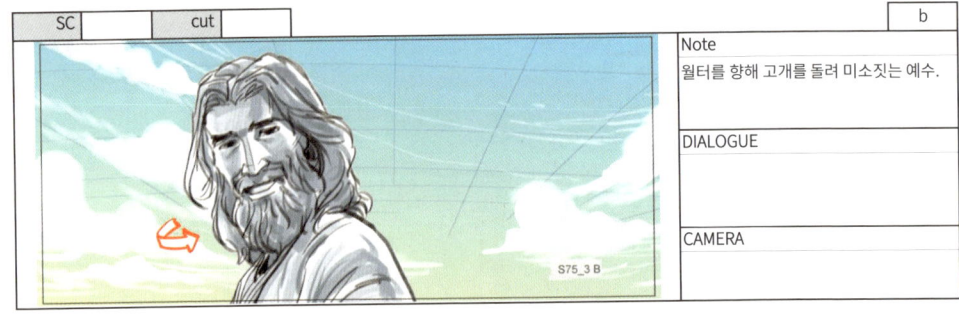

Note
월터를 향해 고개를 돌려 미소짓는 예수.

DIALOGUE

CAMERA

SC	75	cut	04		a

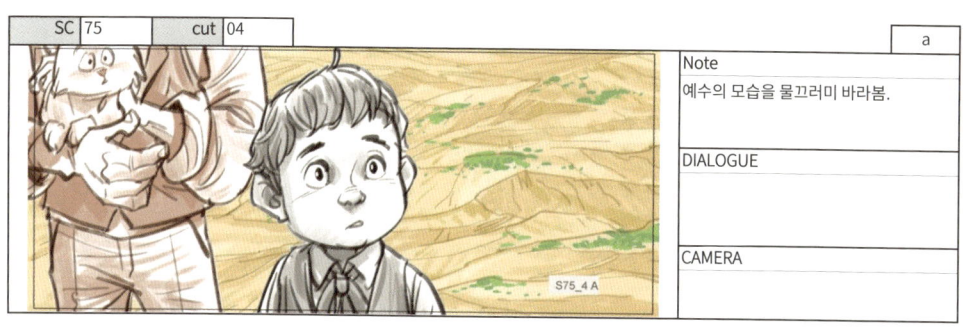

Note
예수의 모습을 물끄러미 바라봄.

DIALOGUE

CAMERA

SC		cut			b

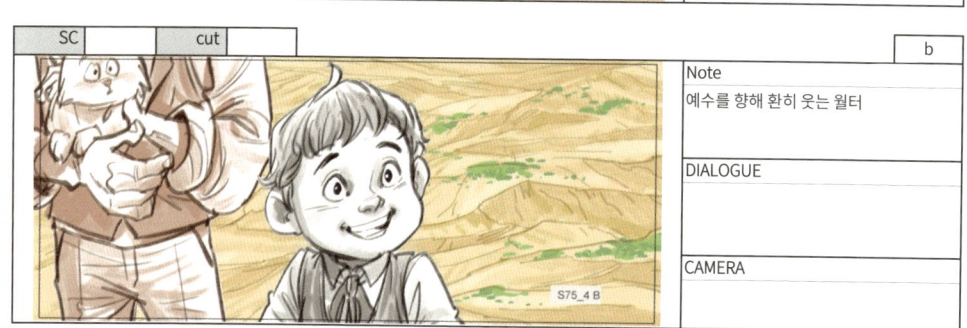

Note
예수를 향해 환히 웃는 월터

DIALOGUE

CAMERA

SC	75	cut	05		a

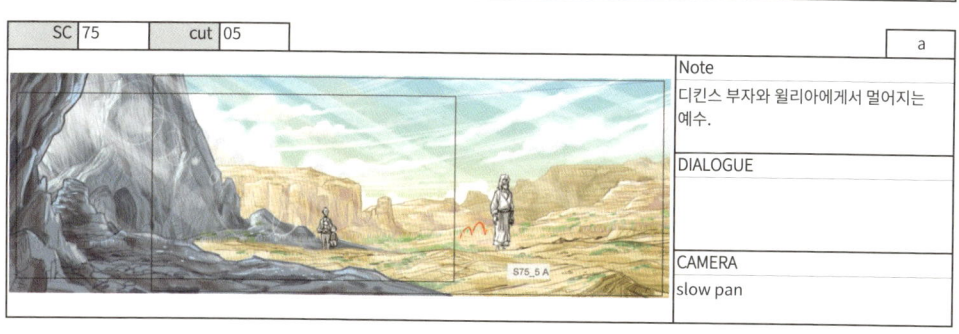

Note
디킨스 부자와 윌리아에게서 멀어지는 예수.

DIALOGUE

CAMERA
slow pan

SC		cut			

Note

DIALOGUE

CAMERA

SC	76	cut	01	골고다 언덕 / 낮		a

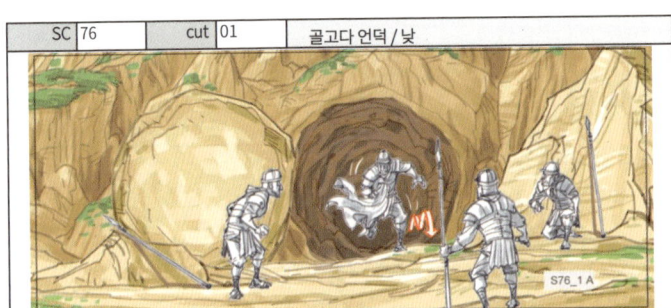

Note
한 병사가 예수의 시체를 감았던 천을 들고 헐레벌떡 뛰어나옴.

DIALOGUE
디킨스 : 월터야.

CAMERA

SC		cut				b

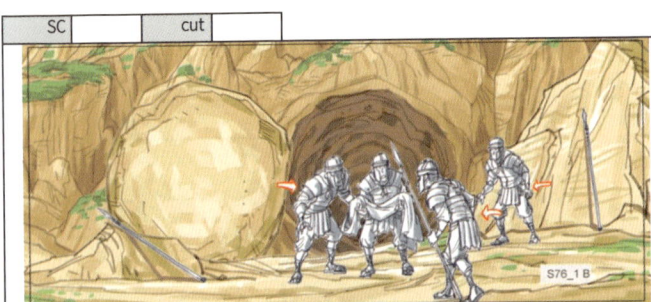

Note
그것을 보며 의아해하거나 공포에 떠는 병사들.

DIALOGUE
디킨스 : 예수님이 진정으로 승리하시는 방법이 바로 이것이란다.

CAMERA

SC	76	cut	02			a

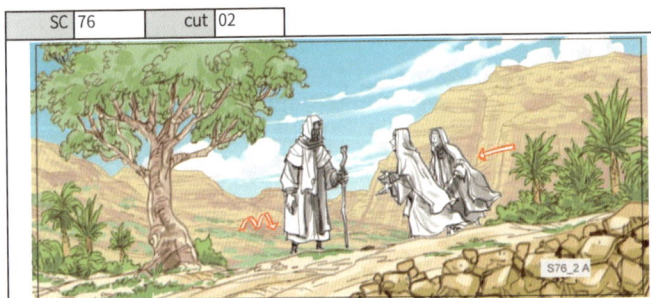

Note
예수에 길을 물어보는 여자들. 여자들은 예수를 전혀 알아보지 못함.

DIALOGUE
디킨스 : 예수님의 부활은….

CAMERA

SC		cut				b

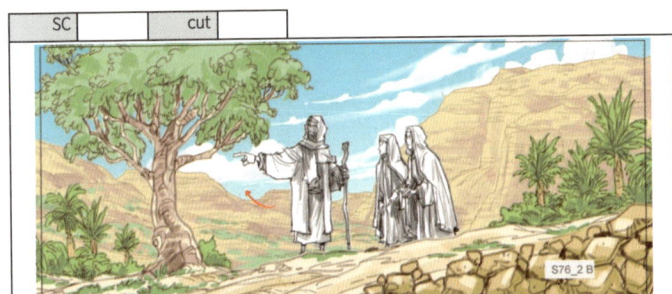

Note
길을 알려주는 예수.

DIALOGUE
디킨스 : 그분을 믿는 사람은 누구나 죽어도 영원히 살게 된다는 것을 ….

CAMERA

SC	76	cut	02		c

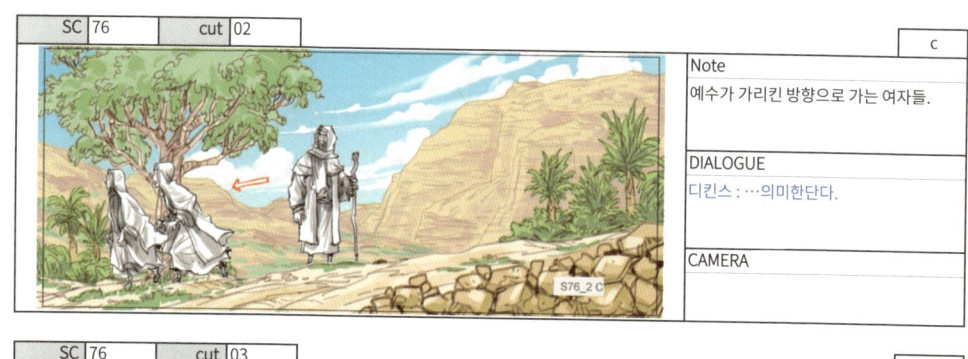

Note
예수가 가리킨 방향으로 가는 여자들.

DIALOGUE
디킨스 : …의미한단다.

CAMERA

SC	76	cut	03		a

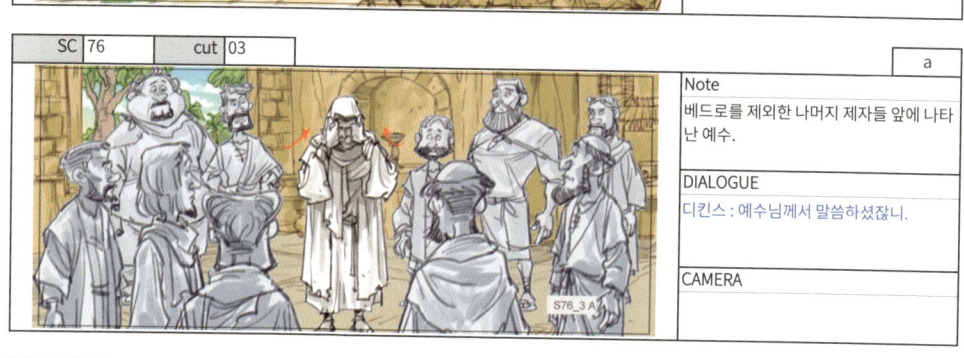

Note
베드로를 제외한 나머지 제자들 앞에 나타난 예수.

DIALOGUE
디킨스 : 예수님께서 말씀하셨잖니.

CAMERA

SC		cut			b

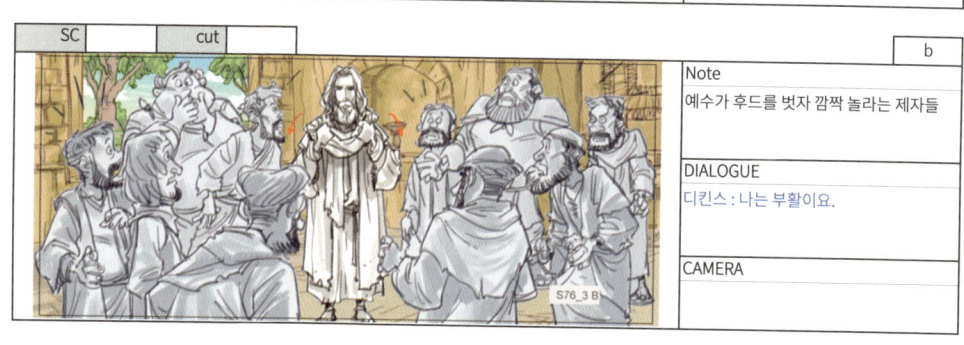

Note
예수가 후드를 벗자 깜짝 놀라는 제자들

DIALOGUE
디킨스 : 나는 부활이요.

CAMERA

SC		cut			c

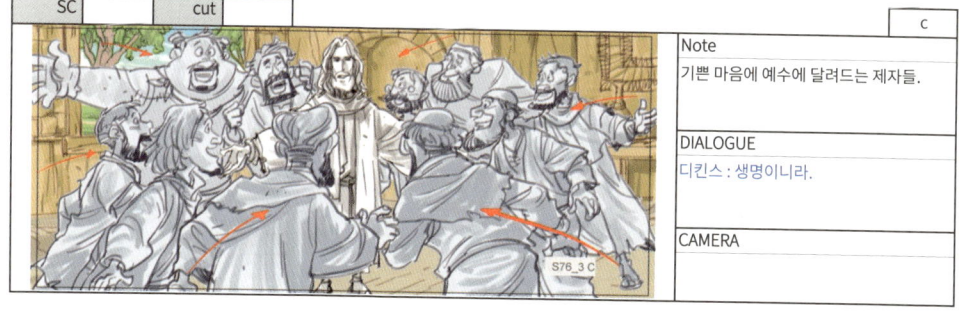

Note
기쁜 마음에 예수에 달려드는 제자들.

DIALOGUE
디킨스 : 생명이니라.

CAMERA

✦ 아들에게 들려준 이야기를 책으로 쓴 디킨스 ✦

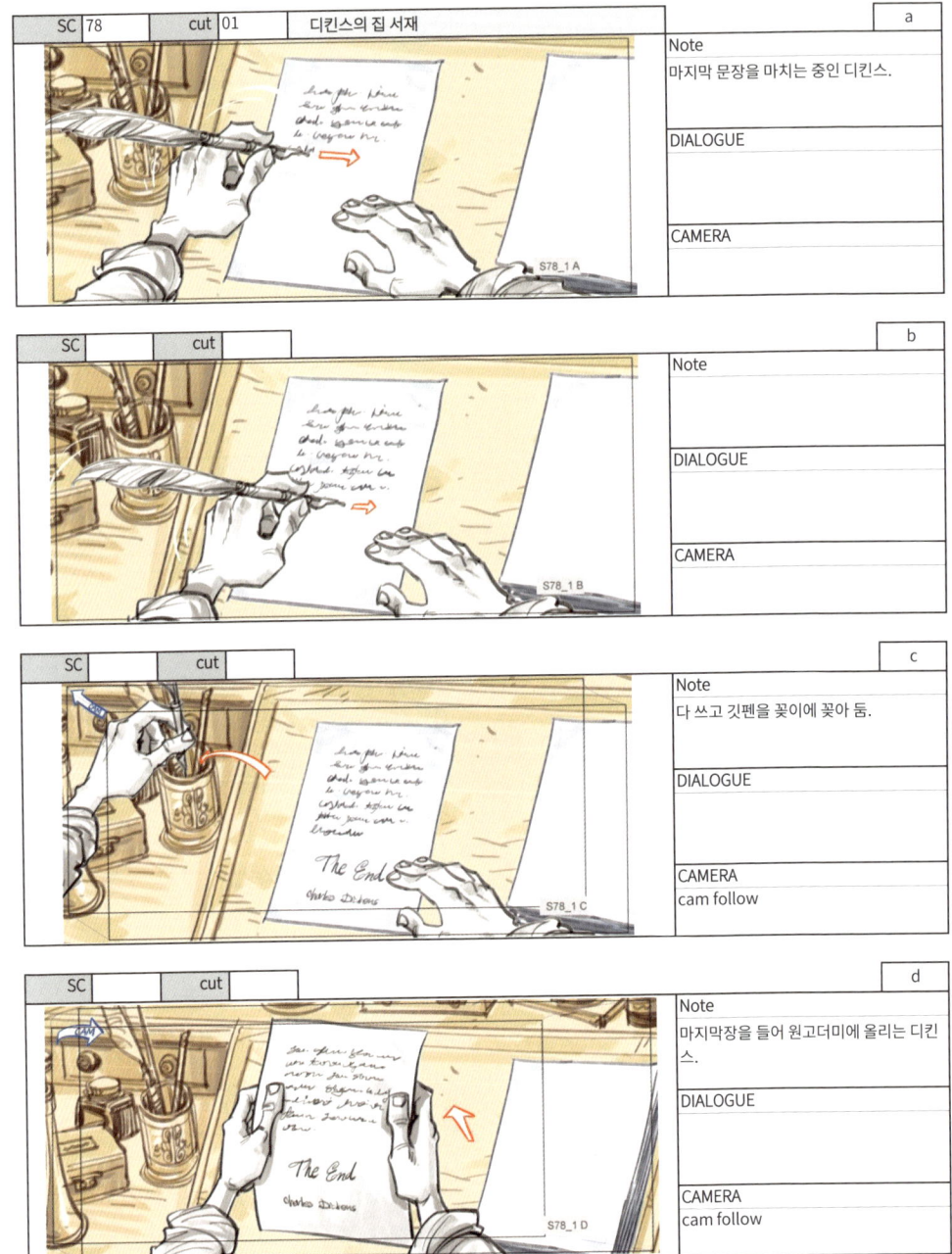

SC 78	cut 01	디킨스의 집 서재	a

Note
마지막 문장을 마치는 중인 디킨스.

DIALOGUE

CAMERA

S78_1 A

SC	cut		b

Note

DIALOGUE

CAMERA

S78_1 B

SC	cut		c

Note
다 쓰고 깃펜을 꽂이에 꽂아 둠.

DIALOGUE

CAMERA
cam follow

The End
Charles Dickens

S78_1 C

SC	cut		d

Note
마지막장을 들어 원고더미에 올리는 디킨스.

DIALOGUE

CAMERA
cam follow

The End
Charles Dickens

S78_1 D

SC	78	cut	01		e

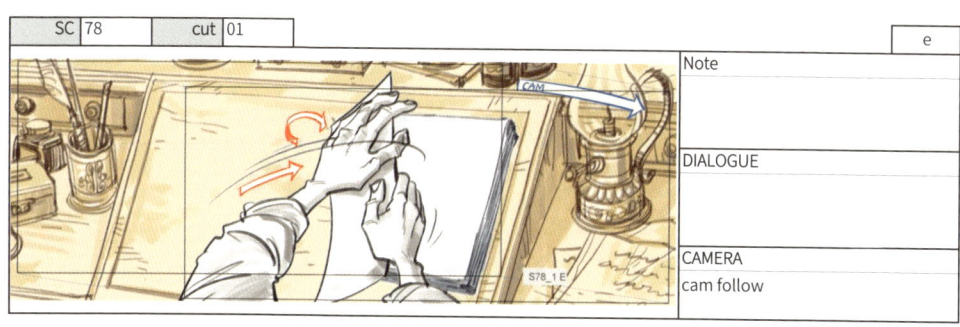

Note

DIALOGUE

CAMERA
cam follow

SC		cut			f

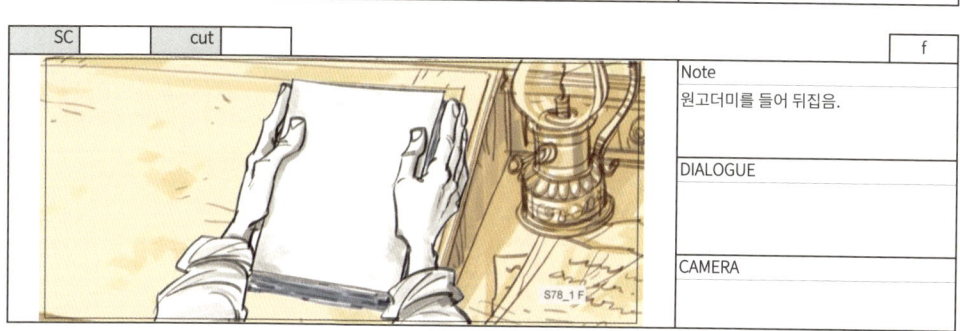

Note
원고더미를 들어 뒤집음.

DIALOGUE

CAMERA

SC		cut			g

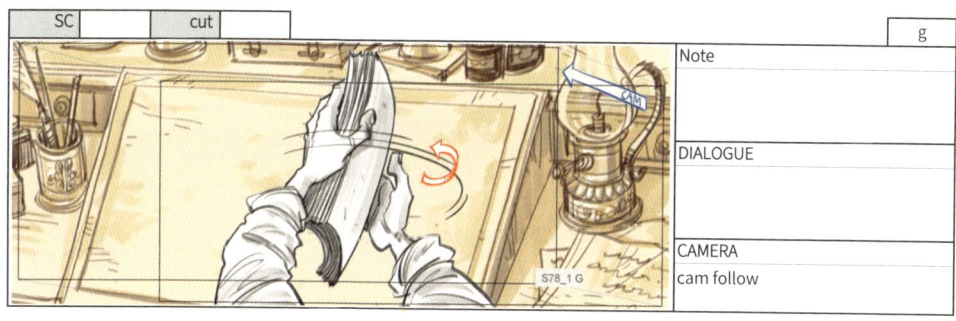

Note

DIALOGUE

CAMERA
cam follow

SC		cut			h

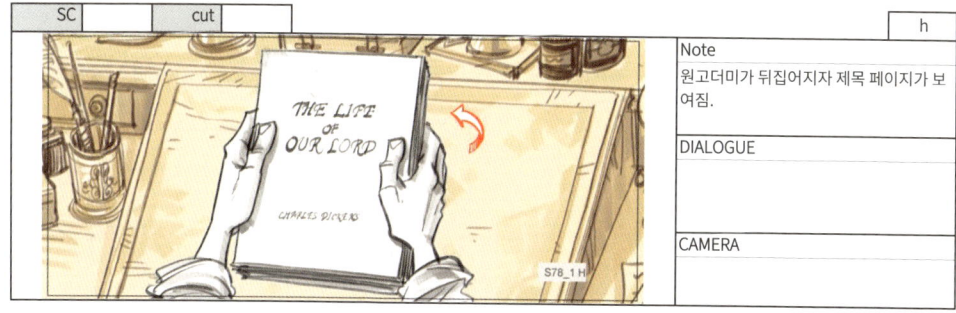

Note
원고더미가 뒤집어지자 제목 페이지가 보여짐.

DIALOGUE

CAMERA

SC 78	cut 01		i

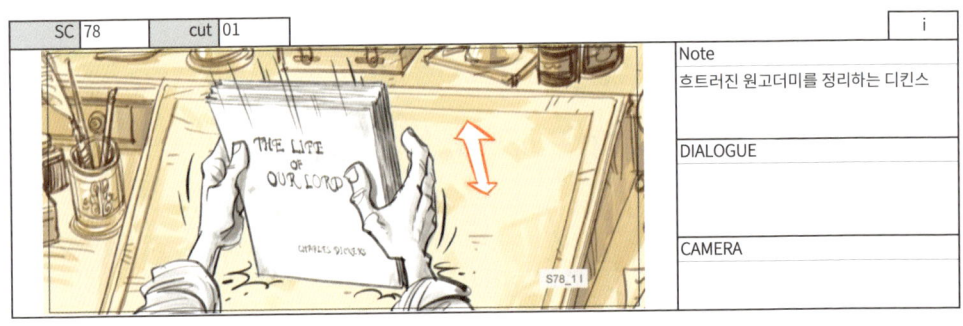

Note
흐트러진 원고더미를 정리하는 디킨스

DIALOGUE

CAMERA

SC 78	cut 02		a

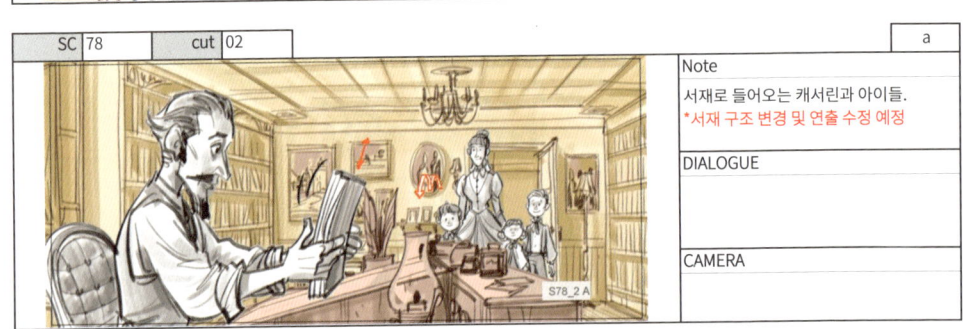

Note
서재로 들어오는 캐서린과 아이들.
*서재 구조 변경 및 연출 수정 예정

DIALOGUE

CAMERA

SC	cut		b

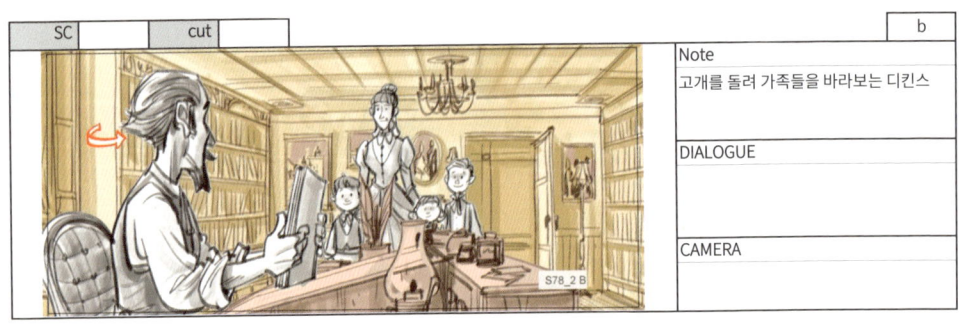

Note
고개를 돌려 가족들을 바라보는 디킨스

DIALOGUE

CAMERA

SC	cut		c

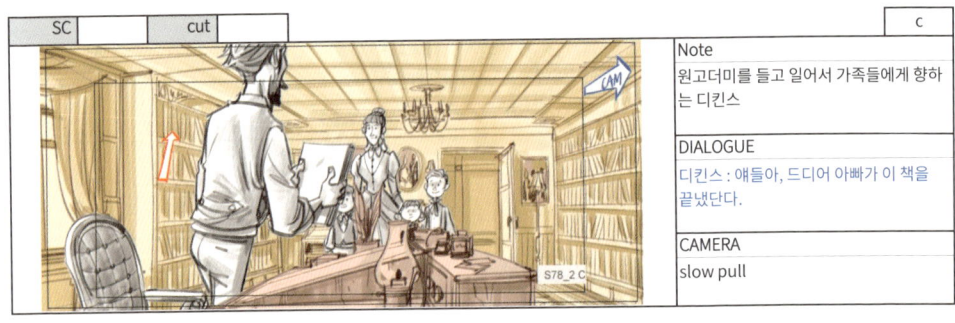

Note
원고더미를 들고 일어서 가족들에게 향하는 디킨스

DIALOGUE
디킨스 : 얘들아, 드디어 아빠가 이 책을 끝냈단다.

CAMERA
slow pull

| SC | 78 | cut | 02 | | d |

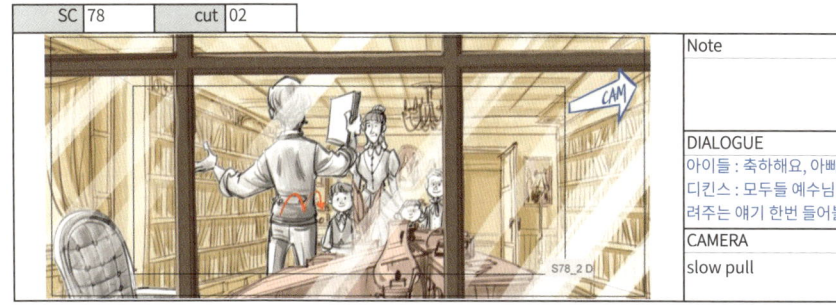

Note

DIALOGUE
아이들 : 축하해요, 아빠. / 대단하세요!
디킨스 : 모두들 예수님에 대해 아빠가 들려주는 얘기 한번 들어볼래?

CAMERA
slow pull

| SC | | cut | | | e |

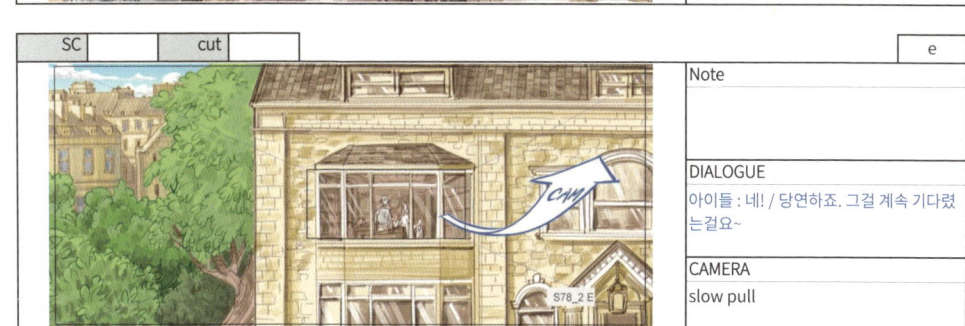

Note

DIALOGUE
아이들 : 네! / 당연하죠. 그걸 계속 기다렸는걸요~

CAMERA
slow pull

| SC | | cut | | | f |

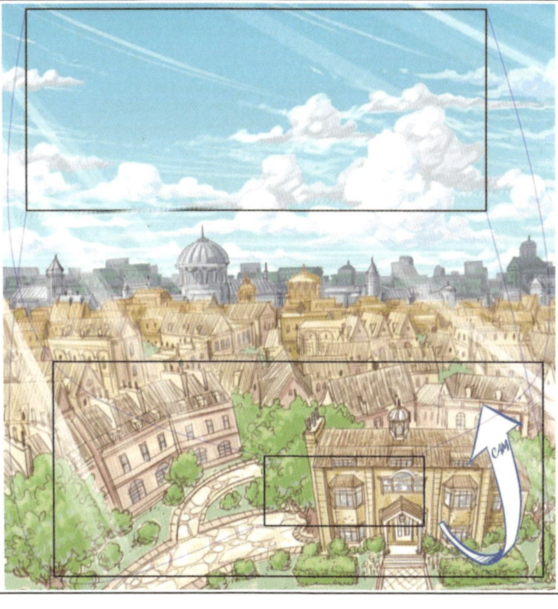

Note
디킨스가 이야기를 이어감.

DIALOGUE
디킨스 : 사랑하는 나의 아이들아. 아버지는 너희에게 우리의 왕으로 오신 예수 그리스도의 생애에 관해 꼭 알려주고 싶단다.
세상을 사는 모든 사람들은 그분에 대해 알아야 하기 때문이지.
지금까지 살았던 사람들 중에 그처럼 많은 사랑으로 우리를 섬겨주신 분은 결코 없었단다.
죄인들과 병들고 고통받는 사람들을 불쌍히 여겨 그들을 구하기 위해 그들 대신 죽어 주신 분이야.

CAMERA
slow pull + crane up

만 든 사 람 들

각본/감독 장성호
제작 장성호 김우형
촬영 김우형
음악 김태성
편집 장성호
시각효과 수퍼바이저 손오형
테크니컬 디렉터 박준우
애니메이션 수퍼바이저 한언덕
라이팅 수퍼바이저 서원익 이권용
아트디렉터 유지은
캐릭터 디자인 유지은 위현송

PRODUCTION

프로덕션 프로듀서 조예진
프로덕션 프로듀서 어시스턴트 김영민

프로덕션 매니저
천샛별 조아라 전지현 박지현 박선유
최찬 이예니 최의현 김동원

프로덕션 코디네이터
심원희 김수빈 김인애 전예슬 박원
이여진 오성준 권소희 윤여빈 유혜리

조감독 서윤하 이진영 박성익

보조작가 이유진

스토리보드 장성호 John Mann
스토리보드 아티스트 성호석
각본 코디네이터 이진영 오화

신학 자문
송태근 김희석 박양규 김일호 김정일

영문 시나리오 신학 자문
The Rev. Clayton L. Thomason
Mary Hope Griffin, Ph.D.

고고학 자문 임미영 박사

프로덕션 에디터 김상현 하나요 박수혁
에디터 어시스턴트 박재하

PRODUCTION DEPARTMENT

비주얼 이펙트 컨설턴트 박영수

어셋 수퍼바이저 김상헌
리깅 수퍼바이저 남상우
CFX 수퍼바이저 박준우 나성국
합성 수퍼바이저 박세준

컨셉 아티스트
길봉 위현송 정희경 백창래 강종호 이소라

컨셉 어시스턴트
이경희 박선영 최효빈 김해준 윤병찬

어셋 제너럴리스트
이은진 임예지 신연우 유주화 정현수
정새라

모델링 아티스트
최광효 김기표 국형진 이혁준 전봉준
김지수 반호진 이솔아 이승현 이혜미
정현수 송재은

룩뎁 리드 아티스트
김정선 최연지 전혜림

룩뎁 아티스트
강완규 박윤서 이연주 이윤정 최민영
홍은진 이재은 김규리

리깅 아티스트
조정호 유현석 빈보경 최소민 서민성
임승진 장재영 이진영 한도완 안지설
정현 조서연 강민경

환경 리드 아티스트 김준회

환경 아티스트
이정문 박지은 서승희 서원빈 신기철
순별이 이나경 최재영 박선영

애니메이션 리드 아티스트
최성백 빙영란 박나리 장아랑

애니메이터
최지은 서우솔 윤혜란 김지운 박영주
장진영 김홍수 윤호근 손찬혁 김상훈
김영희 나교영 신지수 이소윤 전동연

애니메이터 어시스턴트
강민채 김지아 긴가현 김재연 조예령
박소영 장유빈 이재현 김지현

레이아웃 리드 아티스트
최성백 빙영란 장아랑

레이아웃 아티스트
장진영 윤혜란 김지운 박영주 최지은
서우솔

PRODUCTION DEPARTMENT

군중 리드 아티스트 박영주
군중 아티스트
윤혜란 김지운 김재연 박소연
장유빈 이재현

CFX 셋업 아티스트 신용섭
CFX 아티스트
김규리 이은진 임예지 김동은 남궁정
박지우 이승현

FX 리드 아티스트 박준우
FX 아티스트
남궁정 김규리 박지우 김동은 이두원
이환 신용섭 황유근

라이팅 리드 아티스트 류광현 김용훈
라이팅 아티스트
김재영 김주원 한고은 하연재 신지우
김호운 박정현 방현진 이다은 이서하
이용환 김동준 허민 유진현

매트 페인팅 리드 아티스트 박효진
매트 페인팅 아티스트
권은경 이대희 전수연

합성 리드 아티스트 유회영 서원대
합성 아티스트
이은지 성관주 이지현 전영찬 권동설
홍준택 강희권

메인 크레딧 아트워크 위현송
유월절 시퀀스 아트워크 장성호
유월절 시퀀스 애니메이션 최수명
유월절 시퀀스 합성 박세준
창세기 시퀀스 아트워크 장성호
창세기 시퀀스 아트워크 레퍼런스
Gustave Doré
창세기 시퀀스 합성 박세준

IT DEPARTMENT

IT 시스템 총괄 관리 김성훈

시스템 엔지니어
이진형 장형국 최민철 방영민

IT 코디네이터 김용복
테크니컬 디렉터
김선태 박지민 채대석 김동화

VIRTUAL PRODUCTION

버추얼 프로덕션 디렉터 김우형

버추얼 프로덕션 수퍼바이저 박영수
버추얼 프로덕션 매니저
조예진 박선유 박지현 최찬 임륜여

그립 & 프랍 아티스트 공병호

버추얼 프로덕션 테크니션 디렉터
강윤슬 신관용 진교현

버추얼 프로덕션 아티스트
차수연 김소라 이혜민 최재선 유현석
김기돈 김기호 이소윤 최병건 곽승일
박연수 한지웅

연기 디렉터 한언덕
연기 디렉터 어시스턴트
최성백 나교영 윤호근

모션캡쳐 리드 아티스트 Serj Avakian
모션캡쳐 아티스트
이하늬 구옥분 김현중 박소윤 김효인
최성백 박찬우

MOFAC STUDIOS BUSINESS MANAGEMENT

COO 윤석완 문성준

총괄 관리 이사 김한석
경영지원실 리더 정지섭
경영지원실
이경환 한여진 김하니 김은지
김성진 김선혁 조은진

재무팀 리더 구인희
재무팀
신지연 정보라 윤세희 김선희
강윤정 신영선

회계 지원 노이순

법률 자문 법무법인 혜명 박규철 변호사

킹 오브 킹스 각본집

초판 1쇄 인쇄 2025년 7월 22일 ｜ 초판 1쇄 발행 2025년 7월 30일

지은이 장성호

펴낸이 신광수
출판사업본부장 강윤구 ｜ 출판개발실장 위귀영
단행본팀 김혜연, 조기준, 조문채, 정혜리
출판디자인팀 최진아, 김가민 ｜ 출판기획팀 정승재, 김마이, 이아람, 전지현
출판사업팀 이용복, 민현기, 우광일, 김선영, 이강원, 허성배, 정유, 정슬기,
정재욱, 박세화, 김종민, 정영묵
출판지원파트 이형배, 이주연, 이우성, 전효정, 장현우

펴낸곳 (주)미래엔 ｜ 등록 1950년 11월 1일(제16-67호)
주소 06532 서울시 서초구 신반포로 321
미래엔 고객센터 1800-8890
팩스 (02)541-8249 ｜ 이메일 bookfolio@mirae-n.com
홈페이지 www.mirae-n.com

ISBN 979-11-7347-857-4 (03680)

북폴리오는 참신한 시각, 독창적인 아이디어를 환영합니다.
기획 취지와 개요, 연락처를 bookfolio@mirae-n.com으로 보내주십시오
북폴리오와 함께 새로운 문화를 창조할 여러분의 많은 투고를 기다립니다.